T0274989

EDUARDO JUAREZ VALERO

Eso no estaba en mi libro de historia de los Illuminati

ALMUZARA

Editorial Almuzara • Colección Historia
Director editorial: Antonio Cuesta
Editora: Ángeles López
Corrección: Mónica Hernández
Maquetación: Joaquín Treviño

www.editorialalmuzara.com
pedidos@almuzaralibros.com - info@almuzaralibros.com

Editorial Almuzara
Parque Logístico de Córdoba. Ctra. Palma del Río, km 4
C/8, Nave L2, nº 3. 14005 - Córdoba

Imprime: Romanyà Valls
ISBN: 978-84-11313-05-6
Depósito legal: CO-1398-2022
Hecho e impreso en España - *Made and printed in Spain*

Índice

Aquella noche de Walpurgis

Siempre hubo una costumbre centroeuropea de mitificar las noches. Bien fuera por lo poco que duran o a causa de la eternidad oscura que prometen, la falta de luz ha tendido tradicionalmente a formar leyendas y tradiciones míticas que seguir año tras siglo. En las culturas mediterráneas, las noches cortas de mayo y junio, noches brujas donde las haya, siempre fueron asociadas a un principio que no se conectaba con el final. Enamorados de la juventud que ofrece lo efímero, hombres y mujeres se entregaban al deleite de una felicidad que, al igual que aquella noche bávara, pasaba con tanta rapidez que sólo un recuerdo quedaba a la sombra de un suspiro. Aun así, esa magia debida, presente en las fogosas noches de medio mundo, acabó por convertirse en celebración anual de la fertilidad que prometía la primavera, de coyunda necesaria para renovar una sociedad caducada por un invierno de constante presencia.

La llegada del catolicismo y la inherente ortodoxia que aparejó la imposición de una única profesión religiosa transformó todas las tradiciones ancestrales, llamadas desde aquel amanecer paganas, en felices fiestas cristianas que rememorar periódicamente en consolidación de una fe inquebrantablemente unida a un orden político y social. En ese sentido hay que asumir la cristianización de todas las fiestas romanas, incluso la dedicada al solsticio de invierno fagocitada por la conmemoración de la natividad de Cristo. La pascua judía, las saturnales y todas las que puedan imaginar, tornáronse en festividades propias de la cristiandad dentro del calendario litúrgico católico bien defendido por la iglesia en su constante proceso de adoctrinamiento.

Sin embargo, algunas de aquellas celebraciones paganas, bien porque no había manera de disfrazarlas en costumbre cristiana alguna, bien porque, al llegar a la zona de celebración, el cristianismo ya había cerrado el círculo litúrgico anual, quedaron fuera de toda posible conversión. Halladas por sorpresa o de conversión imposible, la ortodoxia católica se esforzó en erradicarlas lo antes posible. Descritas como terribles, ateas, bárbaras y paganas, contrarias a la moral cristiana que, a decir del poder político colonizado, era la norma social óptima y defendida por el Estado, esas costumbres terminaron por ser proscritas y perseguidas hasta su erradicación. Empeñados en su desaparición, comités e inquisiciones educaron a las generaciones venideras en el rechazo hacia aquellas prácticas endemoniadas que sólo podían tener por finalidad el ateísmo más descreído, la paganización de la sociedad y, obviamente, la expansión del mayor y más diabólico de los males.

Es probable que, a causa de ese esfuerzo normalizador de una tradición antigua y definitoria de la sociedad preexistente, el profesor Adam Weishaupt decidiera fundar la Orden de los Iluminados en la llamada noche de Walpurgis. Endemoniada como ninguna, esa oscuridad que imaginaban las nuevas generaciones cristianas entre brujas y leviatanes, belfegores y hechiceros, ofrecía un contexto sin igual para iniciar un camino que tenía en el horizonte la destrucción del misticismo y la iluminación de un porvenir de libertad e igualdad.

Desde ese instante en que unos pocos universitarios bávaros se conjuraron para transformar la sociedad desde la noche protectora que un Walpurgis sin fin les otorgara, dieron inicio sin quererlo a una irremediable mitificación imposible de combatir. Identificados como Illuminati, los iluminados en la sombra, seguidores de Adam Weishaupt, dieron pie a un proceso de transformación social que no llegaron a protagonizar y que, de irremediable e incontenible, sepultó la chispa que aportaron al cambio en una ola gigantesca de reformismo y revolucionario liberalismo que aún nos esforzamos por surfear. Ahogados aquellos illuminati primigenios en una vorágine asociativa, mimetizados entre masones, rosacrucianos, nuevos templarios, carbonarios, socialistas, anarquistas, comunistas, liberales burgueses y, en definitiva, cualquier fauna nacida del impulso inicial impelido contra la ortodoxia política y religiosa, contra ese antiguo régimen detentador de un privilegio insostenible, nada queda hoy de ellos más que un tímido recuerdo tergiversado y, muy a pesar de sus intenciones fundacionales, mitificado en un sentido absolutamente confuso y contradictorio.

Es por ello por lo que la lectura de estas páginas ha de servir para aclarar las intenciones primigenias de Adam Weishaupt y los suyos. Entre página y párrafo, estoy seguro de que encontrarán todo tipo de asociaciones secretas y discretas, ocultas para la ortodoxia imperante por necesidad, escondidas del esfuerzo violento por erradicar cualquier disidencia o atisbo de transformación. También participarán de aquella reunión inicial en la noche de Walpurgis de 1776 para poder entender qué fue un illuminati y, a través de sus condiciones iniciáticas y obligaciones magistrales, saber si, en un pasado hipotético, se hubieran unido a la rebelión o, por el contrario, habrían sido fieles súbditos del orden establecido.

Como es lógico pensar, trataré de hacerles diferenciar qué fue un illuminati, qué es y qué no lo es hoy en día. Verán la tergiversación actual de toda idea iluminada en esta sociedad de absoluta y estulte ignorancia supina en la que sufrimos la superficialidad del conocimiento residual y, sobre todo, la incongruencia de una juventud sabia perpetradora de la mayor estupidez de todas: la paranoia de la conspiración permanente nacida de la burricie más precoz e imaginable.

Abran estas páginas, pues, y traten de comprender por qué la iglesia católica se empecinó en demonizar a los illuminati y, por extensión, a toda masonería aun cuando los illuminati nunca formaran parte de obediencia alguna.

Lean cada uno de sus objetivos iniciales y aprendan a diferenciarlos de cualquier sociedad secreta nacida en el seno de una comunidad ortodoxa para, plenos de conocimiento, poder decidir de una vez por todas qué diantres era un illuminati y presuponer qué habría sido en este presente descorazonador.

Dense prisa. El primer capítulo está a la vuelta de la página. Allí esperan miles de asociaciones discretas, secretas y ocultas, así como el conocimiento racional al que prometieron Adam Weishaupt y sus primeros illuminati devoción, estudio y divulgación eterna.

Lean sin dilación, porque en la lectura y reflexión se halla la más importante de las libertades, aquella que otorga el aprendizaje culminado por una reflexión que, en la oscuridad que regala la soledad del que lee, ninguna creencia podrá jamás erradicar.

Sociedades secretas, discretas y ocultas

Tiene el secreto algo que todo lo atrae, que todo lo apaga. Centrados en la imposibilidad de saber, de acceder al conocimiento escondido y oculto, el resto de los intereses quedan ensombrecidos ante la necesidad de lograrlo. Ya sea una carta, un objeto, la intuición de un grupo escondido, de una voluntad indescifrable, el secreto despierta un ansia irrefrenable en la mente humana. Por desgracia, el proceso evolutivo al que somete la historia al ser humano ha viajado siempre, viaja de hecho, de la mano de cualquier progreso que se precie, pues no ha existido avance social, político, económico, científico o técnico que no haya partido de la ocultación, que no haya sido escondido al acervo general en aras de un beneficio parcial. Así, impidiendo la difusión de un dato, una fórmula, un proceder, una decisión y, en definitiva, cualquiera que sea el factor estratégico determinante en el momento oportuno, la tendencia humana a generar secreto ha terminado induciendo la lucha eterna por descifrar lo arcano, por romper la defensa protectora de aquello que se atesoraba. Dicho de otra manera, el tradicional secreto ha conducido a la lucha contra lo protegido, contra el proceso protector en sí, independientemente de si lo protegido, el sistema de protección y, lo que es más importante, los protectores merecen el esfuerzo.

A lo largo de la historia muchos han sido los que se han esforzado en proteger algo del conocimiento general y han ideado por ello diferentes sistemas de protección. Desde las recetas y fórmulas magistrales de la seda, vidrio, porcelana, pólvora; la procedencia de especias y escasos o lujosos alimentos, condimentos esenciales para la preservación de alimentos y la forma de procesarlo todo; pasando por todo tipo de técnica o destreza encaminada a producir el elemento esencial de turno, armas, ingenios mecánicos o alquimias inductoras del milagro más inverosímil que diera una ventaja al grupo por encima de todos los demás… todo ha sido atesorado de un modo u otro.

Ahora bien, en la mayoría de las ocasiones, el modo principal de proteger ese conocimiento primordial y diferenciador, que convertía a sus poseedores en diferentes, más preparados y mejores que el resto, precisaba de un sistema de protección más elaborado y distante de un no-abrir-la-boca ante la competencia. Para conservar esa ventaja, los poseedores del comodín desarrollaron múltiples modos de detener el eterno flujo del conocimiento.

De todas las formas que estén ahora mismo imaginando, la primera hubo de ser, sin duda, el juramento de los implicados en la protección del secreto. Mucho antes de decidir formas indescifrables de comunicación, cifras indestructibles y transformaciones varias del texto que contuviera tamaña información, los seres humanos optaron por conjurarse en torno a una idea que los hacía diferentes, más fuertes que el conjunto de su sociedad y les daba una oportunidad en la ardua competencia en que se convierte la vida relatada por los historiadores.

Es posible que caigan en el error de creer que la primera decisión del poseedor de un secreto fue escribirlo y, como consecuencia, emplear formas complejas de comunicación escrita que impidiera su proliferación, copia o distribución. Todos hemos pensado que, desde que apareció la escritura, el ser humano la empleó para proteger el conocimiento, el secreto específico y las ventajas estratégicas. Que la escritura en sí ha de ser considerada como un código ignoto protector de todo lo que entre pictogramas, ideogramas, signos, alifatos y alfabetos se ocultaba. Que la letra fue el primer método para proteger el secreto.

Y se equivocarán.

La escritura no es más que una herramienta ideada por el ser humana para transmitir información de forma clara, precisa, eficaz y útil. Las muestras más antiguas de sistema escrito conservadas, según relata el gran calígrafo británico, Ewan Clayton, están relacionadas con tablas de pagos, cobros de impuestos y actividades económicas de tipo impositivo o recaudador. En ningún caso tal herramienta fue concebida para esconder, sino administrar, útil esencial del poder político, público y privado, gestor de las voluntades insertas en la sociedad. Las muestras mesopotámicas cuneiformes de finales del cuarto milenio a. C. o las cuasi contemporáneas de la cultura Vinca en Tartaria, inducen a pensar en una función meramente administrativa. Esos hoy llamados tokens o representación de un valor económico pagado o por pagar deberían ser entendidos no como arcanos, sino en el sentido de objeto constatado de una actividad a recordar.

En buena lógica, más que secreto, se debería entender como público y notorio, como toda deuda existente cumplida o por cumplir.

Las otras formas escritas primigenias, previas a la aparición del sistema cuneiforme basadas en ideogramas, tampoco quedan conectadas con información protegida alguna. Más bien habría que entenderlas como la base de las creencias sustentadas por símbolos ancestrales asumidos por una comunidad. Nada hay escondido en las manos que adornan cuevas y abrigos, en los animales que aún siguen corriendo por praderas rupestres en Altamira, Lascaux o la Madeleine. Más conectados quizás con la proto-literatura, evidente, por ejemplo, en el poema de Gilgamesh de mediados del tercer milenio a. C., aquel conocimiento escrito no tenía otro objetivo que la divulgación.

Entrando en términos más específicos o proclives para la consunción de un secreto, se podría pensar en los textos asociados a la guerra, su gestión o aprendizaje. En ese sentido, el Arte de la Guerra de Sun-Tzu de mediados del siglo VII a. C. podría haber sido encriptado, escondido su contenido para el uso de unos pocos. Sin embargo, el carácter divulgativo de las enseñanzas, docente diría yo, no concuerda con la necesidad de generar un secreto que precise

Amuleto con escritura Vinca.

ser ocultado. Leyes, normas, acuerdos como los códigos mesopotá-
micos del primer milenio a. C. o asociados a la civilización egipcia
del segundo y primer milenio a. C. también pasaron por el proceso
escrito sin otra finalidad que la preservación de su ser y la divulgación del conocimiento que pudieran encerrar. No me cabe duda de
que determinada información escrita necesitó más pronto que tarde
de una protección que reservara el acceso a su entendimiento, mas
tal proceder hubo de esperar al desarrollo extenso y complicación
de los sistemas de escritura, algo que no ocurriría hasta que aquella
fuese una herramienta de público dominio y la discriminación de su
uso no constituyera una forma de apartar el conocimiento del lector
común y genérico.

Es, por tanto, notorio que la protección de la información sensible de generar una oportunidad, encerrada en un secreto primigenio
hubo de pasar por la constitución de grupos juramentados en su protección. Unidos así en el conocimiento, unos pocos podían proteger
tal saber específico y diferenciador sin que nadie pudiera acceder a

El arte de la guerra de Sun-Tzu.

su uso. Desde la noche de los tiempos hasta el presente, este proceder organizativo ha constituido la forma básica de actuar a la hora de conservar una ventaja determinante, un apoyo para un desarrollo económico, político, religioso o, principalmente, social. Grupos, asociaciones, arcanos, sociedades, sectas, organizaciones, sindicatos, uniones, brazos, estamentos, gremios, universidades, naciones, países, facciones u órdenes seglares o religiosas, reconocidas u ocultas, todos ellos se han esforzado a lo largo de la historia por proceder de un modo secreto en el afán de ocultar el conocimiento que corresponda a su voluntad. En función de su finalidad y, sobre todo, del origen de lo que allí se oculta, estas sociedades podrían ser entendidas desde una visión económica, política, religiosa o social. Según su permeabilidad y difusión, entenderíamos sociedades secretas, discretas y ocultas. Todas ellas, finalmente, supusieron, suponen, un peldaño más que esencial en el proceso constitutivo de la protección del conocimiento y en la divulgación del secreto como herramienta esencial para el desarrollo de las élites dentro de unas sociedades puramente competitivas.

ORGANIZACIONES Y PENSAMIENTOS OCULTOS

Es, por tanto, imprescindible, tratando de analizar qué supusieron los Illuminati en términos históricos, echar un vistazo a cuantas organizaciones, grupos, secciones o arcanos instrumentalizados pudieron tener peso en el momento que fuera de la historia, trascendiendo así a su tiempo e influyendo en el proceso histórico. Por todo ello, será imprescindible establecer en primer lugar el ámbito ortodoxo donde tales organizaciones tuvieron cabida y desarrollo puesto que, indudablemente, hemos de entender estas estructuras como respuesta a una normalización canonizada perseguidora de cualquier variante capaz de alterar ese orden prescrito. Ya sea en términos religiosos, económicos, políticos o legales, la ortodoxia establecida y normalizadora que impone un marco imprescindible para regular, desde la imposición, un ámbito de la cultura humana es lo que, en definitiva, genera las desviaciones, interpretaciones o alternativas posibles en función de la voluntad humana. Dicho de este modo, las organizaciones y cultos secretos han de entenderse como variaciones sobre una ortodoxia impuesta por una élite social que, como consecuencia, obtiene un claro beneficio de la imposición social.

En términos religiosos es fácil de comprender desde el instante en que se aprecia la consolidación de una corriente o creencia dominante que se establece como organizadora del culto y, en buena lógica, desarrolla una estructura administrativa, política, cultural y dogmática que, a través de la imposición, conforma un *statu quo* del que se beneficia económicamente. Aunque resulta fácil de comprender en horizontes monoteístas como el cristianismo, judaísmo o el islam, en entornos mucho más descentralizados como podrían ser la antigua Grecia o la civilización romana las sociedades secretas de origen religioso proliferaron de igual modo. En el caso griego, frente a la tradición sellada con los escritos de una plétora de dramaturgos, teólogos, poetas y escritores varios, capaces todos ellos de normalizar un entorno religioso fundamentado en un mito analizable, adaptable, pero no debatible en su necesidad y ortodoxia. Desde los poemas de Homero y la teogonía de Hesíodo, la cultura griega generó una literatura ingente que establecía un marco genérico donde alojar la religión constituida en mito de forma contingente. En esa línea de divulgación de la religión normalizada habría que incluir a Píndaro, Simónides, Teócrito o Bión; a los dramaturgos clásicos Esquiles, Eurípides y Sófocles, centrados en la historia mítica y heroica, e, incluso, al cómico Aristófanes, entregado a la diversión debida a tanta divinidad confundida.

Con todo, siempre apareció una resistencia más que evidente a normalización o institucionalización de aquella religión múltiple. En primer lugar, habría que señalar a los historiadores de aquel entonces, a los geógrafos y precursores de la antropología o la etnografía, viajeros incansables recuperadores de cuantas leyendas y costumbres hallaron a su paso. Muchos de ellos, analizando aquella diversidad desde la normalización cultural, esto es, desde el prisma griego como canon inamovible, adaptaron todo aquello a la ortodoxia cultural de la que procedían, viendo en las costumbres y tradiciones egipcias, cretenses, sirias, mesopotámicas, escitas, persas y hasta indostanas, un reflejo evidente de la normalidad experimentada en la pequeña península griega. Como resultado, los escritos de Heródoto y Pausanias, Diodoro Sículo y hasta Estrabón, acabaron por convertirse en confirmaciones

Herácles y Caco en Florencia.

más allá de Grecia de una ortodoxia inventada y asumida como base de la superioridad cultural griega. Gracias a ellos se sabe que las principales ciudades egipcias recibían nombres como Tebas o Heliópolis; que la mayoría de las ciudades acabaron siendo fundadas por múltiples avatares del gran héroe Heracles, aunque recibiera el nombre de Túbal o Hispan y todos los dioses relacionados ínfimamente con la guerra o el amor, la lascivia, la justicia, la fertilidad o la agricultura tornábanse en Ares, Afrodita, Amor, Ceres, Atenea o Zeus con apellidos locales o gentilicios culturales.

Frente a ellos, al relato histórico como normalizador de una experiencia cultural asumida como global, los filósofos atendieron a la diversidad de pensamiento, a las múltiples facetas de un discurrir en libertad como base para el cuestionamiento religioso normalizado. Desde este punto de vista, las llamadas escuelas o corrientes filosóficas deberían ser consideradas como las primeras organizaciones secretas de la historia. Unidos sus integrantes mediante la creencia en que el conocimiento suponía una alternativa al llamado mito, a la explicación establecida de la naturaleza, la sociedad y el transcurrir, el uso del razonamiento para comprender el entorno, para llegar al entendimiento de aquello que rodea y da sentido a la existencia tanto como a la esencia, los filósofos fueron con cierta seguridad los

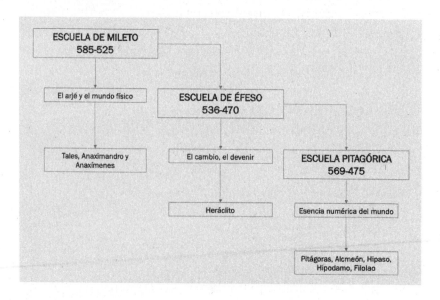

Escuelas filosóficas presocráticas del siglo VI a.C.

primeros conjurados. Ya desde principios del siglo VI a.C. fue posible integrar corrientes de pensamiento que alejaban a aquellos que las formaban de la tónica general normalizada, según puede verse en los diagramas correspondientes.

Partiendo de la premisa de que la mayoría de estas escuelas o corrientes filosóficas atendían a determinados condicionantes para la integración en semejantes comunidades, es lógico pensar en ellas desde un principio como, si no organizaciones, sí grupos discretos que exigían un conocimiento previo y la creencia de que tales pensamientos respondían de forma inequívoca a las preguntas esenciales planteadas en el inicio del discurso filosófico.

Ahora bien, ninguna de aquellas agrupaciones alejadas de la religión tradicional estuvo más cerca de constituir una propia que el pitagorismo. Seguidores estos de Pitágoras, tanto su conformación social como la defensa de sus premisas y el establecimiento de normas de conducta acercan esta corriente filosófica al estadio inicial de cualquier religión que se precie. Divididos en niveles de experiencia que distinguía iniciados de novicios, la pitagórica actuó como una secta de carácter místico-religioso con el conocimiento del entorno centrado en la experiencia de la observación como argumento esencial que les permitía comprender el orden supremo del universo a través del estudio o culto a los números. Científicos de primera remesa para muchos, sus normas de comportamiento que regulaban la vida de todos los integrantes de la comunidad, ya fueran mujeres u hombres, los aproximaba más a un culto arcano y oculto que a las escuelas de razonamiento presocráticas. Y, aunque en el fondo responda este culto al número a una tradición tanto babilonia como griega y jónica, es más que evidente la unificación de ramas matemáticas en el culto racional desarrollado por Pitágoras de Samos y sus seguidores.

Mas, a pesar de que el estudio sistematizado de la historia del pensamiento nos ha llevado a asumir la grandeza del proceso de constitución de la filosofía, la mayor parte de ellos acabaron por ser, si no perseguidos, sí estigmatizados por una sociedad que asumía la ortodoxia religiosa por encima del razonamiento implícito en toda escuela de pensamiento. El caso de Pitágoras y sus discípulos es más que significativo. Expulsados de múltiples ciudades de Sicilia y la Magna Grecia, acabaron en el continente, siendo su muerte un misterio convertido en un enigma matemático para muchos de sus seguidores, quienes incluso hoy siguen fabulando acerca de aquel desconocido final. Lo mismo que ocurriera con Empédocles o Platón, lo singular de sus vidas hubo de requerir una muerte extemporánea que justificara tamañas existencias.

El caso de Sócrates y su condena por impiedad, sea eso lo que fuera, vino a certificar que, si bien vemos las corrientes filosóficas como alternativas racionales a la interpretación de la vida, del entorno; a la normalización pre-científica del mundo que nos rodea, es más que lógico entender que, para aquellas sociedades estandarizadas en un misticismo mitológico, los filósofos no eran más que integrantes de sociedades secretas, cultos misteriosos, incomprensibles para el común y merecedores de persecución y erradicación. Lleno está el pasado de opciones filosóficas perseguidas en su origen, tratadas de sectas, herejías o pensamientos contrarios al sentir común, objetivos marcados para la persecución y obligados a ocultarse, a volverse discretos y a controlar el acceso al conocimiento compartido. Desde los alquimistas medievales a los luditas del siglo XIX, aquellos trabajadores iconoclastas y enemigos de las máquinas liderados por un individuo desconocido de nombre inventado, el pensamiento transformador de la sociedad ha terminado oculto y escondido en la discreción de las organizaciones secretas.

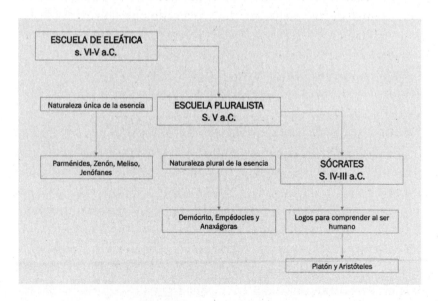

Escuelas filosóficas presocráticas del siglo VI a.C.

ORGANIZACIONES Y CULTOS OCULTOS

Ahora bien, ninguna variación del pensamiento normalizado más perseguida que en el entorno de la religión. Este pensamiento basado exclusivamente en la creencia por encima de cualquiera que fuese el razonamiento hubo de enfrentar toda desviación de la ortodoxia como un ataque a la homogeneidad del culto y, principalmente, un cuestionamiento del orden establecido dentro de aquella lógica impostada. Y, dado que la normalización religiosa ha existido desde el momento en que las religiones y cualquiera que fuera el culto en cuestión mezclaran sus rituales con el desempeño del poder político imperante sobre la sociedad, la persecución, exterminio y prevención de variantes religiosas ha sido una norma más que común en el proceso constitutivo de la ortodoxia religiosa. Como es lógico, la consecuencia de tales prácticas normalizadoras no fue otra que la inmersión social de los cultos derivados, constituyendo en la mayoría de las ocasiones sociedades ocultas, organizaciones discretas y arcanos sociales muy celosos de su identidad. En el caso de los misterios eleusinos, más que una derivación o desviación de la ortodoxia mística, estamos ante la pervivencia de un ritual de carácter iniciático sustentado por el secreto máximo. Esta protección del conocimiento ritual eleusino sustentado por el compromiso de los integrantes ha provocado que sea imposible en la actualidad establecer tanto su origen como las características de los rituales desarrollados durante casi dos mil años.

Supuestamente comenzados hacia el 1500 a.C., los misterios eleusinos consistían en una suerte de celebración del ciclo fértil de la naturaleza concentrados en dos momentos concretos, la llegada de la primavera en marzo y el inicio del ocaso a mediados de septiembre, que dieran explicación al proceso natural de la muerte de la vida y su renacimiento estacional. Como en tantos otros acasos de esta vida, el misticismo religioso terminó por apropiarse de este culto al crear un ciclo mitológico que diera explicación religiosa a una tradición ancestral. Así, el mito de Perséfone raptada por Hades y buscada por su madre, la diosa Deméter, fagocitó una tradición inmemorial de celebración de la fertilidad donde los participantes eran imbuidos en el conocimiento secreto mediante rituales sistemáticos y absolutamente protegidos. Seguramente iniciado como un rito aristocrático o elitista, deviniendo en estadios iniciáticos descritos como misterios mayores y menores, la parafernalia de la procesión que llevaba desde el cementerio de Atenas hasta la cueva de Eleusis o gran sala del telesterion mostrando de forma pública el privilegio de participar en tamaña demostración, hubo de fomentar una necesidad de participación difícilmente reprimible. Sumado a ello la imposibilidad de relatar los detalles del rito más importante hasta el punto de ser ignoto en el presente, la necesidad de formar parte de aquella celebración iniciática provocó la asunción por parte de la religión ortodoxa y la implicación del poder político, sensible a esa necesidad imperiosa de la sociedad más llana de acceder a los privilegios en lugar de acabar con ellos.

Cultos eleusinos. Placa votiva del Museo Arqueológico de Atenas.

Resulta evidente que, ante el carácter más que generalizado de todo tipo de culto religioso, acabaron por aparecer estos ritos que, mediante la iniciación y selección social de sus integrantes, reducían la participación en los mismos, asociando la religiosidad a la élite. Lógicamente, la inclusión en este tipo de cultos mistéricos conllevaba una carga necesaria de secreto y exclusividad unida directamente con el prestigio social. Es cierto que, con el paso del tiempo, los cultos o misterios eleusinos tuvieron que abrirse a la ciudadanía en aras de su mantenimiento, pues aquello a lo que no se puede acceder y es remotamente conocido, termina por ser asaltado o destruido. En el caso de los cultos eleusinos, la procesión hacia el telesterion no dejaba de ser una demostración de poder social.

Con la expansión de la hegemonía continental romana y su sociedad más abierta, pero también más dada al prestigio de la élite, al culto al héroe y al éxito individual y de grupo reducido o familiar, proliferaron este tipo de experiencias basadas en la religiosidad y la exclusividad aderezadas con una parte importante de secreto. Si bien la religión romana no existía como imposición cohesionadora de la sociedad más allá del respeto a los símbolos tradicionales de aquella cultura embutida entre una amalgama civilizadora y, ya a partir del siglo I d.C., del obligado culto al emperador, la multiplicidad de cultos asumidos por la sociedad fue ampliando su horizonte durante siglos. Al asumir todo tipo de costumbre, todo tipo de fe, que permitiera normalizar a todo quisque en aquel batiburrillo cultural, la élite

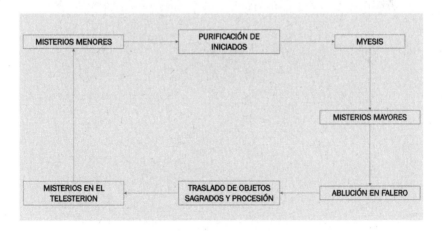

Los misterios o cultos secretos eleusinos.

romana, las familias supuestamente originales, la *gens patria*, precisaron de una distinción social evidente, algo que los diferenciara del aluvión social, cultural, étnico, lingüístico y hasta religioso en que se había convertido la vieja *Res Publicam*. Por todo ello y por cierto gusto hortera hacia los modismos importados desde las provincias, por ese culto hacia lo desconocido que desarrolla quien se aburre de la monotonía de una cultura más que superada, proliferaron cultos escondidos, ocultos, secretos y prohibidos para todos aquellos que no cumplieran los parámetros establecidos por la insensatez religioso-cultural de turno.

El corolario de cultos minoritarios y restrictivos existentes en la Roma del imperio, decadente y alejada de la ortodoxia social y cultural tradicional, podría ser interminable. Algunos de aquellos, como el culto a Mitra, no necesariamente prendieron entre las capas más

Escultura de Mitra sacrificando un toro, encontrada en la península Ibérica.

prestigiosas de la sociedad romana. El mitraísmo, en efecto, tomó una importante relevancia en todo el territorio imperial, desde la península Ibérica hasta las mesetas de Irán, por haber sido cultivado principalmente por los legionarios romanos. Basado el culto en el secreto y la ausencia de textos para revelar la creencia, prácticamente nada se sabe a ciencia cierta de aquellos rituales. Es cierto que se han recuperado a lo largo y ancho del imperio romano muchos mitreos, pero carecemos de la profundidad de conocimiento suficiente como para entender las bases del mitraísmo, más allá de la suposición basada en testimonios casi siempre cuestionables. Múltiples son las teorías que lo unen al zoroastrismo como evolución, correlación y hasta herejía. Parece que, por ciertos conceptos distraídos al secreto general, la divinidad, Mitra, estaba relacionada con el culto a Ahura Mazda, el bien y la preservación de este en la sociedad. Se sabe, gracias a un comentario de San Jerónimo, que el seguidor de esta religión estaba sometido a un proceso de iniciación escalonado, estableciéndose hasta siete niveles a los que se accedía por procesos de fidelización, compromiso y conocimiento totalmente desconocidos, pero que unen el ámbito religioso con la visión platónica de la realidad. Estructurada ésta en niveles desde el plano real y físico al más elevado e ideal, la dialéctica platónica permitía al individuo, gracias al aprendizaje del conocimiento, ir cubriendo niveles a modo de etapas para llegar a la sabiduría más absoluta. En esta línea ideal debía moverse el misterio mitraico y los siete niveles. Ahora, saber qué diantres había que conseguir o cumplir para pasar de un nivel a otro queda a merced de la imaginación de los enamorados del misterio y la suposición carente de sustento científico.

Al igual que San Jerónimo, la mayoría de los llamados padres de la iglesia, aquellos clérigos, sacerdotes y teólogos cristianos que establecieron la ortodoxia cristiana entre los siglos i y vii d.C., trataron de describir cuánto se sabe de aquel culto mistérico y estructurado en niveles de iluminación, bien por descubrir el pastel y acabar con su propagación, bien para desacreditar el secreto, base de la fidelidad de sus seguidores, e imponer el cristianismo como una realidad asumible en el ámbito de las creencias. Es más, la difusión del mitraísmo entre las capas bajas de la sociedad, entre soldados romanos y perentorios miembros de una civilización corrompida por el disfrute elitista de las bondades que el prestigio del poder conllevaba y conlleva, amenazaba la propia e incipiente hegemonía del cristianismo. Vamos, que competían por el mismo nicho de candidatos, por lo que el mitraísmo debía ser desacreditado al máximo como oculta, mistérica y bestial religión.

Ocurría, por tanto, que, debajo de ese enconamiento hacia el descrédito del mitraísmo, subyacía una sorprendente similitud con el cristianismo. Los ritos se llevaban a cabo dentro de una cueva o templo donde, a modo de reunión, asamblea o *eclesia*, los seguidores del mitraísmo, frente a una representación de su dios que presidía el templo, ya fuera en bajorrelieve o en forma exenta, disfrutaban de una comida ritual en la que, si bien algunos confirmaban la existencia de agua y pan que llevara al paroxismo el parecido ritual, otros aludían al sacrificio de animales, principalmente un toro, que posteriormente eran consumidos. Los iniciados de nivel básico, los cuervos, servían el banquete oficiado por el Páter. Tertuliano aseguraba que usaban la sangre del toro para iniciar a los neófitos semejando el rito bautismal y hasta el agua de un río en el caso de los soldados. No era de extrañar que los padres de la iglesia bramaran contra este culto secreto, pues hasta celebraban el 25 de diciembre como fecha del nacimiento de Mitra.

Siguiendo esta línea de cultos cerrados o basados en el misterio que generaban procesos de iniciación arcanos según rituales prestablecidos, Roma sumó muchos de aquellos, llegando a superponerse unos sobre otros. A los cultos ya citados de Eleusis o Mitra, habría que sumar otras organizaciones como el culto al Sol Invicto del emperador Aureliano hacia el año 274 d.C., o las religiones arcanas traídas de Egipto. De aquellas destacaron por el patrón iniciático y oculto, así como por el prestigio social unido a la profesión,

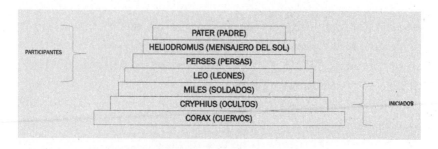

Niveles mitráicos de iniciación.

los cultos a Isis y Serapis. En el caso de Isis, siguiendo los escritos de Apuleyo y Pausanias, resultaba imposible acceder a la citada organización ritual secreta sin haber sido invitado previamente por la deidad que debía aparecerse en un sueño. El proceso de iniciación de aquellos fieles a Isis pasaba por la lectura de un ritual escrito en un libro, a diferencia de otros muchos arcanos ya descritos. Sin embargo, el texto aparecía encriptado con ideogramas, jeroglíficos, grafemas hieráticos o una suerte de símbolos sólo interpretables por los sacerdotes de la deidad, lo que hacía imposible para los no legos o neófitos la comprensión de lo contenido en aquellos libros. Relacionado como tantos otros cultos mistéricos con la leyenda mitificada de una paradoja mística, el culto a Isis se sustentaba en la muerte y resurrección de Osiris, donde Isis se convertía en recuperadora de cuerpo de su marido y engendradora de Horus, el dios iniciador de la cultura y la civilización. Según la descripción presente en *Las Metamorfosis* de Apuleyo, los requeridos por la diosa podían ser iniciados para, más adelante, unirse a la comunidad y asistir a los correspondientes ritos llevados a cabo en el templo. Entre los procesos de iniciación, llaman la atención las llamadas paradojas u ordalías de ingenio para probar la valía del candidato.

El culto a Serapis, por el contrario, no bebía del mito ancestral egipcio o previo al clasicismo griego u oriental, sino que se constituyó entre el sincretismo propio de la sociedad helénica establecida por los descendientes de Ptolomeo en Alejandría. Aunque contó con un amplio seguimiento por su conexión con los poderes

Culto al Sol Invicto. Moneda del emperador Probo
con detalle del Sol Invictus. 280 d.C.

curativos de aquella deidad, de ahí el carácter oscuro y misterioso de un culto inventado y asumido como cohesionador de las tradiciones griegas en un entorno egipcio. Por el contrario, el culto a Cibeles tenía que ver más con la fertilidad y el paso de lo vivo celebrable a lo muerto inamovible. Centrados los ritos entre grandes procesiones y celebraciones orgiásticas, los fieles seguidores cumplían con un proceso iniciático que pudiera preservar el prestigio social por muy salvajes que fueran aquellas bacanales. Este concepto, el de *bacchanalia,* había surgido de las celebraciones unidas al culto del dios Baco o Dionisos. Exclusivos inicialmente para mujeres, estos rituales de fertilidad y celebración de la abundancia conllevaban vino, música y sexo como aditamento a la profesión religiosa inherente al mito. Originado, al parecer, en el culto primigenio al dios Pan, la voluptuosidad y desenfreno presentes en los ritos báquicos o dionisiacos hubieron de procederse desde el secreto y la ocultación de los iniciados dado el cariz altamente inmoral para la ortodoxia social romana. La revelación de los rituales iniciáticos por la liberta Hispala Fecenia y el alejamiento de aquella moralidad imperante desató en 189 a.C. una persecución general de aquellas prácticas por toda la república romana, lo que sumergió aún más este culto mistérico y secreto.

Boda de Dionisos y Ariadna. Sarcófago de Villa Getty.

El orfismo, coetáneo en desarrollo a los misterios báquicos, propugnaba, sin embargo, una interiorización de la superación de la muerte. Igual de mistérico, igualmente oculto, el ritual de adoración a Orfeo, capaz de viajar al Hades y sobrevivir a ello, propugnaba la sublimación del alma inmortal y la superación de la muerte. Para ello, proponía que una parte del ser indeterminada y no física trascendía al fallecimiento y generaba un conocimiento superior. En ese dislate, los adictos a Orfeo se negaban a comer carne y practicaban un ascetismo místico que conculcaba la sensación de culpa al no cumplir con los preceptos establecidos a los no iniciados. Esa sensación de pecado formaba parte del proceso ritual del orfismo y, al igual que el concepto de alma contingente y sublimación de aquella a un plano superior, acabó por trascender a otras religiones mayoritarias y no secretas como el cristianismo, plasmado todo ello en los escritos de Pablo de Tarso.

CULTOS OCULTOS EN LOS MONOTEÍSMOS

En consecuencia, la conversión de los diversos cultos sobredichos en ritos unidos a la iniciación y envueltos en el secreto, aunque algunas veces fuera a voces, hay que entenderlos como la búsqueda de un misticismo perdido en una ortodoxia superada y descreída. Al haber caído la tradicional religión en la desidia del ateísmo, resultaba normal la aparición de creencias alternativas, fes diversas y, aunque a veces conectadas con la tradición, partícipes siempre de una nueva realidad ritual. A ello habría que sumar, sin duda, el carácter social e integrador en grupos menores que la sociedad de todos estos cultos. Uno no sabe si era más atractivo el creer en un nuevo dios, en una diosa extranjera, que el integrarse en un círculo secreto e ignoto para el común de los mortales, perdidos éstos en un mar de religiones y una ortodoxia caída pasto del descreimiento generalizado, fruto de la relativización de la religión tradicional, donde dioses y enseñanzas quedaron perdidos en una inmensidad de poesía, literatura y arte figurativo.

Ahora bien, todo eso debió cambiar con la expansión de las religiones monoteístas. Aquellas, centradas en un proceso de revelación, es decir, de una divulgación generalizada del secreto trascendido por el dios correspondiente, y presentado públicamente en escrituras legibles por todos, aunque no interpretables por la generalidad, alejaban la posibilidad de una derivación en cultos arcanos organizados en procesos iniciáticos secretos. Redundando, pues, en una ortodoxia inflexible, dictada y establecida desde el principio de la evangelización por férreos preceptos, fases de aprendizaje e iniciación y sometimiento de la ortodoxia a continuos procesos de revisión y normalización, las religiones monoteístas pretendieron abrir a toda la sociedad las prácticas particulares de los cultos y organizaciones discretas existentes con anterioridad.

Mas, al implementar como ortodoxia la normalidad de la sociedad, resultó inevitable que fueran apareciendo variantes rituales, credos nacidos en aquella tradición inamovible, pues nada hay más libre que la creencia.

Dicho de otro modo, es imposible impedir que el individuo piense por sí mismo.

Por muy dura que sea la represión de la variante, con mayor fuerza rebotará ésta. Es evidente que no ha existido religión o creencia normalizada, establecida como única y oficial mediante dogmas

Jerusalén. Maqueta de la ciudad vieja en el museo arqueológico.

estudiados y escritos por expertos teólogos, que no haya devenido en variaciones a veces asumidas como un paso hacia la divinidad, las menos, o perseguidas hasta su destrucción y extinción, pasando por el escarnio público y miserable por el camino. Incluso en religiones monoteístas como el judaísmo, basada en la endogamia creyente, donde la revelación de la fe se hacía a un grupo social exclusivo, lo que les convertía en iniciados por selección divina; incluso entre los judíos, digo, aparecieron variantes si no secretas, sí discretas o menores que la totalidad de la propia religión. La secta esenia, por ejemplo, constituyó una variación del judaísmo en línea con lo hasta ahora expresado.

Constituida tras la rebelión de los Macabeos contra Antíoco IV Epífanes entre 166 y 165 a.C., la comunidad luego conocida como esenia y que marchó a las estribaciones del mar Muerto conformó un punto intermedio entre lo que hoy se entendería como orden monacal o ascética y secta fundamentalista proclive a defender las escrituras sagradas a rajatabla. El término esenio, de discutida etimología, parece derivar, curiosamente, del hebreo *asaim*, lo que venía a ser algo así como hacedores, puesto que asumían que si algo aparecía en las escrituras se debía hacer. Enfrentados aquellos monjes sectarios a la ortodoxia generada por la nueva realidad político-social y religiosa tras la independencia lograda por los hermanos Macabeos, parece lógico pensar que este grupo inicial de adeptos al dogma acabó por marchar al desierto al no poder soportar la evolución a la que era sometida la tradición por parte de los nuevos amos de Palestina.

La vida dentro del fundamentalismo, asumiendo la rectitud reaccionaria de la ley escrita en los textos sagrados, los convirtió en bichos raros dentro de la normalidad judía. Quizás por ello, su vida ascética sin salirse un punto de lo normalizado por la tradición más ortodoxa acabó por sorprender a cuantos estudiaron la sociedad judía, ya de por sí singular. Historiadores como Flavio Josefo, Dion Crisóstomo, Filón, Hipólito de Ostia y hasta el viejo Plinio dieron cuenta de este grupo sectario tan extraño dentro de una sociedad totalmente extraña. Y, aunque se piense que, al ser ascetas y anacoretas en potencia, vivieron todos en su Damasco particular, aquel asentamiento del desierto que circunda el mar Muerto en Qumran, a decir de Flavio Josefo, hubo un barrio esenio en la propia Jerusalén, contándose cerca de cuatro mil fanáticos de la ortodoxia judía. Algunos de los textos apócrifos del cristianismo, aquellos que no aprobó el orden católico, establecían que Jesús de Nazaret integró en algún momento de su corta vida aquella comunidad de ascetas célibes. Algunos de los más atrevidos llegaron a proponer que quien hubiera de ser la deidad más adorada de la historia podría haber desempeñado el rol de líder de la comunidad esenia, el llamado Maestro de Justicia, razón por la que algunos presintieron terror vaticano en la traducción de los pergaminos hallados en las tinajas de Qumran hacia 1947. Claro que, atendiendo al proselitismo cristiano entre pobres, ratas miserables, prostitutas, convictos, ladrones, leprosos, mutilados y cualquiera que pudiese integrar la hez de aquella sociedad, resulta muy complicado de asumir el elitismo esenio en Jesús de Nazaret que impedía ingresar en la comunidad a cualquiera que mostrara tara física o mental alguna, según especifican las traducciones de los dichos pergaminos.

No obstante, la relación entre Jesús de Nazaret y aquella comunidad disidente, mientras no aparezca documentación contundente al respecto, seguirá suscitando cierta controversia. En primer lugar, la

Ruinas del monasterio esenio de Qumran en el Mar Muerto.

posición del Vaticano, reticente a confirmar o negar nada al respecto, siempre ha mantenido la posibilidad de la presencia de Jesús entre los esenios después de que éstos se alojaran en Qumran tras abandonar el barrio de Jerusalén hacia 150 a.C. por el ascenso a sumo sacerdote de Jonatán Macabeo. Aquel, que había sido con anterioridad seguidor de los descendientes de Sadoc, quienes habían ostentado el sumo sacerdocio hasta la revolución macabea, por lo que habría sido contrario al designio divino y, por ello, impuro para ostentar tan alta responsabilidad. Por otra parte, la canonizada estancia de Jesús en el desierto, esos cuarenta días sometido a tentaciones que dieron origen a la tradición de la cuaresma católica recogidos en los evangelios de Mateo, Marcos y Lucas, bien podrían reconocer indirectamente la presencia del profeta del cristianismo entre la comunidad esenia.

En cualquier caso, la férrea ortodoxia judía, creadora de una de las más conocidas teocracias de la historia, provocó que, desde el punto de vista político o religioso, afloraran múltiples asociaciones o grupos ocultos contrarios a cualquiera de los alineamientos citados o a los dos, como ocurría con la comunidad esenia. Destacan, en las fuentes recuperadas y la tradición histórica transmitida, los zelotes.

Organizados clandestinamente, los zelotes actuaban como un grupo político revolucionario que empleaba la violencia como herramienta de expresión. Aunque usar el concepto de terrorismo en este caso sería un evidente anacronismo e, incluso, presentismo histórico, no cabe duda de que fueron de los primeros grupos organizados enfrentados al poder establecido, en su caso las facciones elitistas y colaboracionistas de fariseos y saduceos, que emplearon la violencia y el atentado político para lograr sus fines. Al ocultar su formación y liderazgo, así como el proceso de ingreso en la facción, los zelotes, que llegaron a tener un grupo especial de actuación violenta conocido como sicarios, tuvieron su momento en la guerra contra los invasores romanos desarrollada entre los años 66 y 73 d.C., cuando lograron tomar temporalmente Jerusalén para acabar suicidándose en la mitificada fortaleza de Masada, acosados por Lucio Flavio Silva en circunstancias similares a las que experimentaron los celtíberos de Numancia durante la campaña final dirigida por Publio Cornelio Escipión Emiliano en 134 a.C.

Desde el punto de vista exclusivamente religioso resulta más difícil de establecer corrientes secretas dentro de la comunidad judía que dieran paso al secretismo organizativo. Teniendo en cuenta los principios étnicos que constituyeron aquella sociedad, la férrea ortodoxia no permitió demasiadas desviaciones que no contemplaran una expulsión o rechazo comunitario, como pasó con los samaritanos, siendo la ocultación y organización secreta más una cuestión política e identitaria frente a las muchas invasiones y dominios extranjeros a las que fue sometida la comunidad judía desde el momento en que ellos mismos ocuparon las tierras de Canaán, esto es, fenicias, a decir de sus propias escrituras.

Masadá. Vista aérea con el mar Muerto al fondo.

El cristianismo, por su parte, ha sido y es harina de otro costal. Nacido dentro del judaísmo como una herejía, desviación o, según quién lo mire, una renovación de aquel, el cristianismo comenzó como una forma religiosa abierta y difusa para ir concentrando su dogma básico a medida que iba extendiéndose a lo largo y ancho del imperio romano. La cercanía del poder, la constatación de que aquella religión era un factor político esencial para dominar la sociedad híbrida resultante de las sucesivas crisis experimentadas durante los largos siglos del bajo imperio, fue reduciendo la diversidad dentro de una religión que había nacido sin un libro al que agarrarse a la hora de establecer la ortodoxia correspondiente a una religión establecida y asentada.

Superadas las múltiples persecuciones a las que fue sometido durante los años de expansión social transversal, el cristianismo acabó por convertirse en recurso político básico para asentar una nueva administración liderada por el emperador Flavio Valerio Constantino con la promulgación en 313 d.C. del conocido como edicto de Milán. Y, aunque tal acto jurídico no estableció supremacía alguna del cristianismo como han afirmado durante casi quince siglos los hagiógrafos de esta religión, sí legalizó cualquier profesión religiosa, sacando a los seguidores de Cristo del anonimato social, del secretismo y ocultismo en que había sobrevivido su *eclesia*.

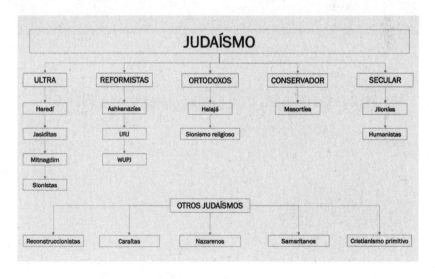

Corrientes dentro del judaísmo.

No parece claro que, durante el ínfimo lapsus que supuso el reinado de Flavio Claudio Juliano, el cristianismo hubiera de enfrentarse a un parón en la consolidación de las bases políticas cristianas. Lo que sí parece cierto fue que, con toda seguridad, esa política rectificadora le costó la vida en el año 363 durante una campaña militar en Persia a manos de un soldado cristiano, según lo asumido por las crónicas coetáneas y posteriores. El cristianismo, en consecuencia, hubo de sobrevivir durante más de tres siglos en la clandestinidad actuando como una sociedad secreta organizada en comunidades discretas y ocultas que cumplían con sus ritos de iniciación y consolidación comunitaria en secreto bajo la dirección de un líder llamado a veces páter, como en la religión mitraica y posteriormente obispo. Organizadas aquellas comunidades clandestinas entorno a la congregación liderada por un vigilante, superintendente o *episcopus*, cumplían con sus ritos, si no de forma secreta, sí restringida en reuniones o *eclesias* localizadas en lugares variables en función del peligro que corriera la comunidad.

Organizados en parroquias donde reunir la iglesia, los cristianos mantuvieron más o menos oculta su estructura mientras hubieron de someterse a un sistema político que perseguía cualquier variante religiosa que no aceptara la ortodoxia pagana del imperio antes del ya redicho edicto de Milán del 313. En esos años de oscurantismo y clandestinidad, de frecuentes persecuciones y expansión de la creencia ya de forma transversal; aquellos años en

Persecuciones al cristianismo durante los años del imperio romano.

que se formó la leyenda del sufrimiento cristiano para preservar la fe y se levantó un monumental martirologio sobre el que sustentar la supremacía de una creencia, el monoteísmo del que partió acabó por complicarse con múltiples variantes incompatibles entre ellas, generadoras de una infinitud de posibilidades a domeñar a la hora de constituir un dogma único que soportara la tan necesaria ortodoxia.

Concilio de Nicea. Icono conmemorativo con el emperador Constantino y los padres de la ortodoxia católica.

Y no era aquel un problema baladí. El esfuerzo por mantener la comunidad unida en la persecución, en escapar al martirio o superarlo, si bien generó un espíritu básico para formar comunidad que a lo largo de la historia posterior han ido copiando una plétora de organizaciones clandestinas perseguidas o no para establecer una base justa de existencia, no permitió consolidar un camino ideológico único y por todos aceptado. Aquello se tradujo en un batiburrillo insensato de opciones religiosas concomitantes. Hablar en ese momento de cristianismo en singular no deja de ser una paradoja extrapolable a todos los procesos constitutivos de normalidades ideológicas. El mundo está repleto de judaísmos, cristianismos, islamismos del mismo modo que no existía un paganismo. Socialismos, comunismos, marxismos, anarquismos, fascismos y, por supuesto, democracias pululan por el pasado tratando de constituir ortodoxias sin sentido que impidan la diversidad tan necesaria para la construcción del pensamiento humano diverso, honrado y justo, ese sí en singular.

En el momento en que el cristianismo asentó su posición, estableció su forma política en colaboración con el poder público dominante, comenzó la constitución de una estructura jurídico-administrativa que controlara territorial, jurídica y políticamente la comunidad resultante de la salida de aquel vetusto armario. Para ello, fagocitó la administración cristiana la estructura territorial tardo romana asumiendo como jurisdicciones eclesiásticas las diócesis provinciales y los distritos metropolitanos. Los cristianos fueron agrupados en parroquias, provincias y distritos metropolitanos bajo el control de sacerdotes o párrocos, obispos y arzobispos respectivamente.

Sustentada la jurisdicción cristiana bajo el adjetivo eclesiástica, llegó el turno de normalizar la creencia unificando por un lado las verdades definitorias de la fe, llamadas dogmas, y, por el otro, estableciendo una norma escrita que fuera aceptada sin dudas por toda la cristiandad. Dado que ambos procesos reguladores de la ortodoxia llamada desde aquel entonces *katholikós* o universal debían ir de la mano, la reunión de obispos y arzobispos se convirtió en condición esencial para definir el discurso universal, católico, que debía ser transmitido a la iglesia para los restos. El camino elegido fue el de la reunión global de los representantes de todas las recién instauradas provincias del cristianismo.

CONCILIOS ECUMÉNICOS CATÓLICOS

CONCILIOS GRIEGOS		CONCILIOS LATINOS	
LUGAR	AÑO	LUGAR	AÑO
Nicea	325	Letrán	1122
Constantinopla	381	Letrán	1139
Éfeso	431	Letrán	1179
Calcedonia	451	Letrán	1215
Constantinopla	553	Lyon	1245
Constantinopla	680-681	Lyon	1274
Nicea	787	Vienne	1311-1312
Constantinopla	879-880	Constanza	1414-1418
Constantinopla apócrifo	1341-1351	Basilea	1431-1435
		Letrán	1512-1517
		Trento	1545-1563
		Vaticano	1869
		Vaticano	1962-1965

En esas reuniones *oikoumenikós*, es decir, para todo el mundo, se acabó por decidir la ortodoxia católica del cristianismo. Desde la divinidad de Cristo al establecimiento del día de la pascua, pasando por la divinidad del Espíritu Santo, la divinidad de María, la condición unipersonal completa de Jesús, la veneración de iconos e imágenes, las investiduras, el celibato o el matrimonio, los concilios fueron labrando punto por punto los dogmas esenciales del catolicismo. Aun así, las decisiones tomadas en los concilios no fueron siempre aceptadas por las múltiples congregaciones cristianas, lo que generó un problema que acabaría con ciertas escisiones y cismas, como el de la iglesia oriental u ortodoxa liderada por el patriarca de Constantinopla, Miguel I Cerulario, en el año 1054.

Para la mayoría de las congregaciones occidentales y norteafricanas surgió de esos concilios ecuménicos una normalidad católica que habría de establecer sin discusión ni fisuras los dogmas esenciales del cristianismo católico; la estructura jurídico-administrativa y territorial que rigiera la comunidad universal; los textos asumidos como esencia del cristianismo tanto ritual como formalmente con vistas a un proselitismo más o menos sencillo y de consenso católico. Por último y quizás lo más significativo para comprender la ocultación de múltiples formas de pensamiento y creencia posteriores, se debía marcar qué era católico y qué formaba parte de la equivocación, del desconocimiento, de la mala comprensión de lo ortodoxo, contrario a la normalidad, errático, confundido, loco o *haeretikós*.

Esos declarados herejes, confundidos o, atendiendo a la etimología, separatistas, al defender postulados o dogmas distintos a los canonizados por los concilios, suponían una opción inaceptable para una institución religiosa que asumía la ortodoxia promulgada ecuménicamente como la única verdadera. En el caso de los textos sagrados, sólo fueron aprobados algunos de los muchos existentes constitutivos de las sagradas escrituras judías, mientras que tan sólo acabaron por asumirse como ortodoxos cuatro relatos de la vida de Jesús, los llamados evangelios, ninguno coetáneo de la vida del propio Jesús. De hecho, ni siquiera se sabe su origen real, defendiéndose como válida la teoría de las dos fuentes primarias, según la cual tres de los evangelios, Marcos, Mateo y Lucas, habrían partido de la misma fuente, mientras que el evangelio de Tomás tendría un origen distinto. En cuanto a la historicidad, de difícil establecimiento, el consenso general los ubica en un

Dibujo de Santa Sofía de Constantinopla.

arco temporal que va desde el año 68 del evangelio de Marcos hasta el año 110 del escrito por Juan. Claro que, partiendo del principio de canonización textual que establecía aquellos evangelios como los verdaderos, la dogmatización de la biografía parcial de la vida de Jesús dejó fuera de la divulgación cristiana una ingente cantidad de escritos, declarados desde ese momento como no reales, válidos, contrastados o, como a un servidor más le gusta decir, apócrifos. Por lo que se refiere a las variaciones o derivadas de las no contempladas por la ortodoxia reconocidas con el tiempo como herejías y cuestionadas por ello, el corolario podría ser interminable.

EVANGELIOS APÓCRIFOS

GNÓSTICOS	NATIVIDAD	INFANCIA	PASIÓN Y RESURRECCIÓN	ASUNCIONISTAS	PERDIDOS
Tomás	Santiago	Tomás	Pedro	San Juan Evangelista	Hebreos
Marción	Pseudo-Mateo	Árabe	Nicodemo	Juan, arzobispo de Tesalónica	Ebionitas
María Magdalena	María	José el Carpintero	Bartolomé	Pseudo José de Arimatea	Egipcios
Judas	Infantia Salvartoris	Armenio	Gamaliel		Matías
Juan	Virgen María	Infantia Salvartoris			Tomás
Valentín					Felipe
Egipcios					Pedro

OTROS TEXTOS APÓCRIFOS

CARTAS	NAG HAMMADI	FRAGMENTOS	AGRAPHA	OTROS	PERDIDOS
					Adversarios de La Ley
					Memoria de los Apóstoles
Entre Jesús y Abgaro	Libro secreto de Santiago	Oxyrhynchus 665	Canónicos extraevangélicos	Evangelio secreto de Marcos	Tres clases de frutos
Del Domingo	Apocalipsis de Pablo	Oxyrhynchus 840	Variantes de los manuscritos evangélicos	Evangelio cátaro de pseudo-Juan	Cuatro rincones
		Oxyrhynchus 1081	Citados por los padres	Evangelio de Bernabé	Apeles
		Berlín 11710	De origen musulmán	Evangelio de Taciano	Nacimiento de María
		Fragmento de Fayum		Evangelio de los Nazarenos	Judas Iscariote
		Fragmento de El Cairo		Evangelio de Ammonio	Eva
		Logia de Oxyrhynchus		Evangelio de la venganza del Salvador	Ascensión de Santiago
		Egerton 2		Evangelio de la muerte de Pilato	Evangelio Vivo
		Fragmento P. Ryl. III, 463		Evangelio apócrifo de Galilea	Preguntas de María
		Fragmentos Coptos			Perfección
					Basílides
					Marción

Dado que el cristianismo fue, como ya se ha dicho, una creencia no revelada, esto es, que no se desarrolló desde un texto sagrado matriz, la posibilidad de interpretar el mensaje de dios, de Jesús o de la iglesia no concurrió en un mismo punto hasta muy avanzada la Edad Media. Ya desde el mismo momento que fue legalizado el cristianismo o, mejor dicho, tolerado, la pluralidad de visiones del mensaje divino era ingente, razón por la que, a los doce años del edicto de Milán ya fue necesaria la convocatoria de un concilio ecuménico que decidiese acerca del arrianismo, la primera de las variantes cristianas en ser atajada por esta vía.

Derivada del pensamiento de Arrio, presbítero y asceta alejandrino de origen indeterminado, esta derivada establecía la imposibilidad de la trinidad católica, asumiendo que dios era uno y no trino. El peligro que representaba una interpretación lógica de la esencia de Jesús y que la hacía prender con rapidez entre cualquier cristiano que tuviera un mínimo de educación aristotélica provocó esta prohibición y condena, que no persecución. Asumido por la parte de la aristocracia romana y por algunos pueblos germánicos, como los visigodos que invadieron la península ibérica, el arrianismo hubo de ser desacreditado filosófica y dogmáticamente.

En otros caminos distintos al catolicismo, la cosa cambió drásticamente. Algunos de estos pensamientos como el docetismo, ni siquiera son considerados heréticos y, por consiguiente, perseguidos, sino constitutivos del dogma final en que se convirtió la ortodoxia católica, fruto de la confluencia de múltiples interpretaciones de lo que era Cristo. Es por ello por lo que, para definir esta multitud de opiniones convergentes, la teología constituyó una sección específica dedicada a analizar el papel de Jesús de Nazaret en la constitución de Cristo llamada *cristología*.

Era, por consiguiente, tan diversa la interpretación del mensaje cristiano, tan difícil de asumir cualquiera de sus partes como ortodoxia, que empezaron a acuñarse conceptos como heterodoxia para aquellas divergencias que no se aproximaban al sentir común y, ya constituido un pensamiento teológico católico, herejía en aquellos casos sentidos como peligrosos para la recién creada normalidad cristiana ortodoxa.

HEREJÍAS ANTERIORES AL PRIMER CONCILIO DE NICEA

SIGLO	HEREJÍA	SUPUESTO
SIGLO I	Docetismo	Naturaleza de Cristo
	Simonianismo	Gnosticismo
SIGLO II	Adamismo	Gonsticismo
	Encratismo	Ascetismo
	Ebionismo	Jesús humano
	Adopcionismo	Jesús humano
	Gnosticismo	Espiritualidad sincrética
	Marcionismo	Separación de los testamentos
	Montanismo	Profetismo y fin del mundo
	Monarquianismo	Contra la visión trinitaria
	Nicolaísmo	Elitismo
	Ofitas	Gnósticos
SIGLO III	Maniqueísmo	Divinidad dual
	Modalismo	Monoteísmo estricto
	Sabelianismo	Negacionistas de la trinidad
	Subordinacionismo	Trinitarios
SIGLO IV	Donatismo	Fundamentalismo clerical
	Arrianismo	Jesús humano

Hasta la consecución del primer concilio de Nicea, por consiguiente, las herejías, dogmas, pensamientos heterodoxos y, en general, toda desviación o negación de lo que ya se intuía como ortodoxia fue perseguida desde un punto de vista ideológico. Ahora bien, una vez se estableció el orden católico y, con ello, la normalización de un dogma por todos asumido, las desviaciones fueron directamente prohibidas y, gracias al poder secular que asumió la iglesia católica tras la declaración del catolicismo como religión oficial del imperio romano promulgada por Teodosio I, perseguidas hasta su extinción.

Desde ese momento, cualquiera que fuera el pensamiento o interpretación del dogma o rito terminó por ser consumido y, si no borrado de la faz de la tierra cristiana, enviado al limbo de la heterodoxia. Y, empezando por los seguidores del obispo de Laodicea, Apolinar el Joven, quienes fueron desterrados del imperio romano por negar la naturaleza divina de Jesucristo, la iglesia católica inició una lucha permanente contra la diversidad, elevada aquella al nivel de los mayores peligros existentes. Desde los donatistas perseguidos por su fundamentalismo social excluyente que llevó al mismo emperador Teodosio I a proscribirlos, la lista se antoja interminable.

Procedentes de la península ibérica, Prisciliano y sus seguidores Felicísimo, Armenio, Latroniano, Eucrocia, Aurelio y Asarino, acabaron decapitados en Tréveris en el año 385 por orden del prefecto del emperador, provocando gran escándalo entre la jerarquía eclesiástica, especialmente desde el papado que, en aquellos momentos lideraba Siricio, quizás por el uso secular indiscriminado para atajar una discordancia religiosa. Es probable que esa decisión de cortar por lo sano con los declarados herejes, aún siendo terrible, acabó por convertirse en recurso recurrente para determinada forma de ver la ortodoxia que habría de sembrar precedentes frecuentemente reiterados.

No es de extrañar, en buena lógica, que la violencia contra la heterodoxia convertida en herejía hubiera de convertirse en norma, especialmente en aquellos casos en que lo minoritario, secreto y particular tendió a convertirse en fenómeno de masas. Mientras las herejías o discordancias fueron disputas teológicas y filosóficas, la persecución se tradujo en debate y, como máximo, anatemización, prohibición y destierro. Mas, cuando el cruce de caminos teológico atraía a una buena parte de la cristiandad, la ortodoxia católica hubo de ponerse manos a la obra para no verse convertida en heterodoxia de una nueva ortodoxia. Tales peligros asomaron con la expansión especialmente entre las élites del ya citado arrianismo. Ahora, ningún caso tan dramático como el de la iglesia de los cátaros o puros, también llamados albigenses por la concentración máxima de aquella confesión cristiana heterodoxa en el mediodía francés, siendo la ciudad de Albi capital de ese cristianismo de los pobres.

De fuerte implantación y propagación máxima por el Mediterráneo, desde las tierras gobernadas por el rey de Aragón hasta las costas del mar Egeo, los cátaros expandieron su creencia en una religión gnóstica y maniquea trufada de ascetismo que chocaba con el derroche de riqueza y poder con que se emborrachaban hasta el delirio las jerarquías católicas de la plenitud medieval. Convencidos de que la gloria se alcanzaba desde el alejamiento del poder, la pobreza y el control de vicios e impulsos terrenales, los cátaros llegaron a captar una audiencia enorme, hasta el punto de

Agustín, obispo de Ipona, gran enemigo del priscilianismo.
Pintura de Maeten de Voos. 1570.

rivalizar con un catolicismo claramente en crisis de fe. La respuesta de la ortodoxia no fue otra que la inquisición, por primera vez convocada. En manos de clérigos como Santo Domingo de Silos y otros tantos interesados en comprender la raíz de aquel éxito, la pesquisa pudo colegir el choque existente entre el liderazgo corrupto del catolicismo y el ascetismo gnóstico y confiado en el mensaje primitivo del cristianismo asentado entre las capas más bajas de la sociedad. Si a ello unimos la competencia política de los señores feudales del Languedoc y el enfrentamiento entre Aragón y Francia por el control del Mediterráneo occidental, los cátaros y su fe secreta y oculta dieron pábulo a una guerra señorial por el territorio que se llevó por delante a Pedro el Católico, rey de Aragón, en la batalla de Muret de 1213, el equilibrio político del Languedoc dominado desde entonces por el Felipe II Augusto de Francia a través de su brazo ejecutor en Narbona, Simón de Monfort, y a una multitud de paisanos franco-aragoneses perseguidos por su forma de ver la divinidad y la religión. Acosados por la inquisición, acabaron por sumergirse y transformar su fe en creencia y rito secreto hasta su erradicación final plasmada en la conquista del castillo de Montsegur, donde más de doscientos cátaros fueron inmolados en loor de la ortodoxia católica.

Castillo de Montsegur, última morada de los cátaros en occidente.

El ejemplo de lo sufrido por los cátaros y sus extensiones continentales como los patarinos milaneses o los paulicianos, convirtió en norma la persecución hasta la extinción de cualquier fe derivada del cristianismo católico no aceptada por la normalidad establecida en los concilios ecuménicos. Convertido en costumbre, en *modus operandi* normalizado, las confesiones religiosas cristianas alejadas del catolicismo tornáronse en cultos secretos, ocultos a la sociedad o, al menos, discretos en su ritualidad, dado el uso que de la inquisición había hecho la iglesia católica. Ésta, no aceptando que la ortodoxia católica hacía aguas por multitud de puntos ante un mero análisis superficial, siguió defendiendo unos dogmas cada vez más cuestionados. Desde la constitución trinitaria de la divinidad en un culto supuestamente monoteísta a la santificación de determinados creyentes y, por consiguiente, adorados y hasta idolatrados; la imposibilidad de interpretar las escrituras, la decisión particular sobre la ortodoxia de aquellas, la expulsión de las mujeres del sacerdocio, la politización de la creencia, el enriquecimiento de las jerarquías o la imposición imposible del celibato, la ortodoxia católica hubo de hacer frente a una constante y sangrante tendencia herética, lo que provocó la normalización de los procesos inquisitoriales asistidos por el poder civil hasta el punto de institucionalizar la práctica inquisitorial en la península ibérica en 1478 por orden de los Reyes Católicos.

HEREJÍAS Y HETERODOXIAS PERSEGUIDAS

NOMBRE	SIGLO
DONATISTAS	IV-VII
PRISCILIANISTAS	IV-V
CÁTAROS O ALBIGENSES	IX-XII
BEGARDOS O BEGUINAS, HERMANOS DEL LIBRE ESPÍRITU, TURLUPINES	XIII-XV
SECTA DE LOS LIBERTINOS	XIII-XVI
FRATICELLI	XIV-XV
JOAQUINISMO	XIII-XIV
SECTA DE LOS HERMANOS APOSTÓLICOS O DULCINIANISMO	XIII-XIV
LOLARDOS O WYCLIFISTAS	XIV-XV
JUAN HUS, PADRE DE LA IGLESIA HUSITA	XV
SOCINIANISMO	XVI-XVII
JANSENISMO	XVII-XIX
QUIETISMO (HEREJÍA ESPAÑOLA)	XVII
TEOLOGÍA DE LA LIBERACIÓN	XX

Cientos de miles de personas acabaron bien por ser perseguidos, señalados, estigmatizados, encarcelados, torturados y hasta ejecutados en
una vorágine eliminadora de la diferencia que convirtió la religión en
un asunto de Estado y a los practicantes de creencias alternativas al cristianismo católico en integrantes de cultos ocultos, asociaciones secretas
muchas veces organizadas de una forma tan hermética que muchos de
los datos que asumimos como propios de esa o aquella fe responden a la
información extraída tras un proceso de tortura inquisitorial ciertamente
alejado de la realidad. En el caso de los pobres cátaros, el hermetismo
era tal que optaron por hacerles comer carne o matar aves para demostrar que no cumplían con el ascetismo innato a la práctica de la herejía.
Respecto a las pobres mujeres acusadas de brujería, ya fueran curanderas
o practicantes de la medicina tradicional, las ordalías basadas en terribles
pruebas de agua y fuego convirtieron la miserable tortura y la confesión
obtenida durante su práctica en argumento de fehaciente y palmaria verdad. Al menos así debió ocurrir con los más de ciento once mil casos de
brujería registrados en Europa entre los siglos XVI y XIX, especialmente en
las zonas dominadas por el fundamentalismo protestante, para un total
cercano a las sesenta y cinco mil ejecuciones.

No es de extrañar que muchas de estas nuevas creencias de
base cristiana acabaran bien por usar la violencia como argumento

Portada del Malleus Maleficarum. Tomo I. Editado en Lyon hacia 1679.

defensivo ante la imposibilidad de ocultar el culto; bien como consecuencia a la esencia de su nueva forma de ver la cristiandad y la consecuente necesidad de acabar con la ortodoxia dañina; bien terminaban por escindirse del catolicismo creando nuevas religiones ante la imposibilidad manifiesta de alterar un *statu quo* inamovible. En el primero de los casos, los seguidores de Dulcino y los llamados hermanos franciscanos, hermanitos o *fraticelli* optaron por la violencia contra la ampulosa y ricachona jerarquía católica, asaltando palacios episcopales y quemando algún que otro orondo obispo. En el segundo, la fiebre iconoclasta experimentada en Bizancio y extendida a otros lugares de la Europa y Asia cristiana trató de desmontar la tendencia idólatra del catolicismo en Oriente en los siglos VIII y IX, principalmente, aunque reapareció en cada momento fundamentalista o reformista, como en el siglo XVI en el centro de Europa al calor de la llegada del protestantismo. En el tercer caso, parece increíble que, desde la matriz cristiana primitiva, aún defendiendo el catolicismo la única supuesta vía ortodoxa, hayan acabado por nacer la plétora de religiones independientes.

CRISTIANISMOS DIFERENTES DEL CATOLICISMO

NOMBRE	SIGLO
IGLESIA COPTA	I-Presente
MONOFISITAS	IV-Presente
NESTORIANISMO	V-Presente
CRISTIANISMO ORTODOXO	XI-Presente
VALDENSES	XII-Presente
HERMANDAD DE MORAVIA	XII-Presente
HUSITAS	XV-Presente
PICARDOS	XIV-XV
ANGLICANISMO	XVI-Presente
ABECEDARIANOS	XVI-XVII
ANABAPTISTAS O AMISH	XVI-Presente
CALVINISMO O HUGONOTES	XVI-Presente
LUTERANISMO, PROTESTANTISMO	XVI-Presente
UNITARISMO	XVI-Presente
CUÁQUEROS	XVII-Presente
FIDEÍSMO	XVII-Presente
MORMONES	XIX-Presente
TEOSOFÍA	XIX-Presente
PENTECOSTALISMO	XX- Presente
TESTIGOS DE JEHOVÁ	XIX-Presente

De modo que, atendiendo a las consecuencias de la defensa de la ortodoxia católica, el cristianismo ha expulsado hacia cualquiera que sea el confín de la humanidad una serie de religiones con origen compartido y múltiples diferencias teológicas, rituales y dogmáticas. Todas ellas unidas entorno a cierta moralidad común y enfrentadas a cualquiera que sea la heterodoxia. Es evidente que, partiendo del cristianismo en cualquiera que sea su versión, la diversidad de pensamiento ético, moral, la creencia dispar, habrán de optar por la inmersión social. Vamos, que no ha existido otra fábrica de organizaciones secretas, discretas y ocultas comparable con el cristianismo.

El islam, por el contrario, como religión monoteísta y revelada última en llegar al proceso histórico vino con la lección bien aprendida, tanto de la construcción de una ortodoxia firme como de los errores evidentes cometidos en el planteamiento teológico, filosófico y ritual presentes en los supuestos monoteísmos previos. Levantado sobre una estructura ideológica férreamente construida y socialmente divulgada, la religión islámica, además de propagarse cual virus imparable, fortaleció la ortodoxia asumiendo las bondades estructurales del cristianismo y el judaísmo. Como era de esperar, pronto aparecieron puntos de ruptura en la citada normalidad musulmana que, si bien no pueden ser consideradas herejías al modo cristiano, sí conformaron cultos ocultos quizás nacidos del carácter teocrático que implantó el islam a su desarrollo general. Conformado como la única alternativa religiosa y, a la vez, el único sistema posible de organización política, las sociedades musulmanas fundieron política y religión en un mismo pensar por lo que las derivadas, heterodoxias y hasta herejías hay que encontrarlas más en cuestiones de desarrollo político que religioso. Si bien las diferencias entre las corrientes islámicas están basadas en cuestiones meramente políticas o sociopolíticas, en la actualidad, milenio y medio de historia más tarde han acabado por definir diferencias esencialmente religiosas. Divergencias en lo sagrado de la *Sunna* o en los pilares esenciales de la fe derivaron en la obediencia debida a éste o aquel califa. Incluso la existencia de mentes libre pensantes dentro del islam, los llamados herejes o *zindīq* o la cabida de la representación humana en la decoración de templos y hasta la asunción de principios filosóficos relativistas sacados del estudio de Aristóteles en la plenitud medieval según postuló Averroes, descalificado como ateo por la ortodoxia musulmana del mismo modo que Maimónides para la judía; todo ello, no generó un panorama demencial similar al experimentado por el cristianismo en sus dos milenios de existencia.

Para el islam, por tanto, la ortodoxia viene establecida por el máximo seguimiento de una profesión tradicional, en este caso, la sunní, con cerca del 80% de los musulmanes del mundo. La fe chií, que representa un 15% del total de musulmanes, representantes de la *chía* defensora de que el califato debía recaer siempre en la casa o familia del profeta.

Nacida como una facción política, la *chía* origen de la escuela de jurisprudencia islámica *ya'farita* devino también en heterodoxia religiosa además de política. No obstante, la radicalización de esta minoría también generó, si no herejías propiamente dichas, sí sectas envueltas en un sacrosanto secreto que protegiera la comunidad que constituían. En esa línea hay que comprender la secta ismaelita que conformaron los llamados nizaríes, vulgarmente denominados *hashashin* por el mito que los convertía en consumidores necesarios de hachís para cometer los ataques llevados a cabo en Siria y Palestina

Alcorán de Ibn al-Yas de 1506.

entre los siglos XI y XII. Los fatimíes o fatimitas, seguidores de la chía y nacidos en la secta ismaelita, asentaron su fe más política que religiosa en Egipto, donde reinaron como califato independiente desde el siglo X hasta finales del XII, provocando además la constitución de un tercer califato en al-Ándalus con capital en Córdoba de carácter sunní que se defendiera de la expansión chií por el Magreb.

Nacidos de los fatimitas, los drusos abrazaron una religión más sincrética y gnóstica de matriz islámica, conformando algo más que una secta, pero menos que una religión propiamente dicha. Alejados de la ortodoxia sunní, la fe de los *durūz,* como las anteriormente descritas, ha pervivido hasta el presente como una alternativa al islam tan válida como cualquier otra. El sufismo, en esa línea, más que una secta, herejía o religión alternativa, ha de ser considerada como

Asalto a la fortaleza nizarí de Alamut. Miniatura persa de Basawan. 1596.

una opción filosófica dentro de la corriente u ortodoxia general de carácter ascético, más orientada a la vida interior de la experiencia religiosa que a la estructura sociopolítica y religiosa de la comunidad que acepta la fe revelada a *Muhammad.*

Por todo ello, resulta complicado encontrar la necesidad de secreto en el entorno islámico más allá de lo que supuso la secta nizarí, dado el carácter violento de su activismo político. Aun considerando que para la ortodoxia sunní la mayoría de estas diferentes visiones del islam pudieron ser consideradas heréticas, el carácter sociopolítico dominante de las derivadas, así como su expansión por diferentes comunidades, no convirtieron en necesaria la organización en secreto de la profesión de fe que conllevara la creación de estructuras discretas u ocultas.

LA HETERODOXIA POLÍTICA

Es evidente que la proliferación de organizaciones ocultas, secretas o discretas, sectas y facciones como fueron los Illuminati, nacieron en un contexto de heterodoxia perseguida por una ortodoxia derivada del poder imperante. Desde el punto de vista global, las sociedades secretas o discretas semejantes a los Illuminati nacieron de un contexto de base religiosa. Debido a que el entorno más propicio dentro del espectro analizado fue el cristiano, parece lógico asumir que es en el espacio occidental de base cristiana donde más sociedades secretas acabaron por emerger.

Ahora bien, aun asumiendo que el sustrato cristiano debió ser la base de toda organización secreta que se preciara, es también evidente pensar que, recordando la división del islam en confesiones diversas, la causa política deber ser considerada como el ingrediente necesario para constituir tamañas organizaciones ocultas.

Partiendo de esta nueva línea, la dicotomía ortodoxia-heterodoxia en el contexto político, también constituye un factor esencial explicativo la afición del ser humano a asociarse en secreto. Ya fuera con el objetivo de conspirar contra la ortodoxia, de aceptar una nueva realidad, de provocarla, de revolucionar la sociedad o, simplemente, de poder pensar en libertad, aunque fuera en la soledad de la minoría enmascarada, la política, como religión social del ordenamiento humano, ha sido la caja donde ubicar toda organización oculta existente a lo largo de la historia. Política trufada con religión, con sectarismo, filosofía o sencillamente creencia. Política contraria a la política, política para entender la política, política para llegar a controlar la política y hasta política para que desaparezca la política del orden social; este oxímoron de la entelequia arcana más indescifrable de la historia ha dado pie a una infinitud de alternativas ortodoxas imposible de glosar en unas pocas páginas. Ya sólo centrándonos en esta España sin solución que vivimos, las posibilidades serían incontables.

Centrándonos en un presente más cercano al origen de los Illuminati, ya sea por exceso o por defecto, deberemos establecer la ortodoxia política ante la que mostrar derivadas ideológicas susceptibles de ser perseguidas, atacadas y hasta exterminadas. No me cabe la menor duda de que debemos iniciar este viaje en los años finales del llamado antiguo régimen, esto es, en los años de desarrollo del concepto de patria y patriotismo, de asunción de la idea

Castillo gibelino de Fenis en el valle de Aosta.

de nación unida a la patria y a un territorio como alternativa a una forma de entender la política deslocalizada y global. Eso nos lleva directamente al siglo XVIII, momento en que, ya fracasada la hegemonía hispánica y católica, en franca decadencia la francesa y en auge la británica; justo cuando la filosofía había hecho triunfar la razón científica frente al misticismo de la creencia; en ese momento en que un grupo de filósofos y científicos llamados ilustrados acababan de alumbrar una nueva forma de ver el mundo más allá de la simpleza del absolutismo decadente. Esa liberación de la esclavitud absolutista, de la preeminencia de una idea política heredada por derecho divino que permitiera evolucionar a la sociedad hacia un paisaje donde el poder político se compartiera, el individuo pudiera progresar en función de sus capacidades, el estado fuera reducido hasta la mínima expresión para fomentar el intercambio entre las personas y el crecimiento individual; ese estado político social del ser humano que permitiera el progreso del todo a partir del uno, recibió el nombre de liberalismo.

Aunque es cierto que, a lo largo de la historia, se construyeron organizaciones políticas secretas o discretas en aras de potenciar un poder a la sombra de la monarquía imperante, del centralismo o absolutismo que todo lo absorbía, perseguidor de cualquier anomalía o amenaza, ya fueran güelfos defensores de la casa de Baviera y el Papado o gibelinos al servicio de los Honestaufen en el siglo XII y acabaran perseguidos los unos en Suabia y los otros en Baviera; defensores de los derechos heredados por los infantes de la Cerda o detractores de aquellos en beneficio del infante Sancho de Castilla a finales del XIII; Plantagenet en Francia o Capeto en Inglaterra; vasallo de Pedro I en Galicia o parte del partido Trastámara en Andalucía ya en el XIV: inglés en Poitiers o francés en la Rochelle; siempre ha habido fraccionamiento político en momentos de crisis económica y social que ha derivado en persecuciones y ocultamiento de pertenencia a una u otra facción en territorio adverso. Ahora bien, en lo que se refiere al liberalismo, dado que su consolidación como teoría política y, en consecuencia, movimiento organizado acabó por finiquitar el llamado antiguo régimen, parece más que lógico entender que hubo de sobrevivir a la oposición de los privilegiados detentadores de aquel sistema, al menos hasta que pudieron incorporarse y capitalizarlo en franca corrupción del punto de partida.

Puestos a identificar el primer momento en que cierto liberalismo apareció por Europa de forma organizada y sometida a persecución y, por ello, obligado a ocultarse, tendríamos que viajar hasta la Castilla del siglo XVI, cuando el intento de instaurar un modelo político pseudofeudal por parte de Carlos de Gante en el territorio peninsular, preso de la explotación del privilegio más voraz, chocó frontalmente con la rebelión de las comunidades castellanas. Lideradas aquellas por una suerte de burguesía urbana incipiente mezclada con baja aristocracia, principalmente caballería villana, resultaron en el primer intento de someter la monarquía a un proceso de liberalización del poder político centralizado. Plasmado todo aquello en la llamada Ley Perpetua de Castilla de 1520, escrita entre Ávila, Martín Muñoz de las Posadas y Tordesillas, la consiguiente represión indiscriminada hacia todo lo que oliera a liberalidad o comunerismo, incluyendo la destrucción de cualquier documento relacionado con aquel acaso, nos ha de enseñar la necesidad perentoria de

Juan Bravo, capitán comunero de Segovia en la Plaza de
Medina del Campo. Aniceto Marinas, 1922.

ocultación, discreción y secreto de cualquier discrepancia política contra la ortodoxia política privilegiada. Los comuneros que quedaron con vida, despreciados y despojados de la mayor parte de sus bienes, marcados por la sociedad y vigilados por las instituciones de la consolidada monarquía hispánica, pasaron a un plano oculto y desconectado de la historia documental. No sería hasta la revolución liberal iniciada por el teniente coronel Rafael del Riego en 1820 que volviera a escucharse en España el término comunero asociado a un grupo político, ya en aquel entonces unido a la masonería y al liberalismo más radical.

Antes de que tal circunstancia llegara a ocurrir, los grupos políticos contrarios a la ortodoxia privilegiada aparecieron en Inglaterra conformando sociedades de carácter político postulantes contra el orden establecido. Enlazados con presbiterianos escoceses, allá por 1648, partiendo de los llamados cuatreros o *Whiggamore Riders*, entre 1678 y 1681 quedó constituido un grupo, sociedad o club conocido generalmente como *Whigs*, sumando voluntades ciertamente cristianas desde el *Kirk party*, para conformar el que habría de ser el primer grupo político liberal reconocido muy lejos, eso sí, del que habría de liderar William Gladstone hacia 1868 para gobernar el imperio.

Del mismo modo que ocurriera con el cristianismo primitivo, este liberalismo inicial británico pronto se rompió presa de la institucionalización de aquellos *whigs* y de la corrupción inherente al acceso al poder, recogiendo desafectos y un nuevo grupo político llamado *Country Party* constituido por tradicionalistas y afectos al conservadurismo que contrarrestara el progreso planteado por los *whigs*. El resultado fue una nueva organización conocida como *Tory*, cuyo apelativo derivaba del tradicional *tories* o bandoleros, defensores de Jacobo de York y liderados por Thomas Osborne.

No sería el caso británico, pragmático y desapasionado el que provocara la inmersión de los grupos políticos. Rápidamente asumidos por un sistema pactista, *whigs*, *tories*, conservadores y progresistas, alternaron sus presencias al frente de los gobiernos tras la revolución fracasada del siglo XVII y liderada por el denostado Oliver Cromwell. Sería, sin embargo, a finales del XVIII en las colonias británicas, donde tuvieron que ocultarse los primeros grupos políticos liberales perseguidos por la represión de la ortodoxia dominante.

Llamado *Hijos de la Libertad*, este conglomerado de colonos y terratenientes, de *minute men*, guerrilleros americanos nacidos en *New England*, quien tuviera que ocultarse ante el poder británico en las colonias, activos en la fase revolucionaria y organizados según estructuras, si no enteramente masónicas, sí inspiradas en dicho credo. Al constituir un gobierno en la sombra ante la persecución y represión británica, los liberales rebeldes constituyentes de dos grupos, los *patriots* y los *freemen*, fueron capaces de convocar el primer congreso continental en Filadelfia durante el año 1774 para asumir un único frente denominado continental que habría de enfrentarse en la guerra a la reacción británica y al apoyo del 20% de los colonos, reconocidos como lealistas. La declaración de independencia de 1776 y la consiguiente campaña bélica internacionalizada de sobra conocida y estudiada, desembocó en una república federal donde la ideología heterodoxa persistente y constante en una sociedad de naturaleza liberal afrontó una plétora de partidos políticos, grupos de pensamiento, presión, sociedades económicas, culturales o confesiones religiosas, todo ello ampliamente politizado que no derivó, en líneas generales, en persecuciones, represiones o violencia contra la diversidad que obligara a sumergir actividad asociativa alguna.

Sons of Liberty. Pasquín político de 1765, diez años antes de fundarse los Illuminati.

Existe, no obstante, una excepción relacionada con el esclavismo impenitente ensuciador de tan cacareado liberalismo de pertinaz desmemoria. Ocultos a la vista, los esclavos y los libertos, constituían una sociedad invisible en aquella América recién nacida. Para su defensa de la igualdad y la libertad que pudiera constituir una verdadera nación liberal, William Lloyd Garrison y Arthur Tappan crearon hacia 1833 en Filadelfia la *American Anti-Slavery Society*. Esta sociedad discreta, que no oculta, batalló contra la esclavitud hasta lograr la inclusión de la decimotercera enmienda a la constitución que abolía la esclavitud y la decimoquinta, que garantizaba la igualdad entre las personas sin distinción de raza, color o situación de servidumbre previa. Argumento éste que no deja de demostrar que la ley, por mucho que se firme, sancione y confirme, nunca llegará a cumplirse sin un proceso educativo de larga duración, como demuestra el largo camino seguido por la comunidad afroamericana hasta alcanzar la igualdad real ya en la década de los años sesenta del siglo XX.

Aunque, para buscar sociedades secretas y organizaciones políticas perseguidas y exterminadas, líderes acosados y empujados a la ocultación, es en Francia y su nacimiento al liberalismo donde hay que mirar. A diferencia de los recién concebidos Estados Unidos de Norteamérica o, más bien del Este de Norteamérica, donde la revolución se había desarrollado sobre un inexistente Estado, en Francia hubo de revolucionarse una sociedad vieja y carcomida por la putrefacción corrupta

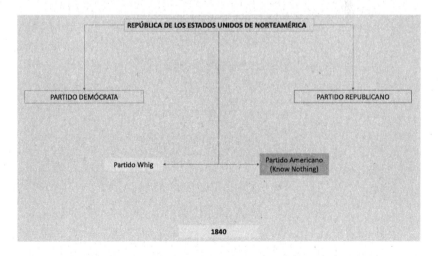

Partidos y sociedades políticas en los Estados Unidos antes de la Guerra Civil.

del privilegio, del misticismo y la monarquía ancestral. Organizados en asamblea que debía alumbrar un nuevo estado liberal a la sombra de una constitución, las múltiples opciones existentes en aquella Francia desgajada por la diversidad mostraron las infinitas posibilidades existentes en una sociedad ya muerta que trataba de alumbrar una nueva realidad, una nueva ortodoxia que significara paz social o, al menos, progreso generalizado. Distribuidas ideológicamente en aquella asamblea, las opciones ideológicas de la Francia revolucionaria

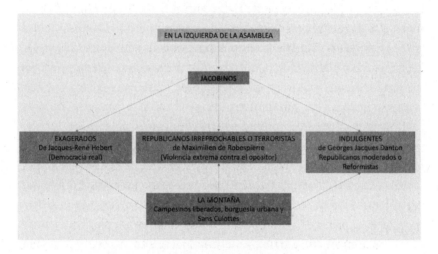

Grupos políticos de la izquierda revolucionaria francesa.

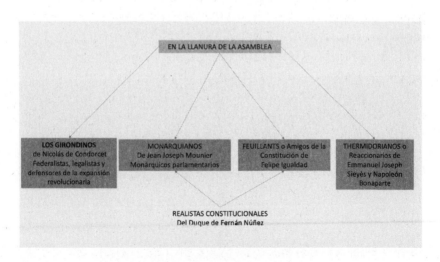

Grupos políticos híbridos en la revolución francesa.

se mostraban sin antifaz, cosa que no podrían haber hecho antes del estallido revoltoso de 1789.

Divididos en jacobinos, girondinos o refractarios, por ponderar alguno de los extremos, las sociedades políticas tendieron a agruparse entorno a un punto ideológico por encima de la creencia. De los republicanos moderados de Danton a los terroristas de Robespierre o los exagerados de Hebert, los jacobinos, nacidos en clubs burgueses de intercambio ideológico sometido a la discreción y reunidos, por lo general, en el convento de los frailes dominicos de la calle Saint-Honoré, establecieron un modelo de sociedad política imitada con relativa frecuencia en otros escenarios europeos posteriores. Asumido lo extremo de sus ideales, la lucha contra la monarquía absoluta y el uso argumentativo de la violencia como recurso político, los clubs jacobinos hubieron de permanecer en la sombra en muchos lugares y no sólo en Francia.

Los girondinos de Condorcet, procedentes de la burguesía pueblerina francesa, más acostumbrados al prestigio social frecuente en las pequeñas ciudades del ámbito rural, no casaban con la lucha radical de los jacobinos, habitantes de la diversa e injusta sociedad urbana preindustrial. Acostumbrados a una política más cercana al reformismo, el camino elegido por los revolucionarios acobardados ante las consecuencias de derribar el estado, alcanzaron pronto el poder, apoyados por los grupos más recalcitrantes y opuestos a la *igualité* y la *fraternité*. Pese a haber logrado la aprobación de una constitución liberal, el empuje jacobino frente a la lentitud de las reformas hizo caer a los girondinos, convertidos en objeto de escarmiento a las políticas reformistas, apocadas y contrarias al sentir revolucionario del pueblo francés, a decir de Maximilien Robespierre y sus irreprochables republicanos terroristas. Perseguidos, acosados y exterminados, los girondinos configuraron una de las primeras sociedades liberales ocultas o escondidas, al menos mientras duró la hegemonía de los jacobinos entre 1793 y 1794.

Los contrarios a la revolución, recalcitrantes, refractarios, inmovilistas defensores del privilegio heredado, sustento de la monarquía absoluta, de la sociedad de súbditos que no ciudadanos, fueron, desde el primer momento de la revolución francesa, objetivo de la violencia social que emanó un proceso social tan traumático. Exiliados en su mayor parte para integrar el llamado Comité de Turín, su representación en suelo francés hubo de permanecer oculta por completo, organizada en sociedades secretas que preservara un anonimato del que dependía su vida. No hay que olvidar que, ya fuera uno jacobino, monarquiano o girondino, siempre sería un revolucionario frente a cualquiera de los integrantes de la contrarrevolución.

Si en Francia el proceso revolucionario liberal constituyó un escenario para la violencia y la persecución del adversario político trasmutado en enemigo, en España la situación fue mucho más complicada. La explosión del liberalismo patrio, asociado a una minoría exigua rodeada por un contexto inmovilista dominado por una aristocracia anclada en el privilegio, en la territorialidad del poder y en la inmensa influencia de la iglesia católica en la definición de cualquiera que fuese el argumento político o social, las organizaciones o sociedades liberales hubieron de partir por definición desde el anonimato más discreto. En una sociedad donde la conducta religiosa lo definía prácticamente todo, donde la Inquisición establecía un filtro permanente a cualquier conducta política, social o religiosa, la formación de clubs como el jacobino o agrupaciones políticas como los *whigs*, *tories* y hasta los republicanos o conservadores defensores de las colonias del Este de Norteamérica se antoja complicado si no se desarrollaban en un entorno discreto.

Los liberales, además de ser escasos, no más del 20% de la población, dividían sus intereses según las preferencias dinásticas.

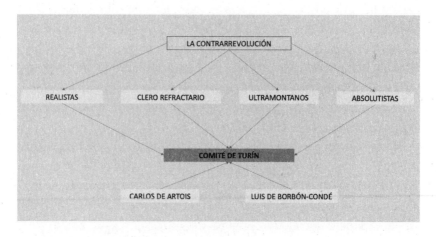

Grupos políticos contrarios a la revolución francesa.

Procedentes en su mayoría de la burguesía, ya fuera urbana o criolla, de los mandos intermedios de un ejército cuya oficialidad estaba copada por la aristocracia, y por la nobleza paleta proveniente del éxito comercial, no fue hasta la revolución que provocó la guerra contra el francés que pudieron salir del armario para construir una sociedad liberal de ínfimo apoyo con una constitución, la aprobada en Cádiz en 1812, que difería con claridad del evidente contraste social de una España defensora de la monarquía al precio que fuera.

Con más de un 80% de fieles monárquicos, los liberales republicanos, anglófilos o afrancesados, eran una absoluta minoría, muchos de ellos ocultos ante las frecuentes persecuciones y ataques de una sociedad que entendió la idea de nación partiendo del ataque francés y no de la idea de una comunidad unida por una cultura, tradición e idioma semejante. Reunidos alrededor de los de monárquicos serviles como Gregorio Ceruelo o Prudencio Verasategui; moderados liderados por Jovellanos o liberales capitaneados por Diego Muñoz-Torrero, Agustín de Argüelles, José María Queipo de Llano o Antonio Alcalá Galiano, la constitución de los partidos políticos como sociedades en la España de la guerra contra Napoleón, las opciones políticas y las sociedades consecuentes españolas, nacieron todos de la confrontación en un clima bélico y, como consecuencia, la conformación del enfrentamiento político siempre anduvo próximo a aquello. No es de extrañar que, en lugar de adversarios u oponentes, los políticos españoles siempre anduvieron entre enemigos a los

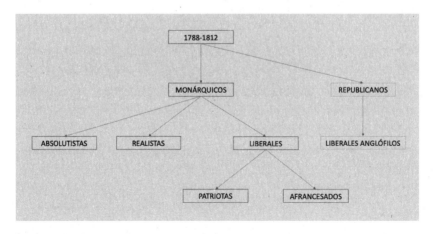

Tendencias políticas en España antes de la promulgación de la Constitución de 1812.

que atemperar. Quizás por todo ello, en momentos de hegemonía o dominio político de una familia u otra, los partidos, concebidos más como agrupaciones o clubs de un signo u otro, aunque más en lo que se refiere a progresistas y demócratas, acabaron por ocultarse y tomar forma y estructura de sociedades cercanas o integradas en la masonería, lo que permitía el desarrollo político libre a cubierto de la discreción propia de tales organizaciones.

La represión provocada por las reacciones absolutistas lideradas por Fernando VII y su corrupta camarilla de adláteres terminó en el primer golpe de estado liberal. En ese periodo de gran inestabilidad,

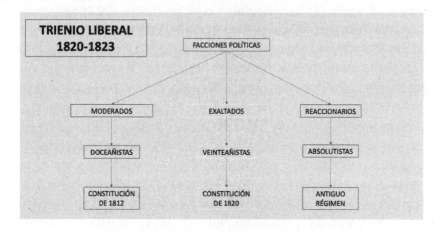

Diversidad política en el trienio liberal español.

Sociedades políticas masónicas españolas en el Trienio Liberal.

dividido el horizonte político al modo francés asambleario, fue cuando las sociedades secretas, ocultas a la represión absolutista liderada por aquel monarca confundido, asomaron públicamente en conflicto con las fuerzas tradicionales para hacerse con el control del proceso revolucionario. Siempre desde la élite social más restrictiva, estas organizaciones secretas lideradas por Palafox, Martínez de la Rosa o Rafael del Riego mostraron que los clubs políticos españoles habían completado su viaje hacia la masonería al unir política, discreción, secreto y protección en un país que no tenía, no tiene, miramientos para destruir al adversario político trasmutado en enemigo irreconciliable e inasumible. La masonería, en consecuencia, pasó a ser parte de la identidad de los grupos políticos españoles en la clandestinidad, argumento asumido por aquellos enemigos que perseguían la eliminación, la aniquilación de la oposición, la destrucción de cualquier referente ideológico contrario al camino establecido por la ortodoxia que tocara.

HERMANADOS, AGREMIADOS, MASONES, FRANCMASONES

No cabe duda, por tanto, que la masonería o francmasonería jugó un papel esencial en la construcción del asociacionismo secreto en buena parte de las naciones en construcción sin distinción de credos o religiones, continentes o modelos políticos. Ya fuera en monarquías católicas, sistemas teocráticos, repúblicas parlamentarias, federales, confederales o unitarias, la francmasonería ha aparecido como poso discreto sobre el que edificar redes de conocimiento, relación y adaptación a un liberalismo global. Es obvio que, en aquellos sistemas políticos donde el liberalismo era sometido a un escrutinio ortodoxo, la francmasonería hubo de sumergirse para pasar del citado asociacionismo discreto a la organización secreta más pura.

Ahora bien, atendiendo a la diferencia entre lo discreto y lo secreto, cabe hacer una mínima reflexión acerca de la masonería que permita comprender las características de una tendencia social arraigada en el Occidente más liberal y proscrita de forma evidente por toda ortodoxia que se preciara. En términos historiográficos, la documentación preservada y críticamente aceptada que refiere el origen de la masonería o francmasonería más lejano son los Estatutos de Bolonia, datados en 1248. Previamente a esa carta, la tradición masónica establece otros documentos fundacionales como la llamada Constitución o Constituciones de York, supuestamente escritas entorno al año 926 d.C. y atribuido a Edwin de Northumberland, sobrino del rey Atelstán, monarca este que reinó en el centro de la actual Inglaterra en los años en que los vikingos trataron de colonizar Gran Bretaña. Eclipsado por su sobrino, Alfred el Grande, éste y otros reyes o taifas, que se habría dicho en la península, acaparan no poca mitología anglosajona carente de fundamento histórico, como, por ejemplo, la constitución de las primeras asociaciones masónicas.

En esa línea hay que asumir las tradicionales mitificaciones del proceso asociativo del que deriva la masonería que lleva a conectar estas organizaciones discretas con Hiram Abif, también Jirán de Tiro, supuesto arquitecto del templo de Salomón allá por el año 998 a.C., primer constructor de una sociedad de carácter masónico. En algunos casos, el viaje hacia el pasado es aún más mitológico y lejano. Francisco Varrentray señalaba a principios del siglo XVIII que el origen de los masones había que señalarlo en la persona de Noé y sus tres hijos. Aquel primer Gran Constructor habría delegado en cada

Colegio Español de Bolonia, primera de las universidades cristianas de Europa.

uno de sus hijos la responsabilidad de establecer una familia masónica, iniciándose un desarrollo reticular de organizaciones conectadas todas en un único principio, idea que subyacía en la estructura masónica establecida a lo largo del siglo xvIII.

Siguiendo ese principio estructurado, la francmasonería partía de un orden básico y superior del que iban descendiendo todas las organizaciones existentes en el mundo siempre con el origen ritual primigenio u obediencia. A mediados de aquella centuria se entendían dos obediencias principales conocidas como Masonerías Regulares. La primera era aquella que ubicaba su epicentro en el modo inglés de establecer y organizar las sociedades discretas derivadas. Alojadas en edificios o infraestructuras físicas o metafísicas llamadas Logias, las sociedades masónicas de esta obediencia regular seguían los procedimientos establecidos por la Gran Logia Unida de Inglaterra. Conformada en el año 1717, la primera de las grandes logias inglesas se constituyó a partir de la unión de cuatro logias prexistentes en la taberna *Goose and Gridiron Ale-House*, germen del que nacerían las Constituciones de Anderson y Désaguiliers de 1723. Si bien provocaron un rechazo instantáneo al publicar normas diferentes o desviadas de la supuesta tradición original, al haber sido la base para una plétora de logias posteriores necesitadas de la confirmación de una logia antecesora, aquella logia unificada pasó a convertirse en patrón de una obediencia u origen regular o general.

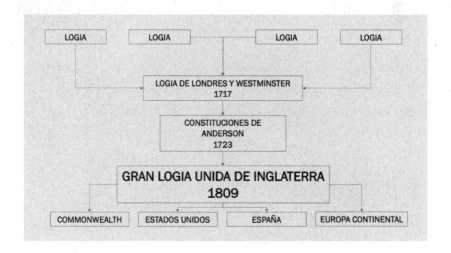

Masonería regular anglosajona.

Basada por tanto en las constituciones de James Anderson, la obediencia regular anglosajona establecía como requisito para la iniciación en los ritos masónicos de cualquiera que fuese la logia adscrita a esta tradición, la creencia en un principio rector o creador, en una deidad o ser supremo. Los iniciados juraban su adscripción a la logia sobre un libro sagrado, volumen sacro o ley sagrada que solía ser la Biblia, aunque cabía la posibilidad de emplear otro libro aceptado como tal. En esta obediencia estaba estrictamente prohibido recibir juramento iniciático de mujer alguna. Aunque hubo y hay algunas logias que sí incluyen mujeres en esta obediencia, no son reconocidas como masonas. Además, las restricciones eliminaban política y religión del debate y el posicionamiento de la logia al respecto, aunque sí se consentía el estudio de ambos paradigmas.

Frente a esta obediencia anglosajona tan estricta que dejaba fuera a la mujer, surgió otra obediencia en el continente conocida como

Sede de la Gran Logia Unida en Londres.

Gran Oriente de Francia, surgida para recoger aquellos casos que no entraban por la estrechez británica. Carente de un punto común, de un horizonte establecido, esta obediencia apartada de la ortodoxia anglosajona puede enlazarse con la conformación de la Gran Logia de Francia hacia 1728. Ubicada en París, pronto comenzó a expandirse como obediencia alternativa, llegando a acaparar una multitud de logias más próximas a una exigencia menos radical que la implantada por el patrón británico.

La primera y más significativa diferencia respecto a la obediencia anglosajona radica en la aceptación de las mujeres entre los masones, ya sea en logias mixtas o exclusivamente femeninas. Partiendo de esa libertad de asociación, la obediencia continental no estipula filiación religiosa alguna, constituyendo las logias hermanos y hermanas de toda condición, ya sean creyentes o ateos. Además, tampoco se restringe el debate en modo alguno. Estos masones podían y pueden discutir de política y religión, participar en el debate institucional y hasta formar parte de gobiernos y procesos políticos de forma activa y notoria, así como provocar que la logia se decante en posición política en defensa de los ideales esenciales preestablecidos.

No obstante, a pesar de la naturaleza reticular de estas organizaciones, del sentido discreto cuando no secreto de su constitución, las logias masónicas han defendido un credo de integración en lo que debemos entender pensamiento liberal desde el momento de su

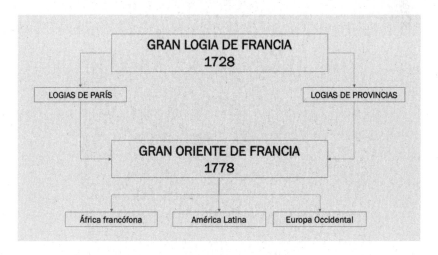

Masonería regular continental.

establecimiento regular allá por el siglo XVIII. Siempre comprometidos con el desarrollo del ser humano y de sus múltiples posibilidades de mejora, de progreso, la masonería ha constituido en el origen el corazón de no pocas transformaciones sociales, políticas y económicas experimentadas por la humanidad en los últimos tres siglos. Germen de muchas de las sociedades y partidos políticos liberales, resulta curioso comprender que la organización pública por excelencia, aquella a la que se suele exigir una transparencia inmaculada y que deviene en el tradicional partido político, tenga su punto de partida en aquellas sociedades discretas y hasta secretas u ocultas que entendemos por logias francmasónicas.

Mas, en lo relativo al secreto, a la discreción inherente a la sociedad masónica, hay que entender que es en determinados ritos donde se oculta el conocimiento masónico. Principalmente centrado en la liturgia de iniciación y los compromisos adquiridos por el individuo para ascender de aprendiz a compañero y, finalmente, al grado de maestro, el secreto de la masonería no corresponde a la ocultación del integrante de la logia que sea ni de la investigación o estudio al que dedique su esfuerzo. Si bien es cierto que en determinados momentos han permanecido ocultos, siempre ha sido debido a la persecución a la que fueron sometidos por ortodoxias de carácter religioso y antiliberal. Distribuidos alrededor del Gran Arquitecto del Universo

Simbología masónica tradicional. Gran logia de la
Columbia británica y el Yukón. 1993.

y con la escuadra y el compás en mente, los masones han liderado no pocos procesos revolucionarios tanto en el conocimiento científico y empírico como en la transformación de las sociedades, especialmente a lo largo del siglo xix. Difícil sería pensar en los grandes saltos dados por la humanidad a través de las tesis de Newton, Hume, Locke, Kant o Kepler, sin contar con la difusión del aprendizaje e investigación implícito en la constitución francmasónica. Lo mismo se podría decir del constitucionalismo bajo cuyo paraguas vivimos en la actualidad sin la existencia de la burguesía revolucionaria francesa del siglo xix, de los españoles martirizados por un absolutismo rancio y antiliberal, fomentador de carlismos y conservadurismo cainita bien apechugado hoy en día al adjetivo liberal sacado totalmente de contexto. Vergüenza daría a aquellos hermanos anglosajones, a las hermanas seguidoras del Oriente Continental, atender a líderes políticos conservadores, contrarios al progreso de la humanidad en defensa del privilegio sectario, destructor y apegado al misticismo más atrabiliario, que se atreven a reconocerse liberales sin entender un ápice del significado de tamaño concepto.

En lo que se refiere si no al secreto, sí a la discreción del proceder masónico, es inevitable volver al origen de aquellas asociaciones primigenias sobre las que descansa el pilar constitutivo de la masonería que no es otro que el hermanamiento de profesionales en la plenitud medieval. Si bien es cierto que existen noticias de agremiados y hermanamientos entre los trabajadores de la construcción en la antigüedad con alusión inevitable a los llamados constructores o asociaciones de albañiles en Egipto, Mesopotamia, Persia o China; en la Roma clásica y la vieja Grecia de las polis y hasta en las civilizaciones precolombinas, se debe ver en las citadas organizaciones un intento de regular el trabajo, su dependencia, los beneficios innatos y el acceso al conocimiento relativo a la profesión, así como los diferentes grados de maestría derivados de prácticas ancestrales. En aquellas sociedades sustentadas en la relación existente entre el esfuerzo, el resultado del trabajo y la ganancia obtenida por ello, la regulación del proceso laboral pudo ser un argumento para generar este tipo de organizaciones. No me parece fácil entender una continuidad del mundo clásico al medieval por cuanto este tipo de sociedades organizadas entorno a una profesión y el desempeño del trabajo consecuente se debe entender en el marco urbano. Por ello, conectar la tradición antigua y clásica del hermanamiento de determinados profesionales en defensa de su profesión pasa por la aceptación de una continuidad en la esencia de lo urbano que, como comprenderán, es más que cuestionable en los años del ocaso del clasicismo. Si bien podría ser aceptado que los *collegia* visigodos pudieron ejercer esta función antes de la consolidación de los señoríos, es complicado asumir esa continuidad que con tanta fruición defienden los relatores del pasado masónico. No creo yo posible encontrar un origen a los gremios, cofradías y hermandades de artesanos antes de la consolidación de la recuperación urbana de finales del siglo xi en toda Europa y, ya del siglo xii, en el territorio peninsular.

Así se puede entender, en consecuencia, el origen de estas organizaciones más allá de la mitificación historicista de unas sociedades creadas espontáneamente para favorecer la protección de los desvalidos y del conocimiento en tradición casi prehistórica. Más preocupados por el trabajo en sí, su existencia y distribución entre los

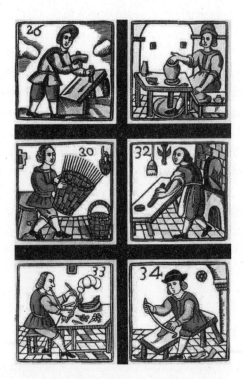

Oficios gremiales. Azulejo del siglo xvii.

agremiados, en la obtención de privilegios que favoreciera la producción y en la protección tanto del proceso de aprendizaje como en la defensa de los intereses del grupo frente a los trabajadores ajenos a la organización, además de las necesidades familiares cuando no se podía trabajar, la esencia de estos gremios ha de verse en la ciudad y su término, bien lejos del ejercicio jurisdiccional y territorial de los señoríos medievales.

En un contexto donde el señor ejercía su poder e influencia en beneficio propio y familiar, carentes aquellas sociedades occidentales de los siglos XI y XII de infraestructura social alguna que protegiera a los que no eran capaces de hacerlo por sí mismos, determinados grupos de trabajadores que compartían oficio y profesión iniciaron un proceso de hermanamiento singular que habría de desembocar en los citados gremios. En primer lugar, se ha de entender que aquellos que trabajaban en similares condiciones y espacios, que participaban de las mismas técnicas y conocimientos y, principalmente, que sufrían las mismas enfermedades y accidentes laborales, acabaran por crear agrupaciones que atendieran a compañeros carentes de protección en caso de enfermedad profesional u accidente. Adscritos a una advocación religiosa que significase la profesión y deviniera en el patronato de la iglesia católica por las múltiples aportaciones a su peculio particular, aparecieron las llamadas cofradías derivadas de previas pías almoinas o casas de acogida y caridad destinadas a recoger a los que ya no se valían por sí mismos.

Estas cofradías registradas ya en la Alta Edad Media por media Europa asociaban individuos que coincidían en una creencia específica o en la veneración de un santo, santa, virgen o cristo determinado como justificación para el citado patronato eclesiástico. Asociadas desde el principio al carácter asistencial, pronto pasaron al hermanamiento de los integrantes de la advocación y a la singularización de las cofradías por aspectos más terrenales como el trabajo, la dedicación, la profesión. En ese paso de la cofradía asistencial al gremio, no está claro qué fue primero, si la creación de cofradías artesanales que derivaron en gremios o la agrupación de profesionales en cofradías hasta singularizarlas por completo. Dado que la construcción, al igual que la destrucción, ha formado parte constante del devenir humano, el primero de los gremios existentes en la península fue el de los canteros y albañiles barceloneses, cuyo estatuto de constitución data del año 1210. En el caso español también es cierto que se debe atender a la tradición oriental y la existencia de canteros agremiados o, al menos, identificados profesionalmente en Al Ándalus. Un vistazo al museo de la obra de la mezquita de Córdoba permitirá comprender que las marcas de los canteros existentes en la fabricación de aquel emblemático edificio respondían a la regularización profesional del trabajo y, por extensión, a la existencia de normativa pública al respecto. Entender que los canteros andalusíes estaban organizados y desarrollaban marcas propias para garantizar el reconocimiento profesional y que aquello acabara por influir en los trabajadores cristianos no parece descabellado. Como detalle, por consiguiente, se debería recordar que aquellos canteros cordobeses ya desarrollaban políticas de marca en el siglo IX, tres siglos antes de que se agremiaran los canteros de Barcelona.

Sea como fuere, parece claro que a mediados del siglo XIII ya había una diferenciación evidente entre cofradías y gremios, siendo estos últimos los que con más complejidad evolucionaron. Toda profesión que se preciara y cuya actividad se estableciera en el entorno urbano

Marcas de canteros. San Pedro de la Nave. S. VII.

evolucionó en los siglos llamados medievales hasta la constitución de un gremio. Alfareros, caldereros, pelaires, herreros, carpinteros, talabarteros, joyeros, sederos, merceros, pañeros y drogueros, entre otros, acabaron por agremiarse en toda ciudad en la que su actividad existiera. Los últimos cinco citados, ya en el siglo XVII, conformaron una asociación intergremial conocida como Cinco Gremios Mayores en Madrid, actuando como agente económico de primer orden en un entorno precapitalista.

Por todo ello, aquella asociación donde dio inicio documental la historia de la francmasonería legislada por los estatutos de Bolonia de 1248, poco o nada parecen diferenciarse de los principios constitutivos de un gremio. En efecto, si se atiende a los argumentos descriptivos de tales constituciones, lo que se verá son especificaciones acerca del oficio, de las normas básicas para el desarrollo de la profesión y del proceso de aprendizaje debido al conocimiento del trabajo que habrá de llevarle a uno desde la más absoluta de las ignorancias que domina al aprendiz, al conocimiento supremo de las artes asumido por el Maestro sin salir de la ciudad donde se ejerce la profesión y donde se copa el mercado correspondiente. Obviamente, en todo aquel proceso de aprendizaje, los integrantes del gremio debían asumir la obediencia que partía con el hermanamiento inicial, así como con el respeto al secreto profesional que daba al gremio la capacidad para desarrollar una actividad profesional competitiva y estratégica.

En ese sentido, ningún gremio más apegado al secreto profesional que el constituido en Venecia a mediados del siglo XIII entorno a la producción de vidrio suntuario o de prestigio social. Estos vidrieros venecianos, conocedores de técnicas productivas y, sobre todo, de fórmulas y recetas que les permitían producir vidrios tan especiales que copaban el mercado internacional hasta alcanzar el ansiado monopolio continental, fueron poco a poco cerrando el conocimiento del vidrio hasta constituir uno de los gremios más cerrados de la historia. Amparados en el proteccionismo económico de la República de Venecia, los vidrieros consiguieron encapsular la producción en la islita de Murano e impedir todo tipo de producción vidriera en Venecia que no fuera constitutiva de monopolio alguno y que no corriera el peligro de ser espiada o divulgada. En el año 1273 elaboraron unos estatutos que establecían las normas básicas para la producción de vidrio en Murano, las relaciones entre los trabajadores, los grados existentes en la profesión y las condiciones de trabajo reguladas. Este documento, conocido como *Capitolare de Fiolariis*, constituye uno de los primeros estatutos gremiales de la historia y el texto profesional más complejo de los escritos en el siglo XIII. Si bien experimentó alguna que otra evolución y ampliación, el *Capitolare de Fiolariis* supuso un ejemplo a seguir por otros gremios y asociaciones profesionales hermanadas. Y si algo destaca en los muchos artículos contenidos por sus páginas, es la ausencia total de fórmula o receta alguna, de procedimiento técnico y de materiales básicos para el desempeño de la profesión.

Aquel conocimiento esencial que permitía elaborar vidrio competitivo quedaba oculto y secreto. Incapaces de generar composición alguna desde el *Capitolare de Fiolariis*, los aprendices sólo alcanzaban a conocer ese proceder a través de un proceso de aprendizaje tutelado por los reconocidos como maestros por la hermandad agremiada. Iniciados como aprendices, los jóvenes vidrieros debían aceptar el secreto del proceso al llevar con discreción toda noticia revelada acerca de composiciones, materias primas, tiempos de cochura

Taller de vidrio en Murano. 1879.

y procedimiento técnico alguno que conllevara la generación de un vidrio singular. Ya fueran vidrios transparentes e incoloros como el *cristallo* de Angelo Barovier o el vidrio *lattimo* de los Miotti de tonalidad lechosa semejante a la porcelana, nadie revelaba los caminos a seguir para llegar hasta aquel punto de sabiduría. Aquellos que lo hacían eran proscritos, perseguidos y hasta eliminados por el inmenso poder de la república comercial veneciana, personificado en los temibles *Inquisitori di Stato*. Como es obvio pensar, cualquier gremio europeo, africano y asiático poseedor de un conocimiento profesional garante de un monopolio productivo real hubo de desarrollar procederes semejantes a los empleados por aquellos venecianos encelados en generar el mejor vidrio suntuario posible.

Cerámica polícroma, porcelana, papel, pergamino, tintes, seda, pólvora y explosivos, aleaciones metálicas resistentes, paños, telares... Todo resultaba susceptible de ser producido en exclusividad y todo conocimiento derivado era objeto del atesoramiento y protección máxima. De modo que resulta sencillo ver en aquel secreto fuertemente protegido por los gremios y soportado por el poder

Lübeck. Embarcadero. 1890.

político el origen del proceso ritual discreto desempeñado dentro de logia masónica. Sin embargo, no parece tan sencillo el salto de la organización gremial contenida en el proteccionismo de un yacimiento profesional asociado a una ciudad y su entorno a una organización discreta, filantrópica, internacional y basada en el estudio y desarrollo moral de múltiples artes y ciencias. Aunque la conexión es evidente y la alusión masónica al origen gremial es constante, el tránsito de un espacio más económico, proteccionista y determinado a otro mucho más trascendental, individual, colectivo y humanista no es tan evidente ni documentalmente constatable. Una posible línea de conexión se puede encontrar en el hermanamiento de mercaderes conformando gremios o guildas ya desde finales del siglo XIII.

Estas asociaciones tendían a establecer más compromisos de actuación entre los integrantes que en formar un decálogo de prácticas profesionales unidas a una ciudad. Al agremiarse los mercaderes, asumían un compromiso de actuación moral en el desempeño de su actividad siempre más allá de la ciudad que los alojaba en el principio de su constitución. Estas guildas tuvieron sus primeras versiones en las llamadas Provincias Unidas o Flandes, siendo la más desarrollada de todas ellas la conocida como Hansa o liga hanseática. Supuestamente iniciada en la base comercial de Lübeck hacia 1158, el origen de la Hansa se une a la protección de las actividades comerciales de una plétora de mercaderes amenazados por la frecuente piratería de sociedades parásitas y por los múltiples aranceles establecidos por una multitud de señoríos y jurisdicciones diversas. Hermanados en la Hansa, los mercaderes consiguieron garantizar el tránsito de mercancías en un circuito comercial del máximo beneficio. En 1267, fecha de la primera aparición en un documento del concepto Hansa, la liga comercial era ya una poderosa institución donde sus integrantes, los mercaderes hermanados, respetaban una especie de derecho internacional generando un marco para el desarrollo social y económico, para la expansión y crecimiento humano carente de las restricciones propias del terreno o el desempeño de una profesión concreta y favorecedor del desarrollo de otras actividades humanas no controladas por los integrantes de la guilda.

Filantropía y humanismo, vaya.

Siguiendo su ejemplo, otras muchas guildas acabaron por constituirse a lo largo y ancho de la Europa continental e insular. En 1407 se fundó la compañía de los Mercaderes Aventureros de Londres, seguida por la Compañía de Moscovia un siglo más tarde para la exploración comercial en la actual Rusia. En la península Ibérica, los mercaderes se organizaron entorno a las zonas de intercambio reguladas por el poder político conocidas como lonjas. La más reseñable era la de Valencia, construida en el siglo xv como colofón a una tradición propia de la Corona de Aragón iniciada en Barcelona en 1380 y Palma de Mallorca hacia 1420, en el marco del proceso de la expansión comercial aragonesa por el Mediterráneo. A diferencia de la Hansa, los mercaderes aragoneses sí disfrutaron de la protección permanente del poder político hegemónico deviniendo en la institución de los Consulados del Mar. La complejidad de los canales comerciales, así como la diversidad de mercados y mercancías intercambiables, provocó su proliferación ya en manos de las asociaciones de comerciantes. Al consabido consulado de Burgos se añadirían los de Bilbao en 1511, Sevilla en 1538, Madrid en 1632, así como sus homólogos en México y Lima. Todos estos consulados acabaron protegidos por las ordenanzas consulares correspondientes, empezando por las de Burgos de 1538, Sevilla en 1556 y la sucesión de las consulares de Bilbao hasta su última redacción en 1737, generando un marco jurídico internacional de integración individual en respeto a las normas establecidas.

A esta forma asociativa que rompía el marco urbano y trascendía a la ciudad y su territorio habría que añadir otro modo de hermanamiento más privilegiado y especialmente prestigioso que compartiera con todos estos gremios y guildas la necesidad asociativa y la discreción trufada de significación social. Dicho en otras palabras, ese prestigio inherente a la sociedad masónica hay que llevarlo más allá de la satisfacción de alcanzar el mayor grado de dominio de una profesión concreta o de una red internacional de comercio. Ese cambio en el paradigma que conlleva el paso del interés general asociado a un entorno comercial o laboral apareció con el hermanamiento de los privilegiados. Si bien es cierto que las guildas y lonjas, los consulados del mar y demás organizaciones precapitalistas derivaron en un privilegio innato al poder económico y, por extensión, político constitutivo de la burguesía, la aristocracia urbana también fue sensible a este tipo de organizaciones. Las llamadas Juntas de Nobles Linajes o Corporaciones Nobiliarias conformaron la respuesta organizativa entre los privilegiados a los múltiples agremiados existentes en las ciudades de la Baja Edad Media. En el caso segoviano, la llamada Junta de los Nobles Linajes de la Ciudad de Segovia quedó constituida hacia 1345 al constituir una entidad que gobernase los bienes comunales de la nobleza en la ciudad frente a la constante disputa con gremios y representantes de la tierra de Segovia. En la misma línea se constituyeron corporaciones de nobleza sin título, hidalgos e infanzones por todo el territorio peninsular que permitiera defender los intereses y las rentas de aquellos privilegiados ante la avidez de las grandes casas nobiliarias, del monarca y la lucha permanente del común por sobrevivir a la explotación diletante del excedente agrícola y artesano.

Acaparadores del poder político en las ciudades gracias al prestigio económico y social que generaba la posesión de la tierra y el privilegio derivado, estas organizaciones de nobles intermedios y bajos existieron desde el siglo XIV hasta el XIX, cuando fueron derogadas del mismo modo que gremios y guildas. Sin embargo, hay que entender que compartieron histórico devenir con aquellos, fusionándose en muchos aspectos las formas y las esencias propias de unos y otros, apreciándose en las logias masónicas del siglo XVIII parte de los gremios urbanos, pero también de las guildas internacionalizadas formadas por los comerciantes y burgueses y, por supuesto, el elitismo y discreción consecuente a las juntas y corporaciones nobiliarias. En entornos más comerciales donde el privilegio se halla principalmente en el poder económico y político y no en la ascendencia del linaje; burgueses y baja nobleza acabaron por fundirse en la hegemonía política. Francia durante el siglo XVIII prerrevolucionario y, sobre todo, Inglaterra y su imperio comercial, conformaron la base para el desarrollo de la masonería que se suele llamar operativa.

Bebiendo de tradiciones encontradas en un momento claro, la masonería moderna, unas veces discreta y otras, secreta a más no poder, ocupó el espacio de hermanamiento entre las élites sociales justo en el momento en que la sociedad del antiguo régimen tocaba a su fin, llegando a protagonizar el tránsito del absolutismo imperante hacia el esperanzador liberalismo, viaje en el que, al menos los españoles, aún andamos perdidos.

LIBERALES, PROGRESISTAS, MODERADOS

Es, en consecuencia, complicado no entender que una parte de la sociedad que combatía el privilegio del antiguo régimen y estaba posicionada a la perfección en el momento de cambio, organizada en estructuras de hermanamiento y respeto mutuo con el progreso humano como objetivo esencial, no formaran parte de aquella revolución social y política experimentada en el siglo xix. Atendiendo a las constituciones masónicas del siglo xviii, me resulta muy complicado no ver en los incipientes partidos políticos capaces de liderar la transformación liberal, en la organización de estos, en sus objetivos de partida y la relación entre sus integrantes; en todo ello, digo, me resulta muy complicado no ver un poso masónico. Desde la constitución de aquellos, el camino de ingreso, iniciación, el liderazgo y el comportamiento colegiado presente incluso en los actuales partidos políticos, todo responde a una estructura ciertamente masónica por muy antiliberal que parezca tamaña afirmación. Nada más que echar un vistazo al *Copiale* para entender a lo que me refiero.

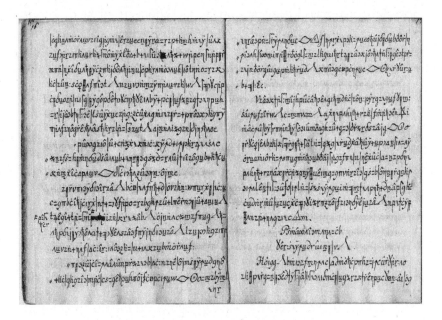

Códice Copiale. Páginas 16 y 17. 1780.

Este texto rescatado de la biblioteca de la Academia Alemana de las Ciencias en Berlín tras la caída del muro y datado entre 1760 y 1780, es conocido como *Código Copiale*, por ser aquella palabra una de las pocas legibles a simple vista. Al nivel arcano del famoso manuscrito *Voynich*, constituye una de las pocas referencias existentes a los ritos masónicos de iniciación, aquellos que los integrantes de estas sociedades discretas preservan con mayor celo. Descodificado y publicado en 2011 por Kevin Knight, investigador de la *South California University*, sus primeras dieciséis páginas muestran cómo ha de integrarse un aprendiz en la sociedad francmasónica creada en la ciudad de Wolfenbüttel, en la Baja Sajonia. Aparte del ritual, no cabe duda de la discreción del proceso y de la liturgia singular donde el iniciado ha de confiar por completo en la sabiduría de sus mayores o, mejor dicho, de los maestros y compañeros que habrían de guiar su camino hasta la sabiduría.

Obviamente, si algo destacaba en el proceso de iniciación era la voluntad del iniciado en andar el camino hacia la sabiduría. Sin embargo, desde un punto de vista genérico, destaca sobre todas las cosas la jerarquización del proceso y la institucionalización de este. La sabiduría estaba allí, pero se debía acceder a ella siguiendo los pasos establecidos por la logia correspondiente en función de la obediencia debida.

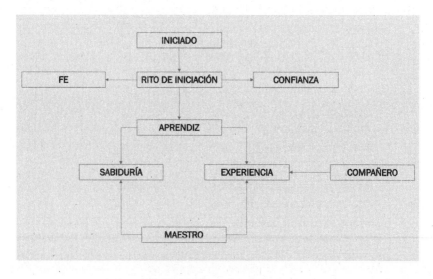

El Camino hacia la sabiduría.

En líneas generales, estas sociedades discretas y secretas en muchas ocasiones estructuraban el conocimiento y lo sistematizaban, conformando un orden reconocible y reiterable. Dado que estas organizaciones filantrópicas y humanistas empezaron a consolidarse en red durante el siglo XVIII coincidiendo con la expansión de los ideales ilustrados y la consolidación del liberalismo político, resulta fácil asumir que la aparición de los partidos políticos, primero en el Reino Unido y más tarde en el continente, pudieron replicar la estructura ordinaria de las sociedades masónicas. Organizados en red jerarquizada donde los líderes asumían el ingreso de los novicios o aprendices que, en consecuencia, debían aceptar compromisos e ideales sustentados en la experiencia de los más antiguos integrantes de las organizaciones, la forma masónica pudo ser la matriz esencial sobre la que los grupos políticos de finales del XVIII y principios del XIX acabaron por asentarse.

En el caso español, dado que las primeras agrupaciones políticas se dieron durante el trienio liberal revolucionario, aquellos partidos políticos iniciales reiteraron la estructura masónica, siendo una buena parte de ellos masones propiamente dichos, lo que explicaría, por un lado, la represión consecuente a la formación de aquellas organizaciones por parte de los poderes fácticos asociados al privilegio y a la monarquía absoluta.

En términos prácticos, la mayoría de los grupos políticos que se fueron formando a lo largo del siglo XIX tuvieron esa citada estructura organizativa de carácter francmasón. Especialmente en el primer momento, cuando el liberalismo político y económico era la característica definitoria de esos grupos de interés, la conformación entorno a un liderazgo o magisterio con diferentes niveles de importancia unidos a los desempeños políticos resultaron en lo que se entiende actualmente por partido político. Desde el miembro que asume el liderazgo para capitalizar la dirección de la nación hasta los iniciados o aprendices que participan bien de las necesidades del partido, bien de las responsabilidades administrativas y menores de la burocracia derivada del ejercicio del poder, el esqueleto funcional de un partido político se asume como parejo a la francmasonería. El problema radica en que el interés generalizado por la masonería se ha venido centrando en lo secreto y misterioso del ritual de iniciación o en la discreción de los compañeros masones respecto a la sociedad en general, como si la integración en un partido político fuera, incluso en la actualidad, una noticia de dominio público.

En lo que se refiere a la estructura organizativa general de una logia, parece evidente su conexión con las estructuras políticas institucionalizadas. El líder o gran Maestre o Maestro es asumido por la logia extraído del conjunto de maestros que lo eligen. Éstos, establecidos en órgano ejecutivo, constituyen el gobierno de la logia divididos en consejeros y grandes oficiales, siendo los primeros nombrados por el gran Maestro y los segundos, por su experiencia y logros obtenidos en el proceso de aprendizaje y conocimiento. Además, la logia contaría con una asamblea general a modo de órgano legislativo que debatiera y discutiera lo concerniente a los asuntos propios de la logia y, por supuesto, a su relación con el exterior. Por último, habría de constituirse un órgano judicial que dirimiese cualquier diatriba interna ocasionada entre los compañeros.

En otras palabras, lo que viene siendo un partido político al uso.

Retomando aquellos primeros agrupamientos políticos de principios del siglo XIX, momento en que tales organizaciones acabaron por conformarse, la masonería fue un denominador común en su constitución y en la constitución de la mayoría de las constituciones liberales españolas. Estableciéndose una conexión clara entre masonería, liberalismo y organización política, no resulta complicado

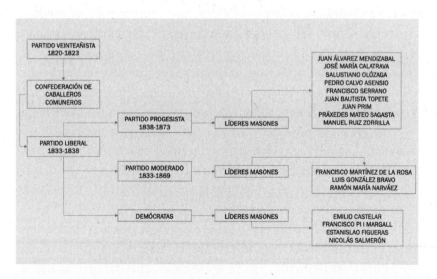

Masones y liderazgo político en el siglo XIX español.

asumir que, si bien la masonería como estructura no fue la base de los partidos políticos españoles, sí parece evidente que la integración de la mayoría de los líderes españoles decimonónicos en la masonería influyó de forma más que efectiva en la idea de lo que un partido político español debía ser.

REPUBLICANOS, LIBERTARIOS, ANARQUISTAS

Represaliados por el sistema que fuere, las tendencias políticas siguieron organizándose en secreto más que con discreción para evitar el encarcelamiento o la eliminación sistémica. En el caso del republicanismo, minoritario y contestado por el general sentir monárquico, empezó a organizarse tras la consolidación de las opciones demócratas durante las tensiones revolucionarias de 1848. Constituidos como heterodoxia frente a la ortodoxia liberal y monárquica que se había asentado entre el paisanaje asociativo patrio, los republicanos conformaron una variante dentro de los demócratas, aquellos que pretendían una sociedad donde el pueblo, a través del sufragio universal masculino, pudiera dirimir la representación que permitiera a las organizaciones políticas alcanzar la ostentación del poder. Partiendo, pues, de aquellos primeros demócratas revolucionarios, aparecieron organizaciones políticas que pretendían un modelo democrático muy relacionadas con el asociacionismo francmasón dentro de la ya referida obediencia continental, aquella que contemplaba la discusión y significación política. Aún no siendo organizaciones secretas, la discreción heredada de la masonería definió esos grupos políticos al menos hasta la llegada de la revolución llamada democrática de 1868. A partir de ese momento, quizás ya antes, la discreción y no el secretismo definió aquellas estructuras políticas que alcanzarían su momento con la proclamación de la I República en febrero de 1873.

Frente a esas organizaciones secretas en principio por la represión a la que fueron sometidas durante los momentos de conservadurismo extremo y defensa extrema del modelo monárquico y de la propia figura del monarca, y, más tarde, discretas por el cuestionamiento republicano en sí, además de por la violencia política extrema a la que se sometía la divergencia ideológica, fueron, sin embargo, las organizaciones surgidas de las reivindicaciones obreras las que acabaron constituidas en el más protegido de los secretos.

Surgidas desde la violencia debida a la reivindicación de unos derechos mínimos sostenibles, las organizaciones de trabajadores empezaron sumergidas en el más protegido de los secretos. Desde los luditas seguidores de un imaginario Ned Ludd, iconoclastas del maquinismo que destruía puestos de trabajo en favor de entes que ni sentían ni padecían, el intitulado movimiento obrero hubo de transitar en la oscuridad para evitar la represión.

Dado que carecían de posibilidad alguna de legalización, eran el exabrupto y los hechos consumados las herramientas esenciales para acercar la tendencia política a los objetivos mínimos. Como la opinión del trabajador no se tuvo en consideración hasta bien entrado el siglo XX, el tránsito por el siglo XIX de las organizaciones de trabajadores pasó siempre por la clandestinidad, la discreción y, principalmente, el secreto. Por otra parte, hechos como el asalto a los telares de Alcoy en 1821 o la quema de la fábrica de los Bonaplata en 1835, pusieron en cuarentena toda asociación laboral. Los años centrales del siglo sirvieron, al menos, para constatar las múltiples tendencias de aquellos obreros sobrexplotados y cercanos a una oficiosa esclavitud laboral. Siempre desde el liberalismo desencantado, alejándose

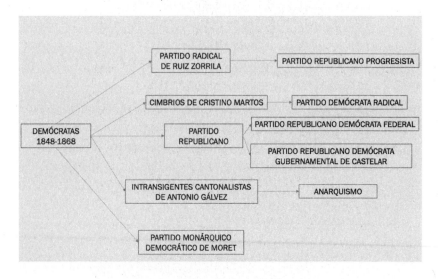

Consolidación del republicanismo español,

del republicanismo reconvertido en ortodoxia capitalista, los ideólogos del movimiento obrero imaginaron una sociedad donde los derechos de los trabajadores y la humanización de aquellas condiciones insostenibles habrían de alcanzar un punto medio soportable asentado en una Arcadia sólo entendible desde el humanismo francmasónico. En otras palabras, la idealización de la sociedad desde una visión filosófica poco práctica acabó por crear corrientes de pensamiento ciertamente utópicas, como bien definirían Karl Marx y Friedrich Engels, quizás los más utópicos de cuantos socialistas alumbró el siglo XIX.

Ned Ludd. Imagen publicada en 1812 en la prensa británica.

No obstante, a pesar de la multiplicación de grupos políticos de poso masónico auspiciados por las cambiantes leyes y artículos constitucionales relacionados con el derecho a asociación, los trabajadores decidieron cubrir otro camino. Más relacionados con los procesos de sindicación, de representación laboral que con organizaciones ideológicas discretas de estructura paramasónica, los trabajadores tendieron a la constitución de redes de defensa laboral que superaran las fronteras y las legislaciones dichas nacionales. Como la condición de trabajador no entendía de naciones o territorios, sino de horarios, sueldos, atención sanitaria y derecho al tajo, los empleados comenzaron a organizarse regionalmente teniendo en cuenta más las condiciones del trabajo en sí que el territorio en el que se ubicaban.

Fieles a este principio, los trabajadores constituyeron ya en 1869 la Federación Regional Española (FRE), enmendada en 1881 como Federación de Trabajadores de la Región de España (FRTE). Siendo el objetivo la consecución de los derechos reivindicados por los trabajadores y teniendo aquellos un carácter supranacional, los obreros de toda Europa constituyeron la Primera Internacional del Trabajo en 1869 que daría paso al congreso obrero en Barcelona de 1870, germen de las dos organizaciones antes referidas. La reacción del poder establecido frente a esta tendencia asociacionista obrera fue la persecución. En primer lugar, persecución legislativa que erradicara cualquier tipo de asociacionismo entre los trabajadores españoles.

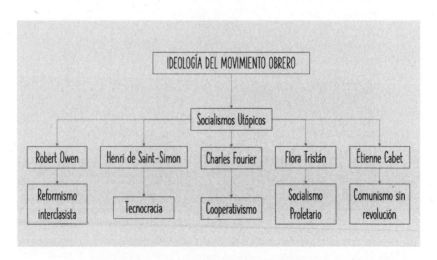

Nacimiento del movimiento obrero en el siglo XIX.

A finales de 1872 el congreso declaró inconstitucional la Asociación Internacional del Trabajo en territorio español, para, el 10 de enero de 1874, decretar la supresión de la AIT en todo el territorio nacional.

Y no piensen que tenía que ver con una cuestión ideológica; que la ilegalización del movimiento obrero se debía a la expansión del anarquismo en la península frente a la tendencia cada vez mayor hacia el socialismo marxista. La lucha contra estos movimientos organizativos tenía que ver con su carácter eminentemente revolucionario, propulsor de un cambio radical de la sociedad que el estamento liberal imperante no podía consentir. Si bien es cierto que el éxito del discurso anarquista de Giuseppe Fanelli en territorio español provocó una tendencia hacia el anarquismo en aquellos primeros momentos, también lo es que aquel socialismo discrepante y revolucionario no constituía una amenaza desde el punto de vista organizativo. No eran los anarquistas próximos a la organización política tal y como se entendía en aquel momento, centrada en la jerarquización y el asalto al poder dentro de la estructura estatal propugnada por el liberalismo burgués, ya fuera republicano o monárquico; sino más proclives al sindicato que alimentara las reivindicaciones laborales como base de un esfuerzo conjunto que pudiera transformar la sociedad de forma global.

Aun así, siendo incapaces de lograr una mínima respuesta social por parte de los diferentes gobiernos, los anarquistas incluyeron la violencia política y, más tarde, el terrorismo como elementos

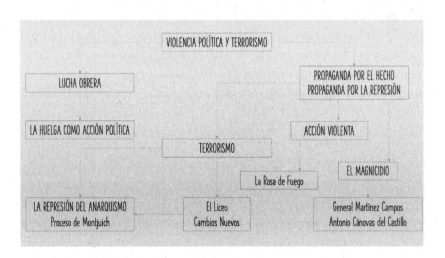

Acción violenta y terrorismo en la españa finisecular.

consustanciales de su propaganda por el hecho. El impacto de aquella violencia impulsó una reacción generalizada de los gobiernos contra el anarquismo como ideología y el anarcosindicalismo como fuerza organizativa.

Como consecuencia, el gobierno turnista terminó por decretar leyes contra el anarquismo en los años 1892 y 1894 que prácticamente los proscribían, obligando a aquellos obreros y teóricos del anarquismo a subsistir en el anonimato y la clandestinidad, pero sin constituir sociedades secretas u organizaciones ocultas dado su carácter ácrata, opuesto al tradicional asociacionismo político burgués europeo.

Esta circunstancia nunca llegaron a entenderla los líderes políticos, convencidos de la existencia de una red anarquista secreta e internacional que alimentaba los múltiples atentados y, especialmente, magnicidios que, a modo de plaga, asolaron el panorama internacional. Los asesinatos de Marie François Sadi Carnot, presidente de Francia, en 1894, Antonio Cánovas del Castillo en 1897, Isabel de Baviera en 1898, Humberto I de Italia en 1900, William McKinlley en 1901 o José Canalejas en 1912 hicieron creer a las estructuras policiales y gubernamentales de la existencia de un complot anarquista internacional, lo que llevaría, en el caso español, a la postergación legal de una organización sindical de tintes anarquistas a noviembre de 1910, momento en que se fundó la Confederación Nacional del Trabajo. Por el camino, el Partido Socialista Obrero Español llevaba treinta y un años constituido y la Unión General del Trabajo, veintidós años.

El asociacionismo secreto de partida para el establecimiento, preservación y expansión de una idea política ya fuera revolucionaria, reformista o reaccionaria, fue un argumento común a cualquier comunidad en evolución política y social. Los llamados *Sons and Daughters of Liberty*, hijos e hijas de la libertad, surgieron en los primeros momentos de proceso revolucionario originado en las colonias británicas de Norteamérica a mediados del siglo XVIII. Organizados en el más absoluto de los secretos para evitar la represión del gobernador de Massachussets, Thomas Hutchinson, desde 1765 realizaron una actividad subversiva contra la gestión británica de recursos obtenidos de las colonias sin otorgar representación alguna a los colonos. El conocido *No taxation without representation*, es decir,

Ningún impuesto sin derecho a la representación, se convirtió en un lema hasta la llegada del *Boston Tea Party* y los sucesos provocados por la rebelión contra el Acta del Té de 1773, punto de partida para la revolución liberal burguesa que habría de alumbrar los Estados Unidos de Norteamérica.

En esa línea subversiva y revolucionaria más que reformista, los Carbonarios o *Carbonari* también trataron de expandir por toda Europa la idea de que ninguna nación careciera de constitución y, por consiguiente, Estado. Nacida durante la hegemonía napoleónica del reino de Nápoles bajo el gobierno de Murat, esta sociedad liberal revolucionaria acabó expandiéndose por todo el Mediterráneo. Los

Asesinato del presidente McKinley por el anarquista Leon
Czolgosz en 1901. Obra de T. Dart Walker en 1905.

adeptos carbonarios, semejando las estructuras gremiales al estilo masónico, se dividían en aprendices y maestros, castigándose con la muerte la revelación del secreto iniciático. De carácter aristocrático, lo que no es de extrañar atendiendo a la ideología liberal, los carbonarios se dividían en dos secciones a modo de logias: la civil, destinada a la reforma y revolución social, y la militar, encaminada a las acciones violentas. Muy presentes en las revueltas previas al congreso de Viena tras la caída de Napoleón, los carbonarios acabaron derrotados por la imposibilidad de aunar una voluntad social que sólo se conseguiría a finales de siglo con el éxito del movimiento unificador italiano. Si bien es cierto que el *Risorgimento* se suele entender iniciado con el congreso de Viena de 1815, el fortalecimiento del Piamonte y la construcción de una conciencia nacional, hay que entender a los carbonarios como uno de los puntos de partida de tan apasionante viaje hacia la Italia que hoy todos conocemos.

También beligerantes contra la opresión y la tiranía en este caso de la dinastía Manchú o *Quing*, la sociedad secreta de los Hermanos Mayores o *Gelaohui* buscó un fin social y político semejante en las intenciones al de los carbonarios. Si bien la distancia cultural entre ambos conceptos debe resultar abismal, asociarse en secreto contra la tiranía si debe hacernos pensar en una conexión ancestral entre las sociedades humanas. Estos Hermanos Mayores, de origen incierto, fueron muy activos durante la expansión colonial occidental en China a finales del siglo XIX. Supuestamente constituida hacia 1870, actuó en levantamientos y actos subversivos contra la dinastía Manchú, enfrentando la presencia occidental en las rebeliones de las guerras del opio y el levantamiento de los *Boxers* hacia 1898. En la misma línea hay que entender a la *Tongmenghui*, otra sociedad secreta conformada para luchar contra los *Quing* en los años finales de su existencia, justo antes de la invasión japonesa. A diferencia de los Hermanos Mayores, constituidos en China, los *Tongmenghui* se organizaron por primera vez en Tokio, hacia 1905 bajo el liderazgo de Sun Yat-sen y Song Jiaoreng. Aunque, la más singular debió ser la sociedad de las Linternas Rojas, formada por mujeres a las que no se permitía formar parte del levantamiento ya citado de los *boxers*.

Todas estas sociedades chinas de actividad subversiva contra lo que ellos entendían una invasión ya fuera manchú, japonesa u occidental acababan siempre por relacionarse con el tradicional Loto

Blanco, la más antigua de las sociedades secretas de origen chino. Creada aquella a finales del siglo XIII como una sociedad religiosa sincrética que reunía a budistas con maniqueístas, el Loto Blanco pasó a la clandestinidad tras la conquista mongola. Enemigos de la dinastía *Yuan* impuesta por Kublai Khan en 1271, el Loto Blanco fue declarado proscrito, comenzando así su leyenda de secreto y acción política que habría de asociarse con cualquiera que fuera la sociedad china del momento, algo que los relaciona con los Illuminati, aunque sólo sea por la constante difamación.

Por lo que respecta a este santo país, las sociedades secretas, aparte de los partidos políticos en construcción ya comentados, han existido por cuanto la ortodoxia imperante especialmente en el siglo XIX impedía cualquier diversidad ideológica de partida. Y, cuando la diversidad sí existía, la propia reacción se esforzaba en organizarse de forma oculta para desandar cualquier progreso que se atreviera a transformar un ápice el tradicional inmovilismo caduco español. Así ha de entenderse la sociedad conocida como El Ángel Exterminador. Creada supuestamente bajo la influencia del absolutismo fernandino, los integrantes de esta sociedad pretendían la reinstauración de la Inquisición tras su derogación durante el trienio liberal. Creada en 1823 por orden directa de Fernando VII, a decir del periodista Agustín Príncipe, hasta su propia existencia es cuestionada por una buena parte de la historiografía, razón más que evidente para confiar en su existencia real, puesto que lo malo y fatal, en la historia de España, tiene más posibilidades de existir. Asociados al clericalismo más pertinaz y al carlismo, cualquiera que fuera la persona poderosa contraria al liberalismo ha sido susceptible de pertenecer a esta mítica sociedad secreta. Historiadores como Estanislao Bayo y Gerald Brenan apostaron por su existencia desde 1817, asegurándolo el general Juan Antonio Van Halen.

Este último, al igual que otros tanto liberales, engrosaron las filas ocultas de la sociedad secreta conocida como La Isabelina. Palafox, Cardero, Romero Alpuente y un interminable corolario de militares liberales y masones españoles formaron parte de esta sociedad que, a diferencia de la anterior, sí pretendía un progreso social que sacara a España del pozo inmundo del absolutismo. El punto de partida de esta sociedad fue la firma del denostado Estatuto Real de 1834, remedo estrafalario de constitución liberal, más bien una carta otorgada, que había promulgado la reina gobernadora, María Cristina Borbón Dos Sicilias durante la minoría de Isabel II. Falsación de una constitución liberal, este panfleto imitaba lo promulgado en Francia tras la vuelta de la monarquía francesa con Luis XVIII. Frente a esta patraña ideada por los absolutistas para contentar a un pueblo ignorante e inocente, los liberales supervivientes a los terribles años de la década ominosa fernandina se organizaron para frenar esa degeneración de la promesa reformista y revolucionaria, algo que haría un siglo más tarde el general Franco con la fraudulenta democracia orgánica. Sometida a la represión y perseguidos sus integrantes, la vida de su fundador, Eugenio de Aviraneta e Ibargoyen, resume el destino de aquellas sociedades secretas en

El ángel Exterminador. Ilustración de Vicente Urrabieta en 1856.

tiempo de represión política y falsación del liberalismo por una fachada superficial que tan sólo esconde el conservadurismo rancio y recalcitrante de un poder político que únicamente entiende del interés personal y oligárquico. Avinareta, modelo de conspirador decimonónico, pasó la mayor parte de su vida luchando desde la discreción y el secretismo contra el absolutismo, carlismo y cualquier signo de antiliberalismo y tiranía. Descrito por Benito Pérez Galdós en los Episodios Nacionales, Avinareta estuvo al servicio de líderes de la talla de Palafox, Espartero, Mendizábal y Olózaga, lo que muestra la trascendencia de esta sociedad secreta.

En cualquier caso, muchas de estas sociedades citadas muestran ciertas coincidencias, especialmente las referidas a España. En primer lugar, el carácter militar de muchos de los integrantes hace pensar en la constitución de sociedades secretas de forma permanente dentro del propio ejército. El segundo punto claro es la integración masónica de muchos de aquellos, lo que hace comprender

Eugenio Avinareta. Retrato anónimo de 1841.

la estructura similar de todas estas sociedades referidas y la animadversión al secretismo y la masonería por parte del pensamiento antiliberal atrabiliario español, especialmente demostrado durante los largos años del franquismo. Como base de aquel podría citarse, sin discusión, la organización secreta conocida como Unión Militar Española. Formada en 1933 por oficiales intermedios descontentos con el proceso reformista liderado por Manuel Azaña, la UME representaba el inmovilismo ideológico y la politización sectaria del ejército español que tanto daño ha producido al progreso social del país. Fundada por Emilio Rodríguez Tarduchy quien, además de oficial del ejército, era miembro de Falange Española, la UME fue más una organización clandestina que secreta, a decir de la publicación de sus manifiestos y el nombramiento del encarcelado general Sanjurjo como líder natural. Integrada una buena parte de sus miembros en el ministerio de la Guerra que dirigiera José María Gil Robles, la UME llegaría a ser uno de los eslabones esenciales en la propagación de la conspiración militar que traería el golpe de Estado del 17 de julio de 1936 y la consecuente guerra civil española.

Frente a esta organización clandestina a voces, ya durante la dictadura del general Franco, apareció otra sociedad secreta y clandestina dentro del ejército español conocida como Unión Militar Democrática. La UMD, en contraposición a la UME, sí suponía un esfuerzo desde dentro del ejército franquista, verdadera base del régimen junto con la iglesia católica, para evolucionar la nación hacia un horizonte de progreso común. Con una clara inspiración portuguesa, la UMD, fundada por tres comandantes y nueve capitanes el 9 de septiembre de 1974, en lugar de apostar al golpe de Estado el futuro de España, más bien trataba de alcanzar un espacio de comprensión y libertad mediante la democratización del ejército que condujera al derrocamiento del régimen franquista. Con cerca de quinientos miembros y más de medio millar de colaboradores, la UMD acabó siendo expuesta, pasando sus líderes por el escarnio de la exhibición pública, el juicio y la deshonra de la expulsión del ejército, sin que, cuatro décadas más tarde, nadie entienda la incomparecencia en el proceso educativo del esfuerzo consustancial al peligro de desafiar una estructura mastodóntica comprometida con el antiliberalismo y el nacionalismo más pertinaz.

CRIMINALES SINDICADOS, ORGANIZACIONES DISCRETAS EN EL MAL

A diferencia de las organizaciones políticas o militares de inspiración masónica y de los sindicatos o representación de los intereses y derechos del trabajador, la detentación del monopolio económico de aquellas actividades alejadas del contexto legal o supuestamente tolerado sí ha generado sociedades secretas en cualquier ámbito. Además, tal ha sido su arraigo, desarrollo, complicación, posicionamiento económico y, en consecuencia, político, que han acabado por contaminar muchas otras organizaciones dedicadas, en un principio, a fines sociopolíticos. Si bien es cierto que algunas de aquellas estructuras políticas sí alcanzaron una trascendencia criminal, por lo general se han de entender como espacios comunicados en base a alguna contaminación concreta. El ejemplo de la Mano Negra podría ilustrar con evidencia este aspecto.

Tan mítica como real, esta asociación clandestina de obreros y campesinos nacida con la aparición de las primeras organizaciones

La mano negra española. Proceso de Jerez de la Frontera. 1883. Juan Comba García para la Ilustración Española y Americana, nº 24, año XXVII.

obreras en el campo español se hizo célebre por el uso de la violencia en lucha obrera y, principalmente, por el uso político que hizo de su actividad la ortodoxia burguesa imperante para justificar sus ataques contra cualquiera que fuera la estructura de organización obrera. En concreto, según describe Ángel Herrerín, esta Mano Negra, más asociación para la consecución de fines sociales que sociedad secreta, tenía como objetivo combatir la explotación sistémica del trabajador y la represión del Estado burgués contra aquellos que trataban de organizarse en defensa de sus derechos. Activa en la década de los ochenta del siglo XIX, la Mano Negra se convirtió en el *leit motiv* necesario que justificara la prohibición del AIT y la aprobación de las citadas leyes contra el anarquismo y, en general, contra cualquier tipo de organización obrera, ya fuera la Federación Regional Española en cuyo seno surgió la Mano Negra, o la Federación de Trabajadores de la Región Española, constituida tras la desaparición de la primera. En el intermedio represivo que asistió a ambas federaciones apareció la Mano Negra. Sus estatutos fueron encontrados por la Guardia Civil, garante del orden social, en un registro de 1882. Estructurada en forma reticular desde una matriz para tener presencia en el mayor número posible de pueblos, los integrantes se juramentaban y no podía salir de la asociación aún cuando llegaran a ser propietarios. Sólo se permitía la salida de la Mano Negra si el miembro se mudaba a una población donde no hubiera núcleo satélite y las credenciales, que, al parecer, existían, debían transferirse de un elemento secreto a otro. Así trataban de protegerse de la delación y exposición pública de los integrantes de la sociedad, circunstancia que no se logró, dados los asesinatos registrados entre trabajadores y la acción policial supuestamente exitosa por lo recogido en los juicios derivados de las acciones violentas asociadas a la Mano Negra.

En lo que se refiere a la estructura de la sociedad, de la red de satélites concebidos para no pocas poblaciones con una población jornalera importante, la impronta masónica de obediencia a una logia principal y desarrollo reticular sobre unos estatutos semejantes resulta más que coincidente con esta Mano Negra. Por otra parte, lo importante de aquella asociación más que sociedad era el fin que justificaba el secreto y no la sociedad en sí como vehículo de crecimiento interno de cada uno de los iniciados. Este rasgo diferenciador habría que definirlo como politización del secretismo en la conculcación de un supuesto crimen o, en chocolate menos espeso, usar el secreto para conseguir una finalidad práctica.

Con el mismo nombre, pero identidad dispar, la Mano Negra serbia saltó a los titulares de prensa, a las páginas de la literatura y a no pocas elucubraciones más de un siglo después, tras el asesinato en Sarajevo del archiduque austrohúngaro, Francisco Fernando, y su esposa, Sofía Chotek, en junio de 1914. El gran impacto de este magnicidio de lamentable ejecución por parte del conjurado Gavrilo

Magnicidio de Sarajevo. 1914. Achille Beltrame.

Princip constituyó el detonante que encendió la Gran Guerra y sacó a la luz la existencia de una organización secreta conocida comúnmente como La Mano Negra o *Unificación o Muerte* en lengua serbia. Al igual que la homónima organización española, esta Mano Negra estaba constituida por militares serbios que, utilizando el secreto y la actividad clandestina, intentaban restituir la independencia de Serbia en el volcán geopolítico conformado en los Balcanes tras el desmoronamiento del imperio turco durante los años posteriores a la guerra de Crimea. Desatada ésta entre 1853 y 1856, enfrentó a media Europa en busca de los restos de aquel imperio decadente. La consecuencia evidente, la parcelación del territorio balcánico en base a las supuestas nacionalidades étnico-culturales generó una situación explosiva especialmente en la llamada Macedonia, donde la mezcla era tal que sirvió para dar nombre a un conocidísimo popurrí de frutas. En ese cajón de sastre fue donde los serbios intentaron pescar como suelen hacer todas las entidades nacionalistas, nunca satisfechas con el *statu quo*. La acción deliberada de aquella Mano Negra de implicar a todo el mundo en una beligerancia que trajera la tan ansiada independencia serbia y el reconocimiento de un terruño insignificante para el conjunto de la humanidad precisó de una organización secreta, política y violenta que pusiera al condenado nacionalismo en una situación disruptiva de la que aún no se ha conseguido apartar.

En términos asociativos, la Mano Negra serbia respondía aún más al modelo de sociedad secreta para el fin clandestino o, a decir de muchos, criminal. Entrando, por tanto, en la criminalización del secreto o el uso de aquel para la consecución de objetivos ilícitos, la lista de organizaciones podría ser infinita. En primer lugar, habría que establecer qué se entiende por crimen organizado y en qué momento empieza aquel a constituir estructuras. La necesidad de una legislación internacional resulta imprescindible por cuanto la criminalidad internacional entiende de leyes estatales y supraestatales. Para que una organización criminal sea organizada precisa, por tanto, de un estado y, a su vez, de un marco jurídico general que establezca como ilegal y fraudulentas sus actividades.

Aun así, antes de la consolidación de tales marcos internacionales y de la proliferación de una idea de bien común, de protección de la propiedad y de negocio lícito y delictivo, en la mayoría de las grandes ciudades existieron redes de delincuentes, sociedades criminales organizadas entorno a un factor económico que explotar nacido de la desigualdad y protegido por la ley parcial y el privilegio social. Esas organizaciones criminales, tan aireadas por la literatura, el cine y la televisión, tienden a ser mitificadas y los bandidos, en muchos casos, glorificados como héroes, lo que sería comprensible, dado el carácter social del privilegio y lo iconoclasta de romper con un orden injusto establecido. Casos como el de Robin Hood de imposible justificación histórica más allá de la suposición, suelen esconder en la criminalidad común la organización del campesinado y demás no privilegiados en su lucha contra ese orden injusto establecido y, por continuidad irreflexiva con el presente, asumido como legal y natural. Que Robin de Locksley o Loxley e, incluso, Lonstride existiera sigue siendo un debate más folclórico para las tradiciones británicas que real. Puede que estuviera inspirado en el Ghino di Tacco de la Divina Comedia o en el conde de Hunttington sublevado contra el rey inglés a finales del siglo XI. Puede que sea una invención y nunca existiera.

Ahora bien, la asociación secreta o fraudulenta para aquellos órdenes jurídicos estuvo presente durante todo el medievo. Las llamadas hermandades o santas hermandades, cofradías constituidas a finales de la Edad Media en el territorio peninsular con la finalidad de proteger el orden público, si bien no formaban sociedades secretas, sí evolucionaron a la clandestinidad cuando dieron con la justicia social como fin de su actividad pública. Revueltas como la de los

Revoluciones organizadas durante la formación de los estados europeos.

Irmandiños de mediados del siglo xv en Galicia o los asaltos a juderías y casas solariegas y hasta castillos llevados a cabo por villanos hermanados deberían ser entendidas como asociaciones clandestinas para un fin ilícito a ojos de aquellos que detentaban el poder en tales órdenes establecidos. La revuelta de las germanías de los reinos de Valencia y Mallorca contra la injusticia oligarca catalana y aragonesa en los años de la guerra de las Comunidades castellanas supusieron un grano más en la organización subversiva desde el punto de vista social en aquella Europa en constante transformación rematada con las revoluciones sociales de finales del xviii.

En un plano más interesado y cercano al concepto actual de crimen organizado, las sociedades criminales, aquellas que tenían el beneficio propio a costa del peculio ajeno como objetivo esencial, hubieron de proliferar en toda población de mediano impacto comercial o de intercambio. Constituidas siempre como redes delictivas asociadas al hurto o al saqueo e integradas por saqueadores o bandoleros, se ha de aceptar su existencia a lo largo y ancho de este mundo. En grandes centros económicos como Sevilla en los siglos xvi y xvii, los ladrones optaron por organizarse para no hacerse competencia en el desarrollo de su actividad criminal. Calderón o Lope de Vega y especialmente Miguel de Cervantes hicieron referencia a tales organizaciones. Estructuradas como sociedades secretas dedicadas al crimen, las cofradías de ladrones contaban con una jerarquía clara y respetada que subdividía sus activos en redes menores especializadas en determinados crímenes. Ya fueran salteadores, tahúres o chulos y proxenetas, asesinos y secuestradores, los miembros de aquella cofradía actuaban en una zona concreta según su propia especialización, sin poder escapar de su territorio so pena de ser castigado por incumplimiento de las normas propias de la cofradía. Y, de entre todas aquellas cofradías criminales, ninguna más reiterada que la famosa y literaria *Garduña* española. Presentes en la memoria literaria de muchas ciudades españolas del Siglo de Oro, las diferentes garduñas tuvieron su origen en una supuesta organización criminal constituida en Toledo a principios del siglo xv. Estructurada con ritos de iniciación y jerarquización propios de la francmasonería, la Garduña se ha visto en múltiples ocasiones como punto de partida de algunas de las mafias italianas, origen evidente de alguno de los ladrillos que dieron pie a la construcción de la leyenda negra patria.

Con la misma idea y finalidad, los filibusteros, bucaneros y, en general, piratas y salteadores salidos del río de riqueza derivado de la construcción de la carrera de indias española acabaron por organizarse en el crimen con la constitución de la Cofradía de los Hermanos de la Costa. Nacida de la asociación de capitanes cuyos barcos se dedicaban a la piratería, esta cofradía sindicaba los beneficios y territorios de aquellos que gozaban de la otorgada patente de corso y represalia. Mayormente franceses e ingleses, estos hermanos cofraderos en el crimen instituyeron código de conducta, tribunal formado por los piratas de edad más avanzada e, incluso, una institución próxima al matrimonio denominada *matelotage*. Este compromiso establecía un vínculo entre dos piratas antes del asalto, haciéndose herederos mutuos en caso de fallecimiento. Criminales como Jacques de Sores, Juan Florín, Henry Morgan, John Hawkins o Francis Drake cumplieron esta actividad no sólo en beneficio propio, sino al servicio de la corona británica o de la monarquía francesa en su lucha contra la hegemonía hispánica.

No obstante, atendiendo al secreto o a la discreción organizativa, no fue hasta el siglo XIX y el desarrollo del derecho internacional, la constitución de los estados liberales y la legislación compartida que el crimen organizado alcanzara el nivel estable que conlleva la creación de una estructura clandestina regulada.

Sociedades y organizaciones criminales secretas.

En lo que se refiere a la tradición organizativa, las mafias son las sociedades secretas criminales más asentadas y extendidas a lo largo de la historia. Con presencia en casi cualquier país, la mafia constituye la forma asociada delictiva más común en las sociedades humanas. El fiscal general Pietro Calà Ulloa describió este fenómeno asociativo en la Sicilia de 1838 como algo frecuente y difícilmente combatible. Organizados de forma jerárquica y piramidal, las mafias se estructuraban en familias derivadas de un líder que controlaba una red clientelar asociada a una región. A través de la red mafiosa, los integrantes recibían protección y oportunidades a cambio de defender los intereses de la red hasta constituir una sociedad interconectada debajo de la estructura propia del Estado. Presente en todos los ámbitos económicos, las sociedades mafiosas fueron asumiendo desde la defensa de los intereses de los campesinos y la apropiación de tierras hasta el orden público, normalizando las actividades ilícitas como regulares dentro de la estabilidad que ofrecía la organización sumergida. Combatidas por el Estado italiano a medida que se consolidaba después de su creación a mediados del siglo XIX, las mafias, previas al *Risorgimento*, abandonaron un espacio público para convivir con el marco jurídico-administrativo, primero, y, más tarde, sobrevivir a éste.

Además, dado que este tipo de necesidades clientelares, ante la ausencia del Estado, eran necesarias para organizar la protección del abuso o el propio abuso para la protección, acabaron por reiterarse en casi todos los territorios conformadores de la unidad italiana. En la Campania, principalmente en Nápoles y Caserta, se desarrolló la llamada *Camorra*. Ya existente a principios del siglo XVIII, algunos tienden a unirla con la *gamurra*, sociedad criminal registrada en Cagliari a mediados del XIII. Etimológicamente más próxima al napolitano *c'a morra*, esta realidad secreta y delictiva está organizada en múltiples fragmentos que, a diferencia de las mafias sicilianas o *cosa nostra*, siempre se centraron en la monopolización del crimen en un área concreta, no contaminando la política como sí ha hecho siempre la mafia siciliana.

Más ritual e institucionalizada parece la *'ndrangheta* calabresa. Aludiendo a un origen clásico, establece un elaborado ritual de acceso a cada miembro muy unido a las tradiciones francmasónicas, denominador común en toda organización, si no secreta, al menos discreta. En este caso, la *'ndrangheta* se asume existente desde al menos el siglo XVIII, aunque, por la proximidad, ha solido estar muy relacionada con la mafia siciliana y, como aquella, conectada con la política, lo mismo que la *Sacra Corona Unita*. Ésta, derivada de las tres mafias citadas, se ha desarrollado en los últimos años en la región de Apulia, demostrando que la debilidad de estas organizaciones criminales no acaba con ellas, sino que genera un nuevo actor que ocupará el espacio vacío.

Es lógico pensar que la constitución del Estado italiano y la consecuente lucha contra estas organizaciones secretas, unida a la fuerte emigración que las sucesivas crisis económicas desde finales del XIX, pero principalmente en los primeros años del XX, provocaron la expansión de estos modelos asociativos fraudulentos y criminales. Su multiplicación en los Estados Unidos con la constitución de las familias mafiosas italoamericanas y su derivación en Chicago, Las Vegas y California resulta sencilla de comprender. Las actividades de los Bonanno, Colombo, Genovese, Gambino o Lucchese han quedado bien patentes tanto en las actividades criminales como en la literatura y especialmente en el cine. Obviamente, el contagio sistémico de estas sociedades criminales secretas ha acabado por expandirse al mundo entero monopolizando no pocos yacimientos de riqueza clandestina e ilegal como la prostitución, la distribución

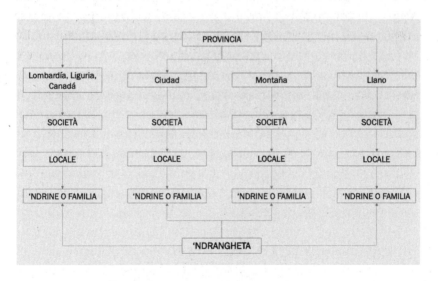

Estructura organizativa de la 'Ndrangheta.

de drogas, armas y, en general, cualquier transacción delictiva que pueda ser monopolizada.

El caso de los estupefacientes, su producción y distribución, ha generado cárteles de la droga en las zonas productivas y sociedades secretas destinadas a su comercialización soterrada tanto en Asia como en América y África. Sociedades altamente institucionalizadas y sometidas a ritos de iniciación como las famosas triadas chinas o la mundialmente conocida Yakuza han extendido una forma normalizada en la constitución del secreto entorno al crimen. En el caso de la Yakuza, además de ritos como el tatuado de sus miembros copiado por no pocas mafias como la rusa o mexicana, han provocado una evolución singular en el propio idioma japonés, de modo que sea posible identificar a un miembro de la organización tan sólo con escuchar su acento.

En líneas generales, más allá de aspectos singulares y propios de una sociedad secreta criminal u otra, estas organizaciones han derivado parte de su significación organizativa de las estructuras discretas francmasónicas al aplicar los rituales de iniciación y la jerarquización en base a la experiencia y confianza en la obediencia. Aunque, lógicamente, la finalidad humanística y filantrópica queda muy alejada de estas organizaciones subversivas y criminales. En ese sentido, en lo referente a España y, por extensión, a una buena parte de los países occidentales, la implicación de las mafias en el transcurso social y jurídico implantaron una presencia evidente de las formas y tradiciones finales en muchos de los partidos políticos constituidos.

Unidos al beneficio corporativo y estructurados jerárquicamente por áreas de influencia y objetivos de extracción de poder ya sea económico o social, los partidos políticos han acabado constituyendo si no cárteles, sí sociedades discretas dedicadas a la gestión del presupuesto público en beneficio de intereses sumergidos. Desde la desinformación acerca de la totalidad de los miembros, pasando por el funcionamiento jerárquico, el ascenso pautado en base a la filiación con los más veteranos y ausencia de transparencia en los objetivos reales, financiación y gestión de capitales sociales, económicos e ideológicos, los partidos políticos en España han tornado su esencia en una suerte de sindicatos del crimen organizado de estructura paramasónica. Asediados por constantes casos de corrupción sistémica de difícil previsión e imposible recuperación, estos partidos políticos han adoptado el comportamiento de sociedades secretas al servicio de intereses espurios alejados del bien común, de la filantropía y el humanismo propio de las sociedades masónicas, las que, paradójicamente, han terminado vilipendiadas, repudiadas y perseguidas históricamente por cuantos partidos políticos han ostentado o detentado el poder político representativo.

DEL SECRETO A LA DISCRECIÓN PÚBLICA

Resulta, por consiguiente, curioso cómo la heterodoxia ha sido perseguida por la ortodoxia hasta provocar la inmersión de todas las actividades derivadas ante la presión por la normalidad legislada en el ámbito que fuere. Desde la religión hasta la política, la filantropía e incluso la organización de actividades ilícitas sistémicas y, lo que es más lógico, las sociedades alejadas de la ortodoxia impuesta por una heterodoxia asumida por una mayoría generalizada o por una minoría empoderada, han terminado por desarrollar sus actividades en la discreción más absoluta, cuando no en el secreto más sordo e inaccesible. Ocultas al público general, las organizaciones han seguido surgiendo impelidas por cualquiera que sea la razón, ya fuera una causa política, religiosa, asociativa, filantrópica, cultural, tradicional o representativa. Sometidas a legislaciones a veces cainitas, muchas de aquellas hubieron de mantenerse en ese segundo plano de la discreción y, en términos políticos, directamente sumergidas. Durante el largo siglo XIX de profundas transformaciones políticas, sociales y económicas, el asociacionismo general sufrió de este proceso inevitable de normalización o represión, dejando un corolario interminable de sociedades de difícil presentación.

Más allá de las ya referidas logias masónicas adscritas a una obediencia concreta, la lista de sociedades secretas o semi secretas más que discretas es casi interminable. Especialmente en el ámbito anglosajón y, sobre todo, estadounidense, muchas de estas sociedades descritas como filantrópicas, fraternales o humanísticas cumplían y cumplen, en realidad, con la cobertura social inexistente en aquellos estados mínimos fruto del liberalismo económico extremo, que no político. Carente de responsabilidad respecto a los ciudadanos que, todo sea dicho, se esfuerzan una y otra vez en disminuir la carga impositiva que garantice un Estado fuerte y responsable, las minorías quedan completamente abandonadas a su suerte. Ante ese panorama, múltiples grupos de diferente origen tienden a proporcionar acceso a la educación, sanidad o vivienda digna para aquellos grupos excluidos por la razón que sea del círculo liberal y capitalista.

En el primer nivel de estas sociedades discretas dedicadas al socorro social hay que señalar las que nacieron dentro de la comunidad religiosa, principalmente católica. Basadas en la caridad vista como virtud cristiana, estas sociedades han constituido una matriz sobre la que expandir el catolicismo en sociedades originariamente protestantes, donde las aportaciones provenientes de la inmigración europea e hispana, de procedencia católica, constituían minorías desatendidas por un Estado inexistente.

NOMBRE	FUNDACIÓN	DEFINICIÓN
Orden de la Alhambra	1904, New York. William Harper Bennet	Católica y fraternal
Catholic Order of Foresters	1897, Boston. Inmigrantes irlandeses	Católica y fraternal
Catholic Workman	1891, Saint Paul-Minnesota. Inmigrantes checos	Católica y fraternal
Caballeros de Malta	S. XI, Jerusalén. Inmigrantes amalfitanos	Católica
Knights of Peter Claver	1909, Mobile-Alabama. Clérigos josefitas	Orden católica fraternal asistencial
True Sisters	1846, New York. Mujeres judías	Católica y asistencial
Hibernians	1850, Cleveland. Católicos irlandeses	Católica, fraternal e irlandesa
Caballeros de Colón	1882, New Haven. Michael J. McGivney	Católica, asistencial y beneficiencia
Young Men's Christian Association YMCA	1844, Londres. George Williams	Fraternal y asistencial

En lo que se refiere a los Caballeros de Malta, más que una organización discreta o secreta, se trata de la continuación de una sociedad asistencial católica nacida en el transcurso de las primeras cruzadas cristianas en Tierra Santa. Al igual que una plétora de organizaciones, más partisanos del catolicismo y fuerza armada en defensa de aquellos intereses en la encrucijada de la ruta de las especias y la seda con los canales mediterráneos de intercambio, se desarrollaron hasta la llegada del siglo xiv y los grandes conflictos señoriales en Europa. A partir de ese momento, la geoestrategia continental prescindió de aquellas, convertidas algunas de ellas como la del Temple en verdaderos factores político-económicos. Sometidas a un poder terrenal unido a la monarquía, la mayoría fueron o bien proscritas y eliminadas de raíz o bien asimiladas al *cursus honorum* de la aristocracia cortesana ya desde el siglo xv. La Orden de Malta, unida a la gestión de un territorio singular e independiente bajo el paraguas protector del papado consiguió sobrevivir, disociándose la gestión de un Estado, por un lado, y la organización asistencial y fraternal, por el otro.

Fue en ese momento de constitución de sociedades fraternales y asistenciales que entraron algunas de aquellas órdenes militares en contacto con la tradición masónica europea. A medio camino entre la filantropía asistencial católica de las organizaciones que cubrían las necesidades de una sociedad que carecía de un Estado presente y la discreción para el desarrollo personal desde

Escudo de la Orden de Malta.

NOMBRE	FUNDACIÓN	DEFINICIÓN
Altar Blanco de Jerusalén	1894, Chicago-Illinois.	Masonería
Altos Cedros del Líbano	1850, New Jersey. Thomas J. Corson	Maestros Masones
Antigua Orden Arábiga de los Nobles del Altar Místico	1870, Manhattan. Walter M. Fleming y William J. Florence	Masonería
Antigua Orden egipcia de los Scíos	1905, San Francisco. Charles H. S. Pratt	Masonería
Antigua Orden Mística de la Rosacruz (Rosicrucians)	1614, Kassel-Alemania. Johan Valentín Andreae	Paramasonería fraternal de origen egipcio figurado
Benevolent and Protective Order of Elks of the USA		Fraternal no masónica y segregacionista
Caballeros de Phytias	1864, Washington. Justus H. Rathborne	Paramasonería secreta
Caballeros del Águila Dorado		Asistencial y fraternal para desempleados
Cruz Roja y Media Luna Roja	1863, Ginebra. Henry Dunant	Fraternal y asistencial
Foresters		Fraternal no másonica
Fraternal Order of Police	1915, Pittsburg. Martin Toole y Delbert Nagle	Paramasonería fraternal de policías
Good Templars	1850, Utica. Daniel Cady	Paramasonería antialcohólica y antidrogas
GROTTO Orden Mística de los profetas velados del reino encantado	1889, New York. Leroy Fairchild	Paramasonería bufa
Hijas de Job	1920, Omaha-Nebraska. T. Wead Mick	Paramasonería infantil y femenina
Improved Order of Red Men		Orden fraternal para hombres blancos
Junior Order United American Mechanics		Fraternal y anticatólica en el origen
Ku Klux Klan		Supremacismo secreto
Leal Orden del Alce		Fraternal dedicada al servicio social
Modern Woodmen of America		Asistencial
Odd Fellows	1819, Maryland. Thomas Wildey	Paramasonería
Orangemen	1795, Condado de Armagh.	Paramasonería protestante. Ulster en América
Orden de AHEPA		Filantrópica y opuesta al KKK
Orden de Amaranta	1873	Maestros masones y mujeres relacionadas
Orden de DeMolay	1919, Kansas City. Frank S. Land	Paramasonería de jóvenes
Orden de la Acacia	1937, La Habana. Mujeres cubanas	Paramasonería femenina
Orden fraternal de Eagles		Fraternal no másonica

Orden of the Eastern Star	1850, Richland-Mississippi. Rob Morris	Masonería mixta
Order of Owls	1904, South Bend-Indiana. John W. Talbot	Paramasonería fraternal secreta
Order of the Patrons of Husbandry		Asistencial en el medio agrícola
Order of United Commercial travelers of America		Asistencial
P.E.O. Sisterhood		Asistencial para mujeres
Prince Hall	1784, Boston. Príncipe Hall	Masonería afroamericana
Rainbow Girls	1922, McAlester-Oklahoma. W. Mark Sexson	Masonería para mujeres jóvenes
Royal Arcanum		Fraternal y benéfica
Royal Neighbors		Fraternal y benéfica
United Ancient Order of Druids/Ancient Order of Druids		Fraternal no másonica

un entorno volcado al conocimiento del todo desde el uno, fueron surgiendo una gran cantidad de sociedades cercanas a la masonería. A veces simulacro de logias masónicas con finalidad asistencial; otras, derivadas de las propias logias para asociar maestros masones o remedo de aquellos, desde mediados del siglo xix fue frecuente encontrar múltiples sociedades de este tipo especialmente en los Estados Unidos de Norteamérica. En su mayoría, estas organizaciones nacían de la desidia implícita a la tradición francmasónica, siendo muchas de las nuevas citadas refundaciones creadas por iniciados masones y hasta maestros francmasones. Alguna de éstas, como la Grotto, fue constituida como parodia de la masonería, dada la proliferación de este tipo de sociedades, muy conectadas con las fraternidades en que se organizaban los estudiantes de las facultades universitarias o *colleges*, evolución evidente de las naciones en que se constituía el alumnado de los estudios medievales de Salamanca, Coimbra, París, Bolonia, Oxford o Cambridge.

Más allá de las universidades y la necesidad de agrupar estudiantes en las tradicionales cofradías de convivencia, nunca está de más recordar el origen agremiado de las universidades de estudiantes, y enlazado con ese carácter hermanado tantas veces referido, desde finales del siglo xix y principios del siglo xx se experimentó una explosión de sociedades fraternales de carácter asistencial.

Seguramente emparentadas con las tradiciones masónicas y cristianas, estas sociedades, a medio camino entre la cofradía y el sindicato, agruparon a profesionales de todo el mundo como policías en la *Fraternal Order of Police*, fundada por dos agentes en Pittsburg a principios del siglo xx. Mecánicos, guardias forestales, campesinos, comerciantes y vendedores ambulantes, mujeres judías y todo grupo capaz de ofrecer asistencia y compromiso para el cumplimiento deldeber, han terminado por conformar este tipo de sociedades al servicio y ayuda del prójimo, ejemplo seguido por las hoy grandes corporaciones de la ayuda al necesitado como la Cruz y Media Luna Roja, organizaciones no gubernamentales inspiradas muchas de aquellas en los ejemplos aquí citados de asociacionismo filantrópico y asistencial derivado de las consecuencias de los movimientos migratorios, desigualdades sociales y económicas y desastres de la guerra.

Aunque, obviamente, también se han desarrollado sociedades contrarias a todos estos movimientos, centradas en la preservación del privilegio y de un *statu quo* segregador, inmovilista y más que conservador. Ancladas en una sociedad que reprime al diferente, que penaliza la pobreza, la carestía y la discriminación de oportunidades en función de esa diferencia, estas organizaciones han venido luchando durante los últimos dos siglos para petrificar el proceso social integrador en el que ha de finalizar cualquier sociedad democrática. Algunas de estas sociedades, como la constituida por los llamados Alces o *Benevolent and Protective Order of Elks of the USA*, muestran en su evolución histórica el proceso de adaptación del concepto segregador que las define. Nacida en 1868 como un club social, pronto evolucionó a un club de caballeros que pudiera eludir las restricciones horarias de consumo de alcohol establecidas por el ayuntamiento de New York. De carácter selectivo y segregacionista, este grupo de Alces no permitía el ingreso de quien no fuera estadounidense, blanco y hombre. Con el paso del tiempo y la evolución social, las normas de esta sociedad cada día más discreta han ido evolucionando y, si ya no es estrictamente una sociedad de blancos estadounidenses, sí lo sigue siendo de hombres americanos anticomunistas.

Sin duda, ninguna asociación segregacionista es más famosa que el *Ku KLux Klan*. Creada el día de navidad de 1865 como una sociedad diletante, cuyo objetivo era la diversión de jóvenes y paisanos en el corazón del estado de Tennessee, el proceso reconstructivo posterior a la guerra civil y la obligada integración en los estados del sur de unionistas y esclavos liberados radicalizó las actividades de esta sociedad. Enfrentada a la integración o asimilación de esclavos, norteños y sureños defensores de la unidad republicana liderada por Abraham Lincoln, el *Ku Klux Klan* empezó a actuar en defensa de la supremacía cultural y social blanca en una sociedad que no debía aceptar la igualdad de las personas. Enfundados en sus caperuzas blancas empezaron a sembrar el terror en las poblaciones sureñas, politizando al máximo sus actividades, lo que llevó a una buena parte de los miembros del partido demócrata, contrario a la integración, a ingresar en la sociedad liderada por Nathan Bedford Forrest. Atendiendo al origen de su artificioso nombre, *cuclus clan* o el clan del círculo, siempre funcionó, funciona, como una sociedad secreta, donde la identidad de sus integrantes, así como los ritos de iniciación y frecuencia

Ku Klux Klan. Desfile público de líderes por las calles de Pensilvania en 1926.

de asamblea quedan ocultos al conocimiento común. Siendo supremacista y nacionalista blanca, anticomunista, anti-integración y hasta terrorista, capaz de negar el derecho de profesar cualquier religión que no sea la protestante, es lógico entender su prohibición ya en 1870, cuando el presidente de los Estados Unidos, Ulysses S. Grant, tomó la decisión de disolver el Klan con el acta de derechos civiles, publicado al año siguiente. Aun así, el Klan ha experimentado otras tres refundaciones debidas a otras tantas prohibiciones e ilegalizaciones de sus lamentables actividades. En la actualidad, esta organización secreta acoge toda ideología ultraconservadora que pueda surgir en el seno de los EE. UU., desde el antifeminismo, a la homofobia, islamofobia, antiaborto o provida y cualquier forma de expresión relativa al espacio ideológico de la extrema derecha.

En esa línea de segregacionismo tan propia de las sociedades británicas de caballeros nacidas durante el xix habría que citar la Orden de los Hombres Rojos o *Improved Order of Red Men*. Constituida a partir de una escisión de los ya referidos *Sons Of Liberty* o del *Tea Party* de Boston, esta organización nacionalista y segregadora de mujeres de toda condición y hombres que no fueran blancos y estadounidenses empleaba además ropas y tradiciones propias de los nativos americanos para su constitución paramasónica, lo que no dejaba de ser un sinsentido de lo más folclórico. Reducida en la actualidad a una representación testimonial, sigue manteniendo la restricción nacionalista únicamente.

Frente a estos grupos sectarios, principalmente el Klan, surgieron algunas sociedades dispuestas a combatir las actividades violentas y, principalmente, políticas destinadas a establecer un modo de pensamiento supremacista entre los norteamericanos. La Orden de AHEPA o *American Hellenic Educational Progressive Association* fue fundada con ese fin. Creada en julio de 1922 en Atlanta, nació con la integración como objetivo esencial. En lucha por la defensa de los derechos civiles, no cabe duda de que su fundación tuvo como finalidad esencial contrarrestar la actividad proselitista de los supremacistas terroristas sociales del *Ku Klux Klan*. Centrada en la divulgación de los valores propios de la democracia, de ahí su filo helenismo, la Orden de AHEPA ha batallado desde la discreción por una sociedad mejor e integrada, donde no haya diferencias entre los nacionales de aquella república, más allá de las comprensibles entre demócratas, cuya única finalidad es la convivencia pacífica en una sociedad que tiene el progreso común y la felicidad como el último y principal de sus objetivos.

En definitiva, el secreto siempre ha formado parte de la constitución elitista de grupos privilegiados del mismo modo que ha sido utilizado en diferentes grados para proteger la diversidad y la heterodoxia del imperio del pensamiento único, la ortodoxia cainita impuesta por aquellos mismos que una vez partieron desde la diferencia. Enquistado este proceder en los entornos más selectos, sigue generando sociedades secretamente discretas, capaces de ocultar de la forma más pública su existencia para probar esa singularidad entre la masa absorta. Así se debería entender la archiconocida y, al mismo tiempo, postulada como secreta sociedad *Skulls and Bones*, integrada por estudiantes de la prestigiosa y exclusiva universidad de Yale. Fundada en 1832 por el empresario William Huntington Russell y el fiscal general y secretario de guerra del presidente Grant, Alphonso Taft mientras eran alumnos en New Haven, ha formado parte del imaginario popular estadounidense durante más de siglo y medio. Vista como base de la CIA al atribuirse pertenencia a ésta de muchos de sus altos ejecutivos y hasta partícipe de no pocas teorías conspiranoicas, la Orden, también conocida como La Hermandad de la Muerte, ha pasado de ser un club elitista dentro de una no menos elitista universidad a formar una red de

Hotel Bilderberg. Lugar de reunión del grupo homónimo.

contactos entre algunos de los hombres más influyentes del mundo unidos entre sí por la pertenencia a este club universitario.

En la misma línea podría citarse, ya a modo de colofón, el conocido como *Club Bildeberg*. Fruto de la voluntad de freno del antiamericanismo que generó la imposición ideológica y el control político inherente al plan Marshall que imponía el modelo sociopolítico y económico estadounidense como base de las llamadas democracias occidentales, Jozef Retinger, exiliado político de origen polaco, propuso en 1954 una reunión de líderes de ambos lados del Atlántico, de ambos lados del plan Marshall para que, en colaboración conjunta, atajaran ese enfrentamiento que debilitaba la naciente sociedad capitalista posterior a la guerra mundial frente al auge del socialismo liderado por la Unión Soviética. En aquella reunión organizada con el patrocinio de David Rockefeller se asentó la base para una reunión periódica de las ciento cincuenta personas más influyentes del mundo con el supuesto objetivo de mantener un equilibrio geoestratégico desde el punto de vista económico que no deja de sonar a defensa de las estructuras básicas del modelo capitalista imperante desde la tradicional visión estadounidense. Siempre organizadas en entornos del máximo lujo y prestigio, las convocatorias del *club Bildeberg* tienden a presentar una línea de socavación de la soberanía de las naciones, impulsando el sentir generalizado de que las superestructuras económicas han sometido las entidades nacionales y representativas de los estados, aquellas por las que fueron constituidas millares de sociedades secretas en aras de la defensa de una libertad transaccionada a mayor gloria del capital.

La presencia de José Luis Rodríguez Zapatero en la reunión del club organizada en Sitges durante el verano de 2010 para justificar las decisiones tomadas por las Cortes Españolas en defensa del único interés soportable, el que garantizaba la independencia del poder legislativo y ejecutivo español, ponen de manifiesto cómo las organizaciones restrictivas, ya sean discretas o secretas, políticas, religiosas, económicas, culturales o asistenciales, han ido evolucionando hacia ese ya remarcado elitismo innato que todo acaba por corromper. Siendo la ortodoxia imperante aquella que garantiza un modo de vida anclado en el control de los factores estratégicos en que deriva el control de la economía, poco queda por hacer a la sociedad, a parte de retomar la tendencia asociativa y el secreto para, una vez más, conspirar desde lo oculto de modo que la ortodoxia asfixiante vuelva a ser derrotada.

Los Illuminati

Si bien el asociacionismo a lo largo de la historia, así como la protección de la heterodoxia, ha sido un argumento frecuente para la consolidación de estructuras organizadas entre la discreción y el secreto, también lo es que no muchas han pasado a la posteridad o se han vuelto recurrentes en el imaginario popular hasta el punto de aparecer en cuantas teorías de la conspiración se hayan podido crear. Las sociedades ocultas, secretas o discretas, según se ha visto en el capítulo anterior, han tendido a desarrollarse ocupando el espacio que lo público nunca llegó a rellenar. Ya fuera otorgando asistencia a los iguales, ocultando una tendencia perseguida por la llamada ortodoxia o regularización única del pensamiento dominante, las sociedades han proliferado a la sombra de un poso pertinaz. Muchas de ellas desconocidas, perseguidas otras y el resto, la mayoría, unidas a cierto elitismo que acabó por neutralizar la influencia beneficiosa que pudieran tener, las organizaciones ocultas han pasado por la historia cumpliendo un papel singular, determinante en ocasiones, pero sometido a la imaginación popular, a la construcción de leyendas que, cargadas de un mínimo retazo de certeza, han terminado por construir una evidencia muy alejada de la realidad.

Las constantes persecuciones, por poner un ejemplo, sufridas por la masonería en cualquiera que fuera el momento histórico, hacen pensar en la mucha importancia que se ha dado, en líneas generales, a este tipo de organizaciones más destinadas a cumplir con ese diletante sentir de determinadas clases sociales cuando aquella fue la estructura de la sociedad en cuestión. Destinadas a fomentar el conocimiento, la preservación o divulgación de un modelo social y político, la mayoría de las sociedades alumbradas por el imaginario cultural básico citado siempre estará conectada con las más perseguidas, denostadas y proscritas por las ortodoxias organizativas principales, como la monarquía o la iglesia católica. Defensoras aquellas de una normalidad inalterable, la necesidad de combatirlas siempre partió desde la oscuridad de la discreción. Escondidas de una publicidad que habría acabado con cualquier iniciativa, las sociedades se volvieron secretas precisamente por su necesidad de cambiar esa ortodoxia tantas veces referida en las páginas anteriores.

Es, por tanto, normal entender que la lucha contra la tiranía ya sea política, social o religiosa; ya esté unida al ejercicio del poder o del pensamiento; ya cree sociedades sometidas, humilladas, o pareceres únicos que empujan al ser humano a la desidia y la corrupción implícita en una vida sin progreso, sin futuro; ya sea como fuere, el común de los integrantes de una comunidad tiranizada tenderá a organizarse en lucha contra ella. Y esas organizaciones secretas, en función de su éxito o fracaso, pasarán a formar parte de la memoria colectiva de una lucha claramente iniciática. En el caso de lograr el éxito, las generaciones venideras aprenderán de cómo se logró aquello a través de la organización de voluntades destinadas a conseguir un éxito común.

Sons and daugthers of the Liberty.

En esa línea se debe entender el conocimiento y estudio de los *Sons and Daugthers of Liberty*, cuya participación en el inicio de la revolución americana forma parte del estudio básico de la historia de los Estados Unidos de Norteamérica. La evidente influencia masónica de la mayoría de sus líderes se ve con claridad en los símbolos constitutivos de aquella nación, por lo que no resulta extraño la búsqueda de raíces masónicas en cualquiera que fuere el proceso revolucionario por parte de los grupos defensores de la ortodoxia detentadora del poder.

Si, por el contrario, fue el fracaso de la iniciativa, unido a la persecución y, en cierta medida, al escarnio a que fue sometida aquella, también formará parte del conocimiento, en esta ocasión subliminal, del proceso histórico. Su caída estrepitosa y la inquina con que fueron perseguidos suele ser paralela al mito construido entorno a su existencia. Es en ese punto donde se debe incluir a toda organización masónica o paramasónica creada en sociedades férreamente dominadas por ortodoxias místicas como el catolicismo ya comentado. Principio y final de todo desmán, de todo proceso catastrófico para la sociedad, las sociedades ocultas descubiertas pasarán, en aquel contexto, a justificar todo tipo de desmán, todo tipo de locura colectiva que, habiendo sido originada por la propia estructura putrefacta de la sociedad, encontrará en la discreción de su estructura, en lo arcano de su proceder, una respuesta a los males alejada de la realidad.

Como ya estarán pensando, oculta, desconocida, trufada de sinsentidos y causante de todos los males que corrompieron al ser humano, la francmasonería o masonería a secas ha ocupado ese espacio condenado durante los últimos trescientos años. Y, entre todas las organizaciones supuestamente masónicas, ninguna más famosa que la llamada Orden de los Iluminados, la *Illuminatenorder* o, simplemente, los *Illuminati*. Sometida a una desproporcionada y permanente descalificación, perseguida en su fundación y asociada a cualquier teoría de la conspiración que se precie, esta sociedad que ni siquiera era masónica ha ocupado una esquina oscura y temible del corolario de demonios constitutivos del mal original que acontece en las sociedades judeocristianas occidentales. Se sabe que participaron en la revolución americana, la revolución francesa, en la lucha contra el despotismo, contra el absolutismo, en la formación de los estados liberales fracasados, en el origen del socialismo, del comunismo, del anarquismo; se sabe que el ateísmo es una de las consecuencias de la propagación de aquella sociedad. Se sabe que era más una secta de masones que otra cosa; se sabe que siguen entre nosotros conspirando contra la normalidad; se sabe que apoyaron los populismos del mismo modo que el elitismo social; se sabe... Nada, en general, de una de las sociedades más interesantes del proceso organizativo ilustrado, del proceso de transformación de la sociedad iniciado con el triunfo de la razón sobre la fe en el contexto internacional europeo.

Claro que, para saber lo que se dice saber algo acerca de los Illuminati, se precisa de un ejercicio de investigación y divulgación que le lleve, querido lector, al origen de tan singular sociedad secreta, alejando la comprensión social y cultural de cualquiera que sea el misticismo, atendiendo únicamente a los hechos, sus causas, características y consecuencias para la sociedad que albergó aquella iniciativa revolucionaria. O reformadora, que para todo hay un punto de vista.

Empecemos, pues.

LA FUNDACIÓN DE BAVIERA

En el momento de la aparición de la Orden de los Iluminados, Europa era un polvorín social y político listo para la deflagración. El proceso histórico había conducido a la sociedad europea occidental hacia un cuello de botella de difícil solución. En términos filosóficos, los grandes pensadores del momento habían logrado superar el misticismo católico para evolucionar el pensamiento a una cota de desarrollo difícilmente alcanzable con posterioridad. El viejo debate que enfrentaba razón y fe como dos ámbitos del conocimiento, aquel que había obligado a Tomás de Aquino a construir un entramado de preeminencia por arte de birlibirloque había quedado atrás, superado por la diagnosis del conocimiento humano que nos regalaron los racionalistas liderados por René Descartes. Empujado aquel por los avances matemáticos, astronómicos, físicos y sociales, el conocimiento humano inició una escalada de objetivos capaz de alumbrar una sociedad en progreso alejada de los grilletes impuestos por la ortodoxia del catolicismo.

En términos empíricos, el camino iniciado durante el medievo por los ateos del islam, aquellos que vieron en la demostración científica la prueba para conocer mejor el mundo y mejorarlo enmarcado en una constante alabanza a la gracia divina que permitía tales progresos, constituyó un mantillo preñado de nutrientes para los grandes pensadores científicos de finales del siglo xvi y principios del xvii. Los esfuerzos para comprender el marco matemático y su conexión con múltiples aplicaciones empíricas de Al-Kwarizmi, alumbradoras del álgebra y la matematización del comportamiento humano; la profunda duda mística de Al-Kindi y su defensa del libre albedrío aristotélico; la transformación del pensamiento práctico en beneficio del ser humano planeado por las investigaciones médicas del cordobés Muhammad Al-Gafeqi; el tesón de Al-Karaji con las matemáticas, reiterado por Omar Khayyam e Ibn Al-Haytham; el empirismo reiterado de Averroes, Maimónides o Ibn-Sina, que terminó empujando hacia la heterodoxia a Adelardo de Berth o Gerardo de Cremona; todo aquel sustrato científico preparó un lecho de conocimiento humano albergado en el espacio en que se moverían Copérnico, Kepler, y, por supuesto, Galileo Galilei, alejando poco a poco la razón de esa prisión que conforma la creencia en cualquiera que sea el ámbito del progreso humano.

El símbolo de los iluminados: la lechuza de Minerva.

Subsumido el mundo occidental, por otra parte, en la construcción de estructuras jurídico-administrativas y políticas desde que las Cortes de Toledo de 1479 conformaran aquel contexto que hoy denominamos Estado, y consolidadas las universidades como espacios para el desarrollo del conocimiento humano, la tendencia hacia una nueva realidad donde el ser humano y las relaciones sociales entre aquellos acabaran por ser el objeto del estudio y la ruptura de los paradigmas la conclusión, se tornó en un horizonte inevitable.

Viendo los avances cartográficos de Gerhard Mercator, las nuevas visiones de un mundo cada vez más pequeño gracias a las proyecciones asombrosas de Martin Behaim con su globo terráqueo de 1492 y la cordiforme de Johannes Werner; los mapas con el nuevo mundo de Juan de la Cosa de 1500 y Martin Waldseemüller de 1507, donde aparecía por primera vez el topónimo América, arrebatando a Pedro Mártir de Anglería y a Cristóbal Colón el honor de nombrar aquella nueva tierra; las joyas increíbles de los Blaeu ya durante el siglo XVII; viendo todo aquello, resulta sencillo comprender cómo

Mapa de Europa según la proyección de Gerhard Mercator. 1607.

122

Edmund Halley e Isaac Newton decidieron estudiar el exterior de un orbe superado para concentrarse en las relaciones internas que explicaran el funcionamiento físico de la realidad.

En semejante contexto de progreso científico era imposible encontrar una renovación en la forma de atender el pensamiento, en la construcción de un marco formal sobre el que establecer una realidad cada vez más separada de un horizonte dominado por la fe en cualquiera que fuera su creencia. El análisis del conocimiento elaborado por David Hume sobre la base establecida por John Locke y, a su manera, René Descartes, pergeñó una reflexión global sobre la ciencia y el lecho del conocimiento, que para todo lo prepara, concluida con los planteamientos globales de Immanuel Kant.

Como consecuencia, la alteración del paradigma general del conocimiento conllevó una nueva visión de la sociedad. Ésta, atrapada entre dos mundos que se repelían, alumbró una forma inédita de comprensión de la comunidad que agrupara progreso científico y social para deparar un futuro alentador. Atendiendo a la analogía alumbrada por Francis Bacon como base del aprendizaje, los pensadores centrados en la evolución social comenzaron a intuir que ese cambio que arrastraba la ciencia expulsando la creencia debía centrarse en la composición de la sociedad, en la definición de sus características inalterables y en los medios precisos para conseguir que aquella, además de humana por su origen, lo fuera por el destino al que llevaba su proceso evolutivo.

En esa línea de renovación hay que comprender la irrupción de François Marie Aruet, más conocido como *Voltaire*. Escéptico recalcitrante por su conocimiento del devenir histórico, Voltaire trató de analizar las bases de una sociedad que debía escapar de la religión, si pretendía alcanzar un futuro halagüeño. Crítico acerca de todo concepto contingente capaz de marcar el aprendizaje humano, Voltaire encontró en la francmasonería un hilo conductor que le permitiera progresar en la rectitud del conocimiento sin caer en misticismo alguno. Convencido de que la relación social entre seres humanos es lo que construye al hombre, de ahí su escepticismo, dio los primeros pasos para llegar a una mejor comprensión de la sociedad y, en general, del modo en que ésta debe ser ordenada, con el beneficio común como objetivo esencial. Si bien Gottfried Leibnitz trató de imponer un apriorismo en la bondad innata del ser humano a modo de pecado original con el que todo quisque nace, Voltaire rompió semejante necedad en su cuento filosófico *Cándido* publicado en 1759, donde exponía bondad y maldad asociadas al aprendizaje social, punto de partida de todo lo humano. En esa línea de aplicación entiendo la definición del contrato social descrito por Jean-Jacques Rousseau. Consecuencia lógica del pensamiento analógico ya descrito por Bacon tiempo atrás: si el conocimiento conformaba un compromiso con el método y la duda que lo generaba, la sociedad debía partir de un acuerdo tácito entre el gobernante y el gobernado, de modo que, teniendo la bondad como objetivo, el ejercicio de la política siguiera un proceso racional.

Aquel entorno de cambio sustentado por la razón como sedimento y el bien común certificado objetivo de la sociedad, fue intitulado *ilustración*, siendo ilustrados sus más firmes defensores y divulgadores. A los cimientos construidos por Descartes, Locke, Bacon, Hume y Kant, apostillados por Voltaire y Rousseau en estructura de transformación social, Charles Louis de Secondat, barón de Montesquieu, añadió la condición sobre la que edificar un nuevo paradigma político. Partiendo de una sociedad emanante de soberanía, Montesquieu

Lectura de una tragedia de Voltaire en casa de Madame Geoffrin por Gabriel Lemmonier hacia 1812.

identificó cada uno de los poderes públicos para plantear su separación e independencia como condición inicial de una sociedad justamente gobernada. Siendo así, todos aquellos que vivieran en semejante Arcadia podían encontrar un destino común de felicidad y progreso.

Enemigo que soy de las utopías, y ésta es de las mayores, puedo entender cómo afectó la divulgación de tales pensamientos en las tertulias burguesas y aristocráticas del siglo XVIII europeo. Aquella sociedad fundamentada en el privilegio, la defensa de éste a cualquier precio y la vana crítica al sistema desde aquella burbuja diletante, perdieron poco tiempo en protegerse de las consecuencias que la verdadera dispersión del pensamiento ilustrado podría acarrear. Los detentadores del poder político y económico asumieron los objetivos de tales principios como básicos de su gestión política, pero erradicando la divulgación del contenido y, sobre todo, el punto de partida inicial, que no era otro que el contrato social asumido por Rousseau. La citada soberanía nacional quedó arrumbada en un rincón, mientras tiranos y déspotas de todo calibre se arrogaban la salud pública como fin de su existencia política, hasta el punto de que uno casi agradece que las masacres del terror revolucionario francés de 1793 se hicieran desde el *Comité de Salud Pública*.

Como con tantas otras buenas voluntades previas a una explosión social, el ser humano ha tratado de frenar cualquiera que fuera el avance mediante el maquillaje del privilegio. Si la ilustración conllevó una revolución del pensamiento y una ruptura de la hegemonía de misticismo y fe, parece evidente que el privilegio social, político y económico se esforzó por derivar todo aquello en una redundancia lamentable, demostrando que, en lo malo e indeseable, la historia siempre rima. Pregonada la revolución ilustrada desde el púlpito del privilegio, puesto que era en ese estrato dónde se accedía al conocimiento, monarcas y tiranos, oligarcas y caciques de toda ralea se apresuraron en travestir sus regímenes mediante una nueva tiranía conocida historiográficamente como Despotismo Ilustrado. Sometido el pueblo a la ignorancia obligada de la segregación en cualquiera que fuese el proceso de aprendizaje, aquellos pocos que pudieron asumir la nueva visión de la realidad social terminaron por soportar la degeneración de la idea esencial que planteaba esta revolución del pensamiento: la devolución al pueblo del poder que le había sido arrebatado durante milenios.

Gaspar de Jovellanos por Bartolomé Vázquez en 1798.

Incapaces, por tanto, de encontrar un modo de devolver al pueblo lo que le pertenecía y, de no ser así, al menos de ofrecer la única posibilidad para que aquel alcanzara la mayoría de edad, el reforzamiento del Estado por parte de los detentadores del poder político habría de sumir al común en una eterna minoría de edad tutelada, origen esencial del despotismo ilustrado. Personificado en el Leviatán que todo lo consume, Thomas Hobbes veía la sociedad infantilizada a la fuerza por siempre jamás, sometida aquella a un Estado opresor. Pisado el común con una zanahoria como premio, monarcas como Carlos III en España o Gustavo III en Suecia, promovieron reformas sociales que, si bien los convirtió en populares, grandes monarcas reconocidos como déspotas preocupados por el vivir de sus súbditos, que no ciudadanos, alentaron un resquemor contra el privilegio que pronto habría de estallar. Luis XVI en Francia, Catalina II en Rusia o José I en Portugal se esforzaron en procrastinar lo que se asumía como inevitable.

En una segunda línea habría que incluir a todos aquellos ilustrados que, convencidos de los peligros que un sistema absoluto produciría en una sociedad con acceso al conocimiento, promovieron todo tipo de cambio superficial y pinturero. Bernardo Tanucci en Nápoles o Guillaume du Tillot al servicio de los duques de Parma abordaron esta controversia sin sentido alguno. En el caso español, cabría destacar a Gaspar Melchor de Jovellanos. Convencido de que el desarrollo económico sobrellevaría un progreso social controlable, Jovellanos representa el sentir ilustrado al servicio del déspota que no cede ni un ápice de su poder. Integrante de las Cortes de Cádiz, su centrismo y equidistancia, la más deleznable de las enfermedades patrias en momentos de revolución, acabó con su defensa de la Junta Central, llevándole a un medio exilio en plena guerra contra el francés en Galicia, terminando sus días en la asturiana Playa de la Vega, hacia noviembre de 1811. Esa medianía política no la sufrió Sebastião José de Carvalho e Melo, Marques de Pombal, quien sí aportó un proceso reformista de hondo calado en el reino de Portugal durante aquellos años previos a los procesos revolucionarios, aunque, eso sí, a la sombra de un despotismo impenitente. Apartado del poder durante los años de la *Viradeira*, terminó recluido en su quinta de Pombal hacia 1781, viendo cómo la mayoría de los monopolios que había recetado al imperio luso caían por su propio peso y por la irrupción de la iglesia católica de la mano de la alta aristocracia portuguesa, firmando los últimos compases del antiguo régimen en Portugal.

En el centro de Europa, los déspotas copiaron la receta que había aparentado tan buenos resultados en España, Francia, Portugal o Rusia. El ascenso al trono imperial de María Teresa Habsburgo tras la muerte de su padre, Carlos VI, pudo realizarse tras la derogación de la ley sálica en 1713 con una pragmática sanción, circunstancia que repetiría Carlos IV en España e hiciera efectiva en 1830 Fernando VII con no poca polémica, guerras civiles incluidas. Única mujer en regir los destinos del imperio, María Teresa, reina en Hungría, Bohemia, Croacia, Eslavonia y los Países Bajos, además de duquesa de Milán, desarrolló una política ilustrada desde la tiranía al apoyarse en el equipo de gobernantes que heredó igualmente de su padre, con la participación del holandés Gottfried van Swieten o del canciller Friedrich Wilhelm Graf von Haugwitz. Centralizadores del proceso decisorio, este conjunto de reformistas ilustrados logró sacar al imperio de la ruina en que había quedado a la muerte de Carlos VI. Además, la administración coherente de los recursos y la división de los asuntos judiciales y económicos concentrados, a su vez, en un tribunal superior, una agencia central para los asuntos económicos denominada *Directorium* y la imposición del *Kameralismo* de origen alemán para las cuestiones legislativas.

Todo aquello dio la posibilidad al imperio de afrontar el siglo XVIII como protagonista indispensable de la política europea, circunstancia que, gracias a estas reformas, continuaría en el siglo XIX, bien asentado durante los reinados de sus hijos, el culto y afamado José II y Leopoldo II. En el caso del primero, bien conocido popularmente por haber promovido el talento del joven Wolfgang Amadeus Mozart, su gestión política resume el despotismo ilustrado a través de las reformas realizadas en torno a la tolerancia, que no libertad, religiosa. Con la *Patente de Tolerancia* de 1781, José II permitía que otras religiones tuvieran cabida en las jurisdicciones por él gobernadas, amén de erradicar los privilegios de la iglesia católica, prerrogativas tradicionales asumidas por los obispos y los decretos papales, para convertir ésta en una congregación nacional sometida al regalismo. Incluso llegó a permitir la presencia de judíos en territorio imperial en un alarde de aperturismo religioso, cáncer aquel que había corroído por siglos las relaciones entre comunidades centroeuropeas, al esconder bajo las confesiones religiosas el germen del infecto nacionalismo. Obviamente, un factor político ancestral como la iglesia católica nunca aceptó la pérdida de privilegios y su sucesor y hermano, Leopoldo II no tuvo más remedio que claudicar en esta reforma.

Ahora bien, ningún déspota ilustrado más prototípico que Federico II de Prusia. Mucho más histriónico en su proceder que sus primos austriacos, este descendiente de la familia imperial Hohenzollern acaparó todo elogio y maldición cursada hacia un dirigente entre 1740 y 1786. Educado en todas las artes posibles, Federico

Federico II de Prusia por Wilhelm Camphausen en 1870.

el Grande alcanzó gran destreza con la flauta o el piano, amplios y profundos conocimientos filosóficos, llegando a iniciarse en la masonería, precedente extraño entre los monarcas europeos del siglo XVIII. Animoso en la guerra hasta el punto de la locura, Federico II lideró los ejércitos prusianos en la llamada guerra de los Siete Años que enfrentó a las potencias europeas por el control de los recursos económicos esenciales en América del Norte, Silesia y la India. Vencedor del recurso europeo a pesar de la situación desesperada en que llegó a encontrarse, el monarca prusiano acabó por convertirse en una especie de modelo romántico, de guerrero épico defensor de lo que habría de ser otro nacionalismo funesto para la historia de Europa y, por extensión, del mundo occidental. Igualmente reformista, Federico el Grande aplicó aquellas ideas ilustradas destinadas a la diversificación del gobierno que permitiera la modernización organizativa y, del mismo modo que hiciera José II en el imperio austriaco, trató de atajar el fundamentalismo católico y protestante, la ortodoxia más dañina de cuantas había sufrido Europa, pero acabó conformando el prototipo de déspota. Al mismo tiempo que recetaba reformas ilustradas a la economía, racionalizándola y recuperando tierras para la productividad sacadas de marismas y zonas pantanosas, promulgaba un nuevo código legislativo en 1747 y negaba la procedencia divina de su monarquía protegiendo artes y ciencias, se pasaba al lado oscuro promoviendo la segregación de Polonia, rompiendo el país en pedazos sustentados por un odio irracional hacia aquella comunidad. Tolerante con las religiones según en qué parte de su Prusia, atacó de forma reiterada las publicaciones, negando la libertad de prensa relativa al fluir de un pensamiento libre pregonado por los ilustrados. Si bien fue un calvinista tolerante con cristianos y judíos, no lo fue con los ortodoxos polacos, base de la partición de Polonia, donde proyectó una explotación económica de los recursos a mayor gloria prusiana, lo que acabaría por enfrentarle con Catalina II de Rusia.

De modo que, en un contexto ilustrado de base falseado por la putrefacción del pensamiento en aras del beneficio tradicional de las élites privilegiadas detentadoras del poder político, ya fuera conectado o no con la tradición del relato histórico, el mesianismo místico de la religión o el conservadurismo palmario del factor económico; en ese contexto de fracaso del pensamiento o, mejor dicho, de imposibilidad de llevar a la práctica lo que la lógica en el análisis de la sociedad recomendaba, fue creada la sociedad secreta de los Iluminados en Baviera, el 1 de mayo de 1776.

¿QUÉ ES UN ILLUMINATI?

Habiendo fracasado la ilustración como renovación del absolutismo, los francmasones y todo tipo de ilustrados, reformadores e, incluso, revolucionarios, tuvieron que soportar cómo se enquistaba aquel régimen injusto. En el caso de Baviera, los tiempos ilustrados supusieron un problema de constitución de identidad más que reseñable. Generalmente dominado el territorio por un elector independiente, Baviera había constituido uno de los territorios esenciales en el rompecabezas político del Sacro Imperio Romano Germánico. Liderados por el duque Maximiliano I, los bávaros consiguieron abrirse un hueco importante en el horizonte geoestratégico europeo durante el siglo xvii. Como siglos más tarde hicieran los piamonteses, los bávaros habían logrado arañar granitos de arena en el reparto político resultante de la guerra de los Treinta Años que habría de acabar con la hegemonía hispánica para dar paso a la Europa de las potencias a la sombra del sol francés.

En este paisaje, el duque Maximiliano logró hacerse con el palatinado y convertir Baviera en un electorado clave para el acceso al trono imperial. La llegada del siglo xviii posicionó a los bávaros con el bando francés en la disputa por el trono de España. El duque bávaro, en aquel momento Maximiliano II, nieto del anterior, a pesar de sufrir reveses contra los austracistas postulados a suceder a Carlos II, salieron bien parados de aquella trifulca que dirimía el reparto de los territorios del imperio hispánico católico en decadencia internacional tras la muerte del último Habsburgo español. Los sucesivos duques de Baviera tuvieron que lidiar con la expansión de un modelo ilustrado y despótico, por un lado, y con la aparición de una mujer en el trono imperial. La pragmática sanción que otorgaba la dignidad a María Teresa no fue aceptada por Carlos Alberto, hijo de Maximiliano II, quien llegaría a ser proclamado emperador fugazmente en Fráncfort hacia 1742. El enfrentamiento con el imperio dejó en suspenso la hegemonía de aquella casa de Wittelbach en Baviera hasta la paz de Füssen de 1745, cuando Maximiliano III retomó el poder en Baviera una vez más. Éste, el más ilustrado y déspota de todos aquellos duques centroeuropeos tuvo la mala baba de morir sin descendencia, por lo que los derechos sobre Baviera pasaron a manos del primo Carlos Teodoro, conde del Palatinado. La unión de territorios dinástica resultante, que fusionaba Baviera, el Palatinado, Jülich y Iceberg, enfrentó la nueva realidad con Prusia y

Academia bávara de ciencias.

Austria, generando una guerra por la sucesión de Baviera entre 1778 y 1779. La paz consiguiente firmada en Teschen escindió Innviertel de Baviera, ya en manos de los austriacos, dejando la corona ducal en otro Maximiliano, José de segundo nombre, duque de Zweibrücken, quien acabaría por ser coronado rey de Baviera en 1806.

Así, el entorno sociopolítico y religioso en el que surgieron los Illuminati semejaba un volcán en erupción. En el año 1776, momento en que Adam Weishaupt constituía esta sociedad, Baviera se encontraba inmersa en una crisis potencial sin precedentes. La titularidad del trono ducal bávaro recaía sobre la frente de Maximiliano III José. Exponente palmario del periodo final del estilo rococó, lo recargado de aquella estética unida a la falsedad innata del barroco describen bien el momento que le tocó vivir. Ese mucho aparentar y poco demostrar podría haberse aplicado a media Europa, dominada aquella por una plétora de gobernantes que no hacían otra cosa que embaucar el esfuerzo de la nación en defensa de un privilegio ancestral. El elector bávaro había seguido ese camino iniciado también por Carlos III en España de privilegiar manufacturas para monopolizar algunos sectores económicos. Al dotarlos de estabilidad, el intercambio de mercancías se regularizaba, además de producir pingües y fijos beneficios a la corona. En sintonía con las reales fábricas españolas, Maximiliano III José había monopolizado las porcelanas con una manufactura en Nyphemburg, acompañada aquella por la primera academia de las ciencias de Múnich, inaugurada en 1759.

No obstante, la supuesta felicidad del progreso amparado por las reformas ilustradas yacía sobre un lecho fracturado. El elector carecía de herederos y la creciente importancia de Baviera en el reparto de tensiones estratégicas auguraban un conflicto venidero. La consolidación de Prusia, una potencia en ciernes siempre al ataque, del imperio ruso volcado hacia el Báltico con Polonia entre ceja y ceja y Austria a la defensiva atacando los intereses que fijaran un espacio de protección respecto a prusianos y rusos, preparaban un entorno claramente hostil para el asentamiento en el inventado progreso augurado por los padres de la ilustración.

A diferencia de otras naciones, donde el misticismo unido a la aristocracia frenaba el acceso al poder, en Baviera, al igual que ocurriera con el entorno anglosajón en general, el poder había transitado de la nobleza de sangre basada en el control del medio agrícola y el factor político-económico constituido por la iglesia católica, hasta la burguesía comercial y financiera, ennoblecida o no, fijando un reparto del poder que auguraba un cambio general de sistema. Las revoluciones soportadas por los ingleses a mediados del siglo XVII, cuando Oliver Cromwell llegó a instalar una república en la mancomunidad de Inglaterra tras la ejecución de Carlos I, ya habían avisado desde la distancia que otorga el tiempo de cómo se debía promover el reparto del poder entre los grupos sociales emergentes y la sociedad estamental tradicional. En ese escenario de reparto se hallaban la nobleza y la burguesía ocupando el espacio que las reformas ilustradas, anticlericales y próximas a la libertad de conciencia propuesta por la francmasonería habían generado en media Europa. En lo referente a Baviera, quizás influenciados por las tendencias vistas en Prusia o en el Imperio, la presencia de la iglesia como factor determinante tomó un camino de retirada.

Apartada la influencia del papado y proscritas sus decretales como vinculantes en territorio nacional, la nacionalización de la iglesia fue un hecho en la mayoría de los territorios europeos azotados por las guerras de religión en el XVI y XVII y, por consiguiente, permeables al

Maximiliano III José por George Desmarées en 1776.

anticlericalismo protestante. La expansión de la Compañía de Jesús promovida por el concilio de Trento, martillo de herejes y dominadora del proceso educativo superior, se vio como un freno al progreso iluminado por la ilustración, un contrapeso al desarrollo que derivaba de una sociedad liderada por la ciencia y la razón, que veía en la diversificación del poder político y la concentración en la implementación económica de factores estratégicos un panorama de progreso infinito. Apartados los jesuitas de la habitual censura de la prensa, Maximiliano III José dio paso a un periodo desacralizado de la política bávara, llegándose a prohibir hasta la arraigada representación de la pasión de Cristo en Oberammergau, culminando con la disolución de la compañía en 1773.

Esta transformación del espacio bávaro del influjo político con la desaparición de la Compañía de Jesús, unido al carácter ilustrado de cierta delegación del poder centralizado y absoluto, pudo haber sido una oportunidad para que la francmasonería ocupara ese vacío. Educados y en constante renovación a través de la búsqueda de conocimiento, los francmasones podrían haber constituido una alternativa a la implementación del devenir político que acabara por transformar la sociedad ya no bávara, sino occidental. Mas, la eterna controversia francmasona de implicarse o no en proyecto político alguno como entidades, como parte decisiva y decisoria, impidió ese paso adelante que ofrecía el momento. Sentados en la élite oscura que la discreción ofrecía, las logias masónicas, si bien veían a sus iniciados en determinados puestos decisivos a título individual, no ofrecieron la alternativa que algunos apasionados de la renovación ilustrada, como Adam Weishaupt, hubieran esperado. Además, desde otro punto de vista, la francmasonería, a ojos de la sociedad burguesa y enraizada en el proceso político, empezó a verse penetrada, aunque fuera desde un punto de vista ilusorio o propagandístico, por aquella élite que desactivaba cualquier tendencia de masas hacia una orientación asociativa singular. El hecho de que grandes aristócratas y hasta monarcas como Federico II de Prusia se asociaran en el imaginario común con la francmasonería, alejaba esta esencia educativa e introspectiva de la ecuación social y política. Aún más elitistas, más alejados del desgaste público al que somete el ejercicio de la decisión, los francmasones ocuparon ese espacio oscuro al que recurrir en busca de un enemigo donde colocar una diana. Y los monarcas déspotas, seducidos por el reformismo ilustrado que podría compensar la tendencia a la que conducía una sociedad cada vez más conectada con los ciclos económicos, acabaron por tirar del prestigio inherente a la francmasonería, neutralizando el proyecto de racionalización que escondía. Es, por tanto, lógico creer que ilustrados no pertenecientes a logia alguna, convencidos de la necesidad de reformar la sociedad sacando la tiranía del proceso decisorio, acabaran por constituir otras organizaciones en disputa por el control de la reforma social con los poderes establecidos, a saber, aristocracia, burguesía e iglesia. Ahí exactamente es donde hay que ubicar a los llamados iluminados de Baviera.

No obstante, la singularidad de esta sociedad secreta no resulta tan significativa en términos históricos. Mirando hacia atrás, más allá de las muchas sociedades secretas o discretas vistas en el primer capítulo, sí se han citado referentes al concepto ideal esgrimido por Adam Weishaupt en el momento fundacional, aunque difícilmente conectables con la realidad iluminada. La primera conexión

Johann Adam Weishaupt por Friedrich Rossmassler en 1799.

iluminada se realizó con los hesiquiasmos o hesiquiastas a finales del siglo XVIII, cuando los iluminados de Baviera eran ya un hecho extendido y perseguido. Aquellos hesiquiastas eran una congregación de ascetas cristianos ortodoxos del siglo IV que, al igual que hicieran los llamados padres y madres del desierto, buscaban en el ascetismo la comunión entre la divinidad y la creación o, desde otro punto de vista, alejarse de la luz exterior para recibir iluminación desde el interior. Poco que ver, ciertamente, con los ideales iluminados, pero con una rima apresurada en el uso de la luz. Un milenio más tarde apareció el otro recurso asociado a los Illuminati de Baviera, los Alumbrados españoles. Perseguidos y estigmatizados como heréticos por la Inquisición que propuso a Ignacio de Loyola el estudio de su equivocación dogmática, los alumbrados conformaron una secta mística que ponía al alumbrado o iluminado en conexión directa con Dios a través del recogimiento interior. Reunidos en pequeñas iglesias accidentales o pequeños conventos bajo la protección de no pocos aristócratas, presos de la duda religiosa en momentos de gran turbación creyente. Llamados también iluminados y de ahí la confusión tradicional con los Illuminati, el peligro derivado de esta práctica heterodoxa radicaba en la interpretación individual de las escrituras sagradas, lo que sacaba de contexto la ortodoxia católica o, lo que viene siendo lo mismo, el control sobre la religión que ejercía la jerarquía institucional del catolicismo. Protegidos por poderosos señores como el duque del Infantado o el marqués de Villena, su propagación se tornó en grave problema para la iglesia católica que acabó por heretizar tamaña práctica, no sin ensuciar con sospechas a todo cristiano relevante que abogara por la pobreza y, principalmente, por el retiro y la búsqueda interior de la luz, como los místicos Teresa de Jesús y Juan de la Cruz.

Claro que, a pesar de los esfuerzos, las búsquedas interiores de la divinidad y la perfección, de la fe y la iluminación preconizadas por los alumbrados, experimentaron rebrotes en el siglo XVII y hasta en el XVIII con la crisis del misticismo. En Francia, hacia 1623, llegó una pequeña representación de estos iluminados o alumbrados, recogidos por el sacerdote de Saint Georges de Roye, Pier Guérin. Inmediatamente perseguidos, los llamados *guerinets* o *guerinos*, desaparecieron como comunidad con la prohibición de su práctica ya en 1635. Sin embargo, y ahí está la conexión principal, una comunidad de místicos reapareció a principios del siglo XVIII. Este grupo conocido como *Profetas Franceses* fue identificado por la iglesia católica hacia 1722 en el sur del país y perseguido al instante, aunque hay referencias de prácticas ascéticas y alumbradas similares hasta el año 1794, ya en plena revolución francesa, lo que unía aún más estas heterodoxias cristianas con la existencia atemporal de una tendencia iluminada que debía haber sido el contexto principal donde surgió la sociedad fundada por Adam Weishaupt.

Mas, a diferencia de estas sectas y derivadas ascéticas e introspectivas, la sociedad bávara tenía mucho más que ver con el reparto del poder político y la influencia que éste desarrolla sobre el progreso social. De orientación reformista y tradición ilustrada, los illuminati cumplían con un perfil específico destinado a participar en un cambio necesario para que la sociedad no cayera en la vorágine revolucionaria. Nacidos en el ambiente universitario desacralizado, los integrantes de esta sociedad secreta habían huido del control establecido por el pensamiento único que la iglesia imponía mediante la Compañía de Jesús. Imbuidos, además, del espíritu ilustrado, el reformismo económico constituía un puente para terminar con el inmovilismo propio y definitorio de los regímenes draconianos del antiguo régimen. Defensores de la división de poderes, de la diversificación de objetivos sociales y del desarrollo de la sociedad según las capacidades del individuo, base de lo que más adelante constituiría el pensamiento liberal, la idea iluminada proponía un asalto al poder político despótico que permitiera romper el monopolio elitista que había detentado el poder durante siglos. Obviamente, el origen universitario de los illuminati confirió a todo el proyecto de un halo idealista nada desdeñable. Sencillo es caer en semejante pozo cuando se trata de analizar cualquier contingencia paradigmática desde el prisma teórico. Siendo honestos, las fuerzas sociales y políticas, los factores económicos, las resistencias de las élites acostadas con el poder tradicional, tienden a verse como vectores en movimiento dentro de un plano irreal. Del mismo modo que la física teórica plantea un horizonte cuántico representado en desarrollos algebraicos complejos que rara vez resultan comprensibles y ajustados a la cotidianidad, los planteamientos filosóficos y académicos suelen responder de forma ínfima a la aplicación de la realidad, esa cuyas fuerzas difícilmente podemos medir y mucho menos anticipar.

Idealistas de partida, por consiguiente, los Illuminati constituían además un conglomerado ilustrado, reformista, anticlerical y contrario a cualquier despotismo posible. A todo ello habría que sumar el carácter heterogéneo, dada la compleja conformación de la sociedad bávara. Atendiendo a lo ya visto, la constante inestabilidad política de aquel territorio sometido a permanentes disputas por el control de factores económicos reseñables en el periodo preindustrial, Baviera había discurrido a la sombra constitutiva del imperio austriaco, de la presión prenacionalista de Prusia y a los constantes embates territorialistas de electores, príncipes y duques alemanes escondidos en confesiones religiosas. Ora sometido a una hegemonía calvinista, ora empujado hacia el catolicismo más recalcitrante, la sociedad bávara terminó construyendo un ecosistema variado y heterogéneo, propio de la indefinición política y la variación territorial. El mismo momento en que se constituyó la sociedad secreta mostraba la natural indefinición de aquella comunidad. Con un

Apologie der Illuninaten por Adam Weishaupt. 1786.

déspota en los años finales de su vida —Maximiliano III José moriría de viruelas apenas un año más tarde—, los monarcas vecinos, con un talante despótico e ilustrado parejo, se frotaban las manos ante la ausencia de heredero alguno que llevarse a la poltrona. Prusianos y austriacos cercana o lejanamente emparentados con los Wittelsbach se regocijaban con la posibilidad de incorporar la urbe muniquesa y su entorno económico a sus territorios gobernados, así como el impacto político derivado. Esa duda hacia la estabilidad del mañana mismo fue, sin duda, otro de los acicates impulsores de la creación de la sociedad illuminati.

Sin embargo, a ese idealismo alejado de la práctica habría también que sumarle la falta de implicación evidente de la francmasonería que incitó a Adam Weishaupt a constituir la sociedad iluminada. Fuera de obediencia alguna que marcara el camino organizativo e iniciático, los illuminati añadieron a todas las características reseñadas el no ser francmasones, por mucho que cueste comprenderlo. Con el objetivo de convertir la idea reformista ilustrada en realidad palpable, los Illuminati se constituyeron como organización paramasónica en la filosofía fundacional, en la organización y estructura interna, pero no en la esencia que habrían de desarrollar. Comprometidos con el cambio real de su comunidad, con las ideas claras de problemas solucionables y la voluntad de poner en práctica el caudal teórico que el conocimiento albergaba y alberga, los Illuminati de Baviera supusieron lo más parecido a un partido político reformista decimonónico que uno pudiera encontrar en el siglo XVIII.

Ahora bien, como todo lo que se adelanta a su tiempo, las consecuencias relativas a la creación no ya de la sociedad discreta o secreta, sino a la divulgación en determinados círculos de poder de sus objetivos de partida, pusieron en su contra a todo poder fáctico establecido en Baviera y, como es lógico pensar, en Europa Central. Desde los déspotas ilustrados hasta la iglesia católica, pasando por la aristocracia terrateniente y la burguesía comercial o financiera y la francmasonería tradicional de obediencia continental, todos, digo, vieron esta sociedad como un verso suelto ajeno a las necesidades de una comunidad que enquistaba los problemas enterrando un incendio que terminaría por consumir el antiguo régimen en la pira revolucionaria liberal burguesa. Los illuminati, paramasones, preliberales, reformistas, anticlericales, idealistas y utilitaristas en el sentido de

John Stuart Mill, construyeron una apuesta por el cambio en Europa que, como tantas otras cosas, pudo pasar desapercibida entre inmovilismos tradicionales y traiciones convencionales y comunes a una sociedad que veía el cambio como argumento propio de una acalorada discusión en las tertulias de Madame de Pompadour.

ORGANIZANDO LOS ILLUMINATI

A primera vista, atendiendo a todo lo dicho previamente, parece lógico pensar que los Illuminati empezaron su estructura organizativa desde las enseñanzas francmasónicas. No sería comprensible la forma resultante sin tener en cuenta las muchas logias masónicas desarrolladas en el entorno fundacional de esta sociedad secreta y el hecho de que su fundador, Adam Weishaupt, formara parte de la Logia *Theodore*. Ahora bien, antes de profundizar en la esencia funcional de una organización secreta, sería interesante puntualizar algunos de los argumentos básicos sobre los que se construyó esta efímera sociedad.

En primer lugar, hay que atender a la importancia que la Compañía de Jesús tuvo en el origen de los Illuminati. Constituida ante la necesidad de evangelización católica, preservación de la fe en una ortodoxia clara y a las puertas de la lucha contra la amenaza heterodoxa

Sello de la Compañía de Jesús en la iglesia del Gesù en Roma. S. XVI.

del protestantismo centroeuropeo, la orden jesuita apareció como fuerza de choque, más que del catolicismo, del Papado. Aprobada la sociedad por bula papal validada en 1540 con el sello de Paulo III, la organización derivada conformaría lo más parecido a una gran obediencia masónica, eso sí, dentro de la iglesia católica. Respuesta, por tanto, a la concepción discreta de organización masónica, la Compañía de Jesús cumplía con todas las características de aquellas sociedades. Ingresados los miembros con una fase de iniciación, una vez asumidos como compañeros, los jesuitas se sometían a procesos más iniciáticos que formativos a través de los famosos ejercicios espirituales de Ignacio de Loyola. Aquellos *Exercitia Spiritualia* educaban al compañero desde la introspección hacia la búsqueda efectiva de la fe católica en un proceso de treinta días. De modo que, trastocando la búsqueda del conocimiento en afianzamiento y persecución de la fe católica, la Compañía de Jesús podría haber respondido a un concepto esencial básicamente paramasónico.

Siguiendo, por consiguiente, la forma propia de una logia masónica como modelo, la Compañía de Jesús conformaba un proceso de ascenso organizado donde el iniciado cubría los diferentes pasos de la fe a través de las pruebas ideadas por Ignacio de Loyola mediante los *Exercitia Spiritualia* para alcanzar el grado de *compañero*. A partir de ahí, la dedicación al objeto de la compañía que no era otro que la defensa de la fe y su propagación permitía al compañero alcanzar

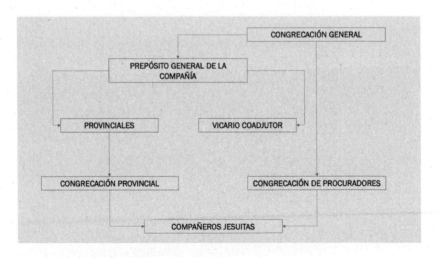

Estructura organizativa de la Compañía de Jesús.

cotas de reconocimiento dentro de la compañía al poder llegar hasta la dirección de una congregación provincial, formar parte de los procuradores o tomar partido ejecutivo en la congregación general, siendo el reconocimiento como General de la Compañía de Jesús el más alto escalón de conocimiento alcanzable. En esa línea de paralelismo masónico, se puede ver cómo la dispersión de la compañía y la reiteración de su estructura en forma reticular es una clara demostración del paralelismo evidente con la masonería. Si se parte del principio fundamental de una logia de partida, esto es, la primera de las compañías formada por Ignacio de Loyola, Diego Laínez, Francisco Javier y el resto de los diez compañeros primigenios, es consecuente apreciar que, tras la confirmación oficial del papado en 1540, la estructura de la Compañía de Jesús, más que ampliarse o complicarse, comenzó a reiterarse por toda la cristiandad católica en principio, para extenderse a lo largo y ancho del mundo conocido. Las congregaciones provinciales serían logias menores adscritas a una obediencia principal hacia el corazón de la compañía, la Congregación General. Mas, a diferencia de la estructura reticular masónica, la gran obediencia, el Gran Oriente hacia el que mirar y anidar los estatutos básicos, no lo constituía la Congregación General, sino la instancia rectora principal del catolicismo: el Papado.

La Compañía de Jesús, por tanto, constituía un cosmos paralelo al masónico, compitiendo, además, por objetivos similares. Entre ellos,

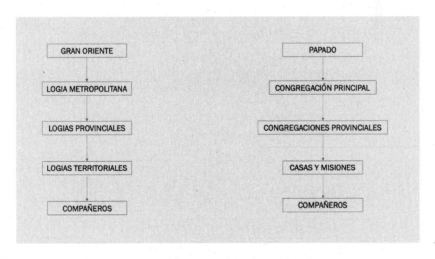

Comparativa de estructuras organizativas masónicas y paramasónicas.

el proceso educativo, la formación de individuos en determinadas creencias como la fe católica, base para la construcción de la sociedad. La infiltración de la Compañía en todos los territorios dominados políticamente por Estados y poderes cristianos empujó a esta organización hasta las cotas más altas de influencia. Dominadores de gran parte de los ciclos educativos superiores, los jesuitas impidieron la laicización de las universidades. Muchos de aquellos colegios catedralicios evolucionados a estudios generales y, de ahí, a universidades en el albor de la Edad Moderna, acabaron extinguidos por la fundación de casas jesuitas provinciales. En aquellas, como la instaurada por la congregación provincial en Segovia, se asumió la formación de futuros sacerdotes y clérigos, para acabar extinguiendo la incipiente universidad fundada por el obispo Juan Arias Dávila a finales del siglo xv. Con la misma intención habría de entenderse la aparición del Real Colegio del Espíritu Santo en Salamanca, a la sombra de la prestigiosa universidad, en 1617. Como en el resto de los ejemplos, la expansión de los colegios jesuitas perseguía el dominio del ámbito educativo, de modo que todo individuo nacido en un territorio con presencia jesuita pudiera ser reclutado para servir a la Compañía de Jesús, conformando el mayor de los ejércitos de la tierra, según aseguraba Napoleón Bonaparte. No hay que olvidar nunca, que el Gran Maestre de esta masonería ideada bajo el paraguas del catolicismo era celebrado como General de la Compañía.

COLEGIO JESUITA	FECHA DE CONSTITUCIÓN
PARÍS	1540
PADUA	1542
COÍMBRA	1542
VALENCIA	1544
VALLADOLID	1545
BOLONIA	1546
BARCELONA	1546
COLONIA	1546
ALCALÁ	1547
SALAMANCA	1547

Los primeros colegios de la Compañía de Jesús.

Esta clara tendencia inicial de contaminar las sedes universitarias más significativas pronto encontró respuesta por parte del poder político. El rey español Felipe II trató de impedir en 1559 que los estudiantes súbditos de su corona abandonaran las universidades en alusión más a la tendencia a marchar a los colegios jesuitas que en la posible infección de aquella fe por la incipiente ortodoxia protestante. La expansión por la cristiandad de aquella peste jesuita, a decir de sus detractores, conllevó la fundación de veintisiete colegios en Italia con el ciclo de aprendizaje formativo completo, esto es, con filosofía, moral y teología, siendo considerados tres de aquellos, universidades. A los veintinueve colegios fundados en la península ibérica entre 1544 y 1880, habría que sumar los veinticuatro creados en la América colonial hispano lusa, los cuatro de Francia, tres en los Países Bajos y los diez existentes en Europa Central, cuna del protestantismo, para un total de noventa y siete instalaciones educativas jesuitas. La consecuencia inmediata de tamaño despliegue formativo fue la inclusión de la identidad jesuita en no pocos sectores de la decisión política. Dado que no sólo eran clérigos los que de allí salían formados y que el incipiente Estado moderno había confiado a los egresados de las universidades la gestión del aparato burocrático de la estructura sobre la que habrían de construirse las naciones, la influencia de la Compañía de Jesús pronto fue patente en cualquiera que fuera el espacio político. Desde la curia papal en la mismísima Roma a los despachos y secretarías del gobierno polisinodial del rey prudente, la voluntad jesuita se hizo oír con fuerza en toda corte europea que se preciara de cierto prestigio. De no ser así, habría sido muy complicado entender cómo Francisco de Borja, duque de Gandía, virrey de Cataluña y hombre de confianza del Carlos I, acabara ingresando en la compañía tras la muerte de la emperatriz, Isabel de Portugal, para llegar a convertirse en tercer General de la Compañía de Jesús en 1565, tras el fallecimiento de Diego Laínez.

No debería resultar, en buena lógica, complicado comprender la tendencia generalizada de los poderes políticos en fase de centralización a, si no proscribir, sí reducir la presencia de la Compañía de Jesús en el entorno de la decisión política. El poder atesorado durante casi dos siglos de expansión y apoyo al papado como un poder terrenal y no espiritual, por mucho que San Agustín expusiera lo contrario, focalizó en la Compañía de Jesús la lucha contra el freno que la iglesia católica suponía para el progreso que implicaba el conocimiento científico.

Contrarios al pensamiento racionalista que cuestionaba los dogmas de fe frente a los axiomas demostrables, al absolutismo político que conllevaba el regalismo y, en general, a cualquier posicionamiento ideológico que pusiera en solfa la supremacía ideológica de la iglesia, los jesuitas comenzaron a ser el blanco de la lucha por el control de pensamiento ya desde principio del siglo XVIII. En ese sentido, los pensadores ilustrados, precursores de toda idea liberal que pudiera desarrollarse en el occidente cristiano, focalizaron su combate contra el misticismo en la Compañía de Jesús. Demostrando lo innecesario de la iglesia católica para el progreso del conocimiento y la torpeza de su control sobre el saber y el pensar, además del retroceso obligado que provocaban instituciones atávicas como la Inquisición, los ilustrados hicieron ver a la mayoría de los déspotas europeos lo innecesario de aquella oscura compañía de clérigos imbuidos de un poder papal capaz de lastrar todo avance social plausible. La respuesta de la compañía en los procesos reformistas que apartaban la influencia de Roma de las decisiones importantes y que fomentaban el incipiente capitalismo para catapultar al poder mediante el prestigio social que otorgaba el dinero, fue el detonante.

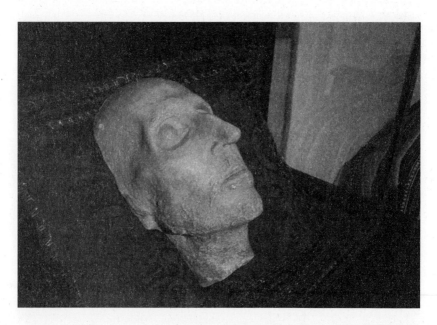

Francisco de Borja. Máscara mortuoria custodiada en el palacio ducal de Gandía.

La cimentación del poder político de la burguesía comercial, preludio de los procesos revolucionarios finiseculares, hubo de ser visto como un gran peligro para la iglesia católica, acostumbrada a medrar desde la fe en el galimatías político y económico. El marqués de Pombal, preocupado porque la influencia que sobre la monarquía había desarrollado tradicionalmente la iglesia católica lastrara sus reformas económicas, tomó la decisión de aislar a José I de la influencia de los *compañeros*. Encarcelando a los cerca de doscientos jesuitas de Lisboa para acabar expulsándolos a todos en 1759, Sebastião José de Carvalho e Melo inició una política definitiva contra la presencia jesuita en las cortes europeas. Cuatro años más tarde, acusándolos de malversar caudales públicos, Luis XV logró el apoyo del parlamento parisino para abolir la orden en territorio francés y, ya de paso, apropiarse de todos sus bienes, como ya hiciera Felipe IV en 1307 con la orden templaria. En 1767, Carlos III ordenó al fiscal del Consejo de Castilla, Pedro Rodríguez de Campomanes, que redactara la pragmática sanción que establecía la expulsión de los jesuitas de todo territorio gobernado por la monarquía española, incautándose de todo bien perteneciente a aquellos. Expulsados de la península y de los territorios americanos, donde habían desarrollado una red de prisiones y casas para evangelizar a los nativos por todo el oeste norteamericano, los jesuitas hubieron de ceder sus infraestructuras a la monarquía española que, a su vez, las dejó languidecer en un limbo aprovechado por otras sociedades hoy constitutivas de los Estados Unidos de Norteamérica y México, rota la memoria de aquella labor social y cultural. Concentrados en Roma tras las sucesivas expulsiones del reino de Nápoles y Sicilia, así como del ducado de Parma, todos gobernados por monarcas y déspotas de la familia Borbón, el papa Clemente XIII decretó la supresión de la orden en 1773. Si bien una ingente mayoría acabó transferida a la fuerza al clero secular, muriendo su general en la prisión de Sant'Angelo, la zarina Catalina II en Rusia y Federico II en Prusia dieron cobijo a cuántos jesuitas se negaran a aceptar la disolución de la orden, convirtiendo aquellos territorios en zona franca para la Compañía de Jesús.

En lo referente a Baviera, la disolución de la Compañía generó un vacío importante en la comunidad educativa. Dominada la universidad por los jesuitas, su desaparición como entidad, unido a la fuerte influencia de las ideas ilustradas asumidas tanto por el elector, Maximiliano III José, como por los integrantes de su gobierno, planteó un horizonte intelectual necesitado de un objetivo estructural. En otras palabras, la desaparición de los jesuitas en Baviera generó un vacío que, si bien podía ocupar la expansión de la masonería, también ofrecía la posibilidad a otras organizaciones semejantes, entre las que se hallaba la Sociedad de los Iluminados.

Por tanto, aun habiendo desaparecido los jesuitas y la influencia derivada de su presencia constante en todos los ámbitos sociales y políticos, los muchos años de presencia y de exposición de su capacidad organizativa debieron ser un factor determinante a la hora de construir la estructura formativa de los Illuminati. Por otra parte, la expansión de la masonería durante los años finales del siglo XVII

Espartaco, esclavo rebelde. Escultura de Denis Foyatier en 1830.

y todo el siglo XVIII asociada al relativo triunfo de las ideas ilustradas, también conocidas como iluminadas y de ahí la reiterada confusión, normalizó una estructura jerárquica en las sociedades discretas constituidas al calor de tal fenómeno social elitista. Tratando de ocupar el espacio dejado por la Compañía de Jesús, a pesar de renegar del ideal que aquella defendía, y utilizando la estructura francmasona, Adam Weishaupt diseñó una sociedad emparentada con todo aquello, pero diametralmente opuesta en su finalidad principal.

Para comenzar, la primera característica definitoria de esta sociedad era el secretismo. A diferencia de la masonería que tan sólo ocultaba los ritos de iniciación y convertía en discreta la membresía, los integrantes de la Orden de los Iluminados mantenían en absoluto secreto todo lo relacionado con aquella organización. Si uno era miembro o no, lo desconocía su entorno. De hecho, una vez se integraban en la orden, debían cambiar su nombre para eliminar cualquier conexión con la realidad. Así, Adam Weishaupt adoptó el nombre iluminado de *Spartacus*, en memoria del esclavo de origen tracio convertido en gladiador que se alzó contra Roma entre el 73 y el 71 a.C. y que provocó la guerra servil más importante de la historia de aquella república. Quizás por ello, por sentirse un mortal esclavizado por el poder establecido, Weishaupt eligió su alter ego iluminado. Por otra parte, esta norma de cambiar de nombre en el ingreso también puede ser visto como una réplica de la práctica cristiana primitiva, aquella que hacía renacer en Cristo a quien era acogido en el seno de su sociedad; costumbre, por cierto, seguida por muchos cristianos y normalizada por los altos jerarcas de la iglesia en el momento de asumir su posición. Puede que la influencia permanente de la masonería también tuviera que ver con este renacer en la orden y, para ello, la adopción de un nuevo nombre como resultado al trance experimentado durante el proceso de iniciación que, como ocurría y ocurre con la masonería, sigue formando parte del secreto.

En términos estructurales, la orden de los iluminados de Baviera diseñada por Adam Weishaupt, constaba inicialmente de tres niveles o estadios de iluminación. El primero de ellos, el básico para la iniciación, recibía el nombre de *novicio*. Captados entre los estratos de la sociedad más vulnerables a la enseñanza y acomodamiento moral, los novicios de la orden fueron en su mayoría integrantes bien de la aristocracia, bien de la burguesía, siempre con acceso a la enseñanza superior. Se valoraba especialmente en aquellos, además de la docilidad en el aprendizaje, su voluntad para la adquisición de conocimientos, la firmeza de carácter y, hasta cierto punto, el virtuosismo, de modo que, una vez iniciados, pusieran su talento al servicio de la propagación de la sociedad. Era importante despertar en aquellos novicios la voluntad de formar parte de la transformación de la sociedad, de la mejora de ésta, implicándose en el proceso de constitución de una nueva realidad política, jugando ya de paso con la ambición elitista de formar parte de una sociedad secreta involucrada en un cambio esencial que habría de pasar a la posteridad. Siguiendo liturgias procedimentales claramente masónicas, el novicio era asociado directamente a un iluminado, quien, a través de lecturas recomendadas y aprendizaje dirigido hacia la idea esencial de la iluminación procedente de los conceptos esenciales nacidos en la ilustración, moldeaba el carácter del novicio hasta convertirlo en un defensor de la causa política implícita en la finalidad reformadora de la orden.

Según los estatutos de la orden, era objetivo esencial de iluminado mostrar al joven novicio la necesidad de proteger la virtud alejándola de cualquiera que fuera la opresión, perfeccionando la moralidad de aquel. Parece lógico pensar que se establecía un modelo de

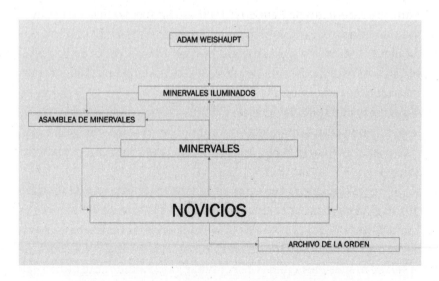

Estructura inicial de la Orden de Iluminados de Baviera. 1776.

150

maldad, un estereotipo de hombre malvado en contraposición con la necesidad de potenciar la bondad innata del individuo mediante la defensa de la humanidad y la sociabilidad como herramienta esencial para conectar la red social que redundaría en la defensa de aquel bien contingente. Desde ese punto de vista, es lógico pensar que uno de los objetivos esenciales de la orden de los iluminados era la promoción de la meritocracia, esa a la que se tiende en espíritu, pero nunca en forma. Favorecer el éxito de los mejores cuadraba con uno de los principios de raíz platónica esenciales de la ilustración y que constituyó un vértice básico del liberalismo político: promoviendo el bien individual y el progreso de los mejores, la sociedad habrá de caminar hacia el éxito grupal de forma inmediata, alejándose de la presencia de un estado opresor que consume cualquier iniciativa del uno en beneficio del todo.

Vista esta primera instancia iluminada en términos generales, la similitud con la francmasonería resulta palpable, pero no evidente. Y no lo es por el uso que del secreto se hacía. Base de las relaciones entre los integrantes de la orden, el secreto alcanzaba no sólo a los rituales de iniciación, lo que hasta cierto punto era comprensible en toda organización discreta. Hasta los caballeros templarios durante los años del medievo mantuvieron en secreto aquellos ritos que, pasados siglos de ocultación y distorsión imaginativa, terminaría convirtiéndose en un argumento clave para su dramática disolución durante el reinado de Felipe IV de Francia. Los novicios illuminati, por el contrario, no sólo ocultaban aquellos ritos de iniciación, sino la identidad del iluminado que los guiaba en su llegada a la orden. Es más, ni siquiera conocían al resto de integrantes, haciendo que el secreto lo ocultara todo y convirtiera la esencia de la orden de los iluminados en un arcano de difícil valoración. No sabiendo cuántos formaban la orden, si muchos o pocos, la hipótesis asumía su esencia, causa ésta entre otras, creo yo, de la desmesurada sobrevaloración de aquella sociedad secreta.

Una vez iniciados, los novicios debían cumplir con una serie de informes periódicos que engrosaban los archivos de la orden. En esos reportajes, los novicios primero radiografiaban su entorno familiar. Desde la posición social y económica de la familia, hasta los nombres completos de su padres y familiares más directos, el novicio plasmaba por escrito las evidencias más notorias del entorno en que se había formado. Tirando de este hilo, los iluminados superiores podían entender las razones del novicio para integrarse en la orden tanto como los gustos y deseos primeros, amistades, pasiones y, cómo no, enemigos y odios que pudieran complicar el proceso de iluminación. Llama la atención el hecho de constituir un archivo personal de los novicios, argumento éste incompatible con la esencia secreta de la organización. Es más, al parecer, los estatutos con las obligaciones de los novicios habían sido imprimidos para su detenida lectura, lo que generaba otra posible fuga de base. En el caso de las diferentes obediencias francmasonas, los ritos de iniciación nunca formaron parte de códice escrito o impreso alguno que pudiera ser desvelado o compartido fraudulentamente. De hecho, el famoso *código Copiale* de la Academia Alemana de Ciencias de Berlín que supuestamente describía los ritos de iniciación en una logia masónica en los años de fundación de la Orden de los Iluminados constituía un texto cifrado que tardo siglos en ser descodificado y, aun así, con muchas dudas acerca de las técnicas empleadas y de los contenidos descubiertos.

Más allá de los informes personales y familiares que desnudaban al novicio en su proceso de iluminación, era el proselitismo lo que terminaba por cerrar el proceso de iniciación. Enfatizada la necesidad de ampliar la orden, los novicios se lanzaban a la incorporación de nuevos adeptos que les permitiera a ellos dejar de ser novicios con el tutelaje de nuevos ingresados. Por tanto, en el momento en que el novicio incorporaba a un nuevo novicio caducaba su bisoñez, preparándose para alcanzar el siguiente grado de iluminación, lo que solía llevar no más de tres años de formación. Ese segundo escalón para el iluminado era el *minerval*.

Llegados a ese punto, los novicios participaban de una ceremonia secreta, como todo en aquella orden, donde, en primer lugar, recibía impresos los citados estatutos de los Illuminati. Aquel texto impreso, que le había servido para formar la base de lo que debería ser un futuro iluminado, le recordaba, en primer lugar, sus principales obligaciones. La primera, la constante formación basada en el estudio y la investigación. En segundo lugar, la renuncia a los intereses espurios que alejaran al minerval del éxito de la sociedad. Los minervales debían convencerse de su implicación con el bien común, por encima de la lucha anticlerical o del intento de derribo o consunción de las estructuras políticas despóticas. El objetivo esencial de un iluminado no era otro que el bien común nacido en el progreso ecuánime de la sociedad.

Ya alcanzado el nivel de segundo dentro de la orden, el minerval podía contactar con otros iniciados para la consecución feliz de los objetivos finales. En el caso de la investigación destinada a formar el conocimiento superior del minerval, éste podía solicitar la ayuda y colaboración de compañeros en la orden que pudieran aportar influencia, conocimiento o apoyo. Del mismo modo que los investigadores buscan en este presente el apoyo de las instituciones académicas hermanadas por convenios de colaboración para lograr metas intermedias, para conseguir acceso a fuentes de información esenciales en el proceso y hasta para protegerse de malas praxis, los minervales podían tirar de contactos en las ciudades adonde les llevaba su investigación y protección ante los abusos de impresores o libreros en el momento de publicar los resultados de sus cuitas. Labor colaborativa ésta bien curiosa, cuando no insospechada en un presente de cainismo profesional, por mucho que haya hermanamiento y camaradería de por medio. Ya quisiera el que suscribe recabar el apoyo institucional de los colegas de otras universidades para poder llevar a buen término las investigaciones y protección del claustro contra el abuso de editores falaces, impresores bandoleros y libreros sin escrúpulo alguno en parasitar el esfuerzo de quien llena sus anaqueles.

En este idealismo cándido se movían, pues, los illuminati iniciados al grado minerval. Liberados del secretismo inicial, formaban parte de la orden y participaban en la toma de decisiones que afectaran al conjunto de la sociedad. Libres de compartir con sus iguales y superiores sus inquietudes, los minervales empezaban desde ese punto a desarrollar su verdadera vida en colaboración con los iguales, destinados sus esfuerzos a mejorar la vida de toda la humanidad.

Todos juntos constituían la *Asamblea de los minervales* como órgano rector de la orden, donde participaban los minervales iluminados, aquellos que habían alcanzado el más alto rango dentro de la sociedad. Esta Asamblea de minervales se reunía una vez al mes y los integrantes compartían los avances de sus líneas de investigación, escuchaban las opiniones de los iguales y los consejos de aquellos que habían alcanzado el grado máximo de la orden. Bajo la atenta mirada y escrutinio de los iluminados minervales, todos los miembros de aquella asamblea constitutiva entregaban el resultado de su esfuerzo a la crítica razonada. Al buscar la mejora de forma colaborativa, los Illuminati trataban de consolidar un modelo de progreso intelectual y científico hasta ese momento desconocido o apenas practicado. Frente al inmovilismo dogmático de los centros educativos dominados por el misticismo de la iglesia católica y de cualquier institución que antepusiera la fe a la razón, los Illuminati creaban un espacio de crecimiento conjunto que, en resumidas cuentas, proponía un progreso común, una mejora ostensible del todo a través de la normalización de lo aportado por cada uno en el conjunto global de la sociedad. Anteponiendo el bien del conjunto de la sociedad a cualquier tipo de satisfacción individual, aquella gente estaba inventando el bienestar como modelo social más de siglo y medio antes de que siquiera se propusiera algo semejante tras la catástrofe de la Segunda Guerra Mundial.

Por otra parte, la praxis de análisis crítico de la investigación delegada a un claustro experimentado que pueda aportar bien conocimiento, bien metodología, bien formalidad en la investigación, era una dinámica que no se vio en las universidades y centros de investigación hasta bien entrado el siglo XX. Asumiendo el esfuerzo colectivo en la valoración y mejora del trabajo individual, los Illuminati abrían un nuevo horizonte de progreso.

En lo que respecta al misticismo dominante, a la iglesia católica que todo lo controlaba, especialmente lo relativo al progreso intelectual, resulta evidente la oposición hacia estas prácticas secretas empleadas por los iluminados. Esa libertad de elección del individuo, la defensa a ultranza de la fraternidad en la brega, de la igualdad en el acceso y logro de las capacidades; todo ello convertía estas prácticas de progreso colaborativo en una amenaza para quienes defendían el monopolio de la razón dominada por la fe. Es por ello por lo que resulta asombroso que se asociara a los *jansenistas* con esta sociedad secreta.

La iglesia católica, en su afán destructor de la competencia, tendía a agrupar las amenazas bajo un único epígrafe, tal y como han hecho a lo largo de la historia todos los regímenes autoritarios, totalitarios, devoradores de la libertad del individuo. Los jansenistas, negadores del libre albedrío, de la libertad del individuo frente al destino establecido por la divinidad, suponían un punto más que opuesto frente a la defensa de la libre conciencia y el progreso del todo desde el éxito de las partes, base esencial del liberalismo político que sí se aproxima con claridad al posicionamiento filosófico de los iluminados de Baviera.

Planteada así la estructura primigenia de los Illuminati, Weishaupt entendía que la orden se extendería por toda sociedad que albergara deseo alguno de progreso, libertad e igualdad frente a la tiranía de aquellos que ostentaban el imperio de la razón sometida por la fe. Esa expansión, similar por otra parte a la realizada por los jesuitas cuyo espacio se pretendía ocupar, quedaba en manos de los novicios quienes, supervisados por los minervales, debían aportar nuevas incorporaciones a la sociedad secreta, de modo que ellos mismos pudieran avanzar en el ascenso hacia la iluminación. Parece obvio, sin embargo, que encargar a los más jóvenes e inexpertos, a los recién llegados y menos formados, a la base de la organización, el futuro de ésta no era la mejor opción. Adam Weishaupt caía en la bisoñez de pensar que la pasión y voluntad de progreso inherente al aprendizaje apasionado bastaría para desarrollar un proselitismo exacerbado. Por otra parte, de haber tenido éxito tamaño dislate, la exigua organización propuesta por el fundador no daba salida organizativa a una multitud de iluminados en múltiples lugares. Ideado como algo local, tenía un pase. Ahora, logrando una expansión europea e, incluso, supra continental, la asamblea de minervales se mostraba claramente ineficaz. El modelo jesuita, diversificado en casas o misiones, en provinciales gobernadas de forma autónoma bajo la supervisión de congregaciones parciales, de procuradores delegados, mostraba un camino a seguir más que significativo.

En lo referente a los niveles de experiencia iluminada, el cantar era el mismo. Apenas tres niveles muy generales no fomentarían una competencia en la investigación y el reconocimiento resultaba difuso al estar relacionado con tan escasos escalones en la subida hacia la luz. Desde ese punto de vista, la masonería ofrecía una propuesta mucho más compleja y elaborada, fruto de siglos de perfeccionamiento. Los diferentes grados y niveles, así como el proselitismo basado en el prestigio y no en la promesa de éste, convertía la tradición francmasónica en otro modelo a seguir. Y, en lo que se refiere a la organización territorial, qué decir. La subdivisión en múltiples logias menores unidas a una obediencia superior sí ofrecía a la primera propuesta organizativa de Weishaupt un ejemplo donde perfeccionar una propuesta insuficiente y localista.

Con el paso del tiempo y el éxito de la propuesta fundacional de Adam Weishaupt, las carencias se hicieron evidentes a ojos de algunos recién ingresados en la orden. Muchos de aquellos, masones experimentados, vieron la necesidad de reformar estructuralmente una idea que, *a priori*, proponía una intervención en la sociedad desde el interior, desde el singular, que podría llegar a transformar el mundo. En 1780, con el ingreso en la sociedad de los iluminados de Knigge, todos esos argumentos reformadores de la orden alcanzaron la superficie donde implementar el cambio.

Adolf Franz Friedrich Knigge, barón von Knigge, era un destacado miembro de la sociedad bávara que había desarrollado unas relaciones personales de gran profundidad al estar al servicio de diversos gobernantes, como el déspota Federico II, llegando a ser chambelán del duque de Weimar, Carlos Augusto. Iniciado en la masonería en la logia de *Kassel* según el rito templario, Knigge profundizó en aquella obediencia para formar una idea organizativa clara de lo que

Barón von Knigge a finales del siglo XVIII.

debía ser una sociedad discreta y hasta secreta. En ese sentido hay que entender sus infructuosos intentos de llegar a formar parte de la *Orden de Rosacruz*. Fracasado en aquello, acabó ingresando en la orden de los iluminados de Baviera, reclutado por el propio Adam Weishaupt. Dada su experiencia previa, en el momento de conocer la estructura de la sociedad, comprendió con rapidez las debilidades de aquella orden. Si bien planteaba un principio genérico de igualdad entre los seres humanos, uno de los mantras con los que siempre se asoció el pensamiento de este aristócrata, la propuesta organizativa impediría que alcanzase la divulgación entendida por Knigge. Dada su amplia experiencia gubernativa y política, así como su formación masónica, desde un primer momento propuso una renovación de los estatutos fundacionales de la orden para evolucionar ésta hacia un estado mucho más eficiente.

Para empezar, si bien mantuvo el nivel básico casi inalterado, evitó a los novicios la responsabilidad de captar nuevos candidatos como medio para el progreso dentro de la orden. Por otra parte, los novicios eran instruidos en la decadencia de la masonería, significando que la orden de los iluminados constituía la única sociedad no corrompida por el elitismo y la desconexión con la realidad social,

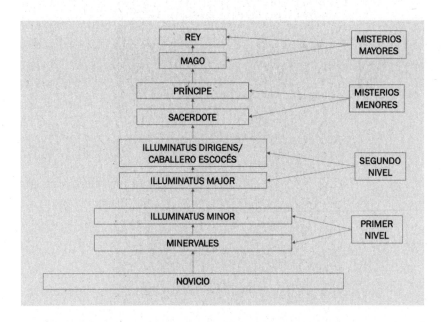

Estructura de los Illuminati según el Barón Von Knigge. 1780.

única organización que empujaba al individuo a defender la igualdad de derechos y oportunidades, así como la fraternidad y el progreso. Para ello, cada novicio recibía unos estatutos impresos donde aparecía toda la información necesaria para comprender el camino que habían iniciado al ingresar en la orden.

Preocupación esencial de Knigge, la educación formal, el trato entre individuos dentro de la sociedad y la lucha hacia la igualdad se convertían en premisa esencial para todo aquel que ingresara en la orden. Obviamente secreta, la sociedad de los iluminados servía a Knigge para desarrollar de forma silenciosa los principios constitutivos de su pensamiento que acabaría por publicar en 1788 bajo el título *Über den umgang mit menschen* —*De cómo tratar a las personas*—, una vez hubo abandonado la orden de los iluminados.

A diferencia del planteamiento de Weishaupt, Knigge desdoblaba el primer nivel de iluminados convirtiéndolo en paso previo dentro de la orden y no madurez, según había planteado el fundador. Manteniendo las obligaciones generales del punto de partida, Knigge decidió incluir la parafernalia litúrgica y ritual que había aprendido durante su experiencia masónica y que suponía existente entre aquellos rosacrucianos que le negaron reiteradas veces el ingreso en la sociedad y a quienes dedicó un difamatorio volumen en 1781 titulado *On the Jesuits, freemasons and rosicrucians*.

Para alcanzar el segundo nivel iniciado con el grado de *Iluminatus Major* resultaba esencial demostrar no estar en contacto o pertenecer a otras sociedades secretas para mantener la pureza. Que sólo se podía ser parte de una orden secreta, siempre con organizaciones como los rosacrucianos en mente, según eran definidos en el famoso compendio *Fama Fraternintatis* de 1614, atribuido a Johann Valentine Andreae y escrito en Kassel, población a orillas del río Fulda, donde curiosamente Knigge había sido iniciado en la masonería.

Escudriñados en su pureza iluminada, los candidatos a *Iluminatus Major* debían demostrar asimismo el progreso evidente en su esfuerzo investigador, ese que debía redundar en la sociedad. Una vez superaban la evaluación de su capacidad y compromiso, lo que venía a ser el grado de iluminación que habían alcanzado, la asamblea de superiores obligaba a asumir una serie de compromisos para consolidar la posición alcanzada dentro de la orden. En primer lugar, los recién iniciados *Iluminatus Major* debían presentar un informe completo donde explicaban las características esenciales de su comportamiento, la esencia de un temperamento que debía haberse acomodado ya a las directrices iluminadas desde el momento de la iniciación posterior al noviciado. En pocas palabras, este documento era más un compromiso de comportamiento más que un resumen sencillo de la forma de ser del recién ascendido. En segundo lugar, al haber superado el primer nivel, ya no estaba directamente obligado a cumplir con la fase de reclutamiento. Ahora bien, como iluminado mayor sí tenía la necesidad de asistir a la formación de aquellos iluminados, los del primer nivel, encargados de aquella etapa tan importante para la sociedad. Habiendo superado esa fase de reclutador, les quedaba, por tanto, la obligación de trasladar a los compañeros de nivel inferior la experiencia alcanzada en esta fase, haciendo, una vez más, que lo aprendido volviese a la sociedad para que el conocimiento siempre fuera aprovechado.

En tercer lugar, como es evidente, los iluminados mayores debían poner al servicio de la orden la capacidad intelectual lograda durante los años de aprendizaje, formación e investigación. Allí donde fuera preciso ese conocimiento y la experiencia derivada de aquel, el iluminado mayor debía dirigirse. Esta idea colaborativa en el desempeño de las capacidades y colectiva en la posesión del conocimiento adquirido ya había existido en el pasado. En el caso de las primeras órdenes religiosas como, por ejemplo, la benedictina, el conocimiento pertenecía a la orden y no al individuo. Así, si en alguno de los muchos monasterios existentes desde Constantinopla hasta el borde septentrional de Escocia se requería de la habilidad técnica o capacidad profesional de un monje, éste era trasladado hasta aquel lugar y su experiencia, aplicada en situación. Esta práctica, denominada por quien suscribe *El Canal Benedictino*, fue aplicada durante siglos hasta que el conocimiento asociado a los factores económicos estratégicos empezó a ser atesorado. Con todo, resulta más que evidente que muchas de las órdenes religiosas siguieron con la práctica, por lo que debió ser norma general entre muchas de aquellas, incluida la Compañía de Jesús, punto de partida para lo positivo y lo negativo tanto de Weishaupt como de Knigge.

Por último, los iluminados mayores debían asumir el compromiso de colaborar en la organización y dirección de las asambleas constituidas por minervales e iluminados menores. Una vez más, la experiencia, en cualquiera que fuera su forma o desempeño, debía ponerse al servicio de la comunidad iluminada, reflejo a menor distancia de lo que se esperaba que la orden en su globalidad supusiera para la sociedad.

Para alcanzar el segundo grado dentro del segundo nivel, los illuminati llamados *Dirigens* o, con más masonería, *Scottish Knights*, debían hacer público juramento de su pureza incólume respecto al resto de sociedades secretas o discretas. Si en el grado previo debían establecer por escrito aquel compromiso ante la asamblea de superiores, el iluminado dirigente estaba en la obligación de convertir tamaño propósito en un compromiso personal ante la comunidad en la que se había integrado. En realidad, este nivel suponía un paso adelante en la responsabilidad organizativa. Los *Scottish Knights* debían estar al frente de las asambleas de minervales organizadas en otros distritos. A modo de prefectos o pretores, los *Dirigens* asumían el liderazgo de la organización expansiva iluminada.

Una vez más, alumbrado por otras organizaciones tanto masónicas como religiosas, Knigge estipulaba una derivación reticular de la orden. La ampliación de este credo iluminado habría generado la deslocalización de la orden hacia territorios más alejados de Múnich, por poner un epicentro bávaro. En lugares más alejados, los illuminati habrían formado reiteraciones de la organización principal con las mismas características. Allí, para ordenar y organizar la sociedad, los illuminati habrían constituido asambleas provinciales que,

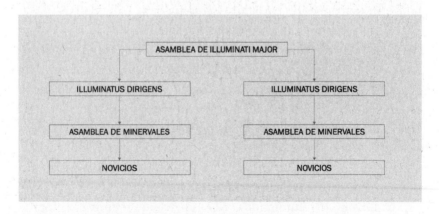

Organización de la orden de los iluminados deslocalizada.

semejantes a logias menores, integraban la totalidad de la sociedad secreta. Estas asambleas menores eran las que correspondía dirigir a los *Scottish Knights*, más *Dirigens* que otra cosa.

Y es ahí, en la proliferación de novicios y, sobre todo, nuevos iluminados que fue necesaria la organización territorial de la orden centralizada de una forma sistémica. La organización de Knigge parece inspirada en las estructuras reticulares de sumisión jerarquizada propias de masonería y, no hay que olvidarlo, religiosa. Por mucho que se constituyera esta idea de gestión del desarrollo y expansión del conocimiento académico superior con el objetivo de ocupar el espacio dejado por la disuelta Compañía de Jesús, esa propia esencia organizativa viral iniciada por Ignacio de Loyola en 1534 ha de verse reflejada en la superestructura diseñada por Knigge, unido todo al proyecto esencial de ciencia compartida ya experimentado por la orden de San Benito en los lejanos años de la Alta Edad Media.

El último de los niveles de iluminación conllevaba un mayor secreto y, por tanto, su nomenclatura indicaba la conexión con cultos arcanos pasados y sometidos a una profunda ocultación inspirados probablemente en los ya citados cultos a la diosa Deméter en Eleusis. Algo así debió iluminarse en la mente del barón von Knigge cuando tomó la decisión de denominar misterios a los dos subniveles constitutivos del tercer grado de la orden iluminada. En el primero de aquellos, denominado *Misterios Menores*, existían dos niveles de iluminación. Con el título de *Sacerdote* se accedía al escalón inicial. Para poder acceder, el iluminado debía renegar de toda vinculación con intereses relacionados con la política y la religión. Apartado de toda voluntad reformadora, el sacerdote illuminati debía ser puro en su persecución del conocimiento científico. Si bien la finalidad esencial de la orden iluminada era la transformación de la sociedad hacia un horizonte próximo al liberalismo político, donde misticismo y despotismo brillaran por su ausencia, también lo era que, para acceder a tamaños propósitos, el iluminado debía alcanzar la excelencia formativa a través del estudio y la investigación. De modo que alguien en la orden debía sacrificarse para mantener ese pilar esencial, garante de la iluminación. Prior del camino hacia la iluminación mediante una especie de dialéctica racional, el sacerdote iluminado debía haber alcanzado la mayor cota de conocimiento posible en la disciplina o disciplinas de especialización personal. Evaluado como tal por la asamblea de iluminados superiores, el sacerdote iluminado, una vez iniciado en el nivel de iluminación, dedicaba el resto de su vida a la implementación de las ramas científicas asumidas como tales por la orden. Al impulsar la profundización en tales disciplinas, el sacerdote illuminati actuaba como un rector de la academia inherente a la orden de los iluminados.

Liberado, por tanto, de responsabilidades organizativas, en manos aquellas de los illuminati dirigens, los sacerdotes illuminati debían concentrar su actividad en la divulgación de esos conocimientos y en la vigilancia del desempeño de todos y cada uno de los iluminados en su camino cognoscitivo hacia la iluminación. Si bien aquello ya era una responsabilidad, mucho más interesante para los legos en la materia eran los campos constitutivos del conocimiento iluminado donde ese jefe de estudios, *magister scolarum* del saber oculto, debía ejercer su vigilancia constante para premiar a quien lograba progresar en la erudición fomentando su ascenso dentro de la orden y castigar al que no se esforzaba y quedaba anclado en un grado o nivel dentro de la sociedad. Esos campos referidos alcanzaban las principales disciplinas estudiadas por el ser humano en las universidades del siglo XVIII.

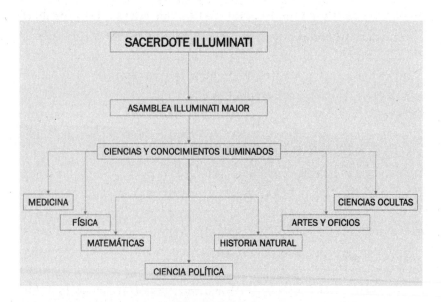

Ciencias iluminadas.

Estas instituciones, nacidas hacia el siglo XII en la sociedad cristiana medieval y más de cuatro siglos antes en la civilización islámica, habían surgido con un fuerte control por parte del llamado misticismo. Iniciativas generalmente asociadas a la iglesia católica en occidente y a la mezquita en el islam, las escuelas catedralicias y madrazas, iniciaron su andadura con la finalidad básica de formar clérigos que pudieran desarrollar liturgias con un mínimo de cercanía hacia la ortodoxia establecida.

Por semejante razón, en aquellas primeras universidades, llamadas estudios generales, los conocimientos se diversificaban partiendo del conocimiento de la fe, esto es, de la teología, construida ésta sobre los más que referidos *trívium* y *quadrívium* que constituían la base de conocimiento esencial para el acceso al nivel superior de formación. En ese escalón inferior previo, los estudiantes concentraban sus esfuerzos en la capacidad oral de expresión del saber adquirido. Profundizando en la gramática alcanzaban un dominio fluido del idioma para, mediante el estudio de la lógica, ser capaces de construir hipótesis y argumentos en debate que ordenar y adornar con una buena retórica. En la segunda fase inicial, dominadas las herramientas básicas para la comunicación y la discusión, los estudiantes se centraban en los conocimientos propiamente dichos asociados al ser humano, muchas veces llamados liberales. Allí es donde se concentraban los saberes derivados de las matemáticas, a saber: aritmética, geometría, astronomía y música.

Adquiridos los conocimientos esenciales para alcanzar un nivel superior, lo que se conoce en la actualidad como ciencias formales cada vez más alejadas de cualquier tipo de formación en un entorno educativo más politizado y adoctrinado que otra cosa, los estudiantes podían dedicarse a la búsqueda de un conocimiento superior. Y era en ese punto donde se convertía la universidad en una puerta hacia un infinito o un aleccionamiento perpetuo en la ortodoxia que fuera. Aquellas universidades, totalmente alejadas de los complejos mercantiles actuales al servicio de un modelo sociopolítico, acababan especializadas en un campo específico del conocimiento: Salamanca, Bolonia, Oxford o la Sorbona en derecho civil y canónico; Lérida, Coímbra y Granada en medicina o matemáticas, por citar algunos ejemplos.

No obstante, en todas ellas existían dos variantes claras u objetivos esenciales de formación. En primer lugar, la teología, considerados tan altos estudios que, en algunos casos como Coímbra, ni siquiera podían estudiarse en el conjunto del estudio general, sino que era deslocalizados a un nivel más exclusivo. En el otro extremo estaba el derecho civil o jurisprudencia entendida como la herramienta necesaria para prestar servicio al poder político que, como en Salamanca, estaba a la orden de la corona integrada por los Reyes Católicos, quienes veían la universidad como un yacimiento de profesionales de la burocracia organizativa del incipiente Estado.

Lógico es pensar, en consecuencia, que las universidades estaban al servicio formativo de los dos poderes esenciales que combatía la orden de los iluminados: los ya referidos misticismo y despotismo. Dicho de otro modo, para liberar realmente el conocimiento y hacer que sirviera realmente a la humanidad, el aprendizaje debía escapar de la servidumbre orgánica, de la esclavitud de aquellos adoctrinadores que gobernaban la norma educativa. Sacando de la universidad los estudios teológicos institucionalizadores del misticismo y los relativos a las leyes y la jurisprudencia al servicio del poder político absoluto y déspota, los illuminati proponían un nuevo horizonte de humanismo sin cadenas al estudiar todo tipo de ciencia

Universidad antigua de Salamanca.

destinada a mejorar la condición humana. De todo ello era responsable el sacerdote illuminati, vigilante del aprovechamiento y aplicación del esfuerzo individual en el progreso de un conocimiento que tuviera resultado en el aprendizaje volcado en la sociedad.

En el segundo nivel de los Misterios Menores se hallaban los *Príncipes Illuminati*. Según la voluntad organizadora de Knigge, sólo un reducido y exclusivo número de iluminados podía alcanzar este nivel. Más asociado con el prestigio derivado de su posición social, los príncipes iluminados aportaban el influjo de su reputación a la orden más que sus capacidades organizativas o gestoras. Dado que tampoco se esperaba de ellos el control formativo o gestionar la carrera investigadora hacia la iluminación, los príncipes debían ser bandera social de la orden. Escogidos con sumo cuidado, estos iluminados superiores debían formar parte de las altas instancias de las instituciones más significadas del Estado. Ya fueran altos funcionarios, inspectores públicos, gobernadores territoriales, locales, prefectos, funcionarios ejecutivos, deanes o decanos, los príncipes constituían un ejemplo a seguir por el resto de illuminati en tanto que ostentaban una posición social que debía servir como acicate para redoblar el esfuerzo en el aprendizaje y la investigación que con tanta pasión insuflaban los sacerdotes illuminati. Desde esta perspectiva, la reforma de Knigge dotaba a estos iluminados superiores con la capacidad y responsabilidad de ejercer proselitismo entre los jóvenes universitarios y, en general, todo aquel individuo interesado en formar parte de la sociedad secreta.

En último lugar, cubriendo la cúspide organizativa de la orden iluminada, se encontraban los integrantes de aquellos *Misterios Mayores*. Supuestamente en la cima de la sociedad secreta, las funciones que Knigge reservó para este escalón final no quedan muy claras. Aunque supongo que era exactamente aquí donde debían situarse tanto Knigge como Weishaupt, la idea era más bien crear una última asamblea de jueces que pudiera resolver todo tipo de problemas derivados de la aplicación de los estatutos organizativos y disputas entre los miembros que no pudieran ser atajadas por las asambleas inferiores. Definidos los iluminados del nivel más elevado como *Magus* o Mago y *Rey*, el carácter judicial acerca de la orden y última instancia en la toma de decisiones estructurales, componía estos Misterios Mayores de forma que actuaran como el areópago o la *heliea* atenienses e, incluso, los *éforos* espartanos.

Siempre con la organización en mente más allá del prestigio, los estatutos de Knigge trataban de cerrar toda duda derivada de la aplicación de tamaña organización. Si bien el objetivo esencial de la orden ya había quedado manifiesto con lo planificado por Adam Weishaupt, la organización interna que pudiera asumir una fuerte ola de incorporaciones fue plasmada con claridad por los estatutos del barón von Knigge.

LA CONSECUENCIA DE SER UN ILLUMINATI

Con unos objetivos bien definidos, una estructuración que nacía del proselitismo tan bien aprovechado durante siglos por la Compañía de Jesús y una organización reticular partiendo de una matriz general según llevaban haciendo una eternidad los masones, la orden de los iluminados comenzó a desarrollarse y extenderse una vez hubo conformado Knigge la estructura definitiva. El éxito de la sociedad, que había llegado al medio millar de iluminados en apenas un par de años, había que asociarlo también a su carácter político. La sistematización en que había desembocado la reorganización de la orden había constituido lo más parecido a un partido político institucionalizado y extendido de forma reticular, del mismo modo que hacen las actuales entidades políticas. Centralizadas desde una sede concreta, generalmente en la sede del poder ejecutivo y legislativo, los partidos se expanden territorial y localmente para poder recabar todo apoyo electoral posible, acaparando representación local, regional y estatal. Aquellos, en su origen, compartieron temporalidad con la constitución de la sociedad iluminada.

Entendidos como los primeros partidos políticos, los llamados *tories* y *whigs* británicos representaban la primera idea de organización política, si nos olvidamos del conflicto entre los partidarios del emperador y los del papado durante la guerra de las investiduras que dio origen a güelfos y gibelinos, ya vistos en el primer capítulo. Nacidos de la evolución del partido presbiteriano escocés que, a su vez, había nacido de la organización de los llamados *Whigamore Riders*, el partido Whig había evolucionado desde las posiciones cercanas a la iglesia en 1678 hasta el liberalismo más evidente a mediados del siglo XIX, cuando William Gladstone liderara a los electos asociados al partido. Partidarios del anticatolicismo, del parlamentarismo y exponentes del liberalismo económico, los *whigs* defendieron la expansión imperialista inglesa desde finales del siglo XVIII hasta la constitución de aquel enorme imperio a mediados del siglo siguiente bajo el liderazgo de Robert Walpole o William Pitt.

Ahora bien, ese imperialismo británico que expandía los intereses de aquella corona por medio mundo también traía a la metrópoli restos elitistas de todas aquellas sociedades que entraban en contacto con ese pragmatismo indecente que lo mismo introducía el consumo de té chino en la India, en Inglaterra, que explotaba la mano de trabajo esclava por medio mundo. Sometidos, además, a una presión cultural globalizadora importante, pronto aparecieron vestigios de desafección hacia la idea de imperio global que, con la aportación de una importante renuncia de *whigs* confesos por la creciente corrupción sistémica en el ejercicio del poder, dieron lugar a la aparición del partido *Torie*, conservador por naturaleza. Defensores

Caricatura de los Whigamore Riders de 1783.

de la tradición, sin embargo, se opusieron a la ley de exclusión que impedía a Jacobo de York, futuro Jacobo II, ser rey por haberse convertido al catolicismo, demostrando que, en política, los intereses del grupo son más importantes que los de la nación que se representa. Apostando por Jacobo de York se oponían al *Country Party*, embrión del partido *Whig*, favoreciendo a un católico en el acceso a una monarquía tradicionalmente anglicana. Vamos que, puestos a oponerse al partido contrario, nada ha de refrenar la política, aunque ésta sea contraria a los principios fundacionales.

En términos iluminados, el ejemplo inglés de organización política con fines claros y definidos en la gestión del poder hasta el punto de decidir quién accede al trono suponía una finalidad en sí misma. La esencia de la orden de los Illuminati asumía la implicación política de los iluminados en la gestión de la sociedad. Mas, atendiendo a los propuesto ideológicamente por Adam Weishaupt, la implicación del individuo en la política tenía el único fin de la mejora sustancial de la sociedad, frente al interés de formar grupos de presión propio de los jóvenes y ya confundidos partidos políticos ingleses. Instruidos en la investigación y la mejora progresiva por la orden, el desempeño individual de cada uno de los iluminados debería redundar en la sociedad mediante la expansión generalizada de la sociedad secreta y la aplicación del compromiso con el progreso que implicaba la membresía. Así, superado el medio millar de miembros, la sociedad empezó a expandirse por los territorios cercanos a Baviera.

La reorganización de Knigge había vuelto atractiva la sociedad secreta especialmente para las élites que habían sido copadas en

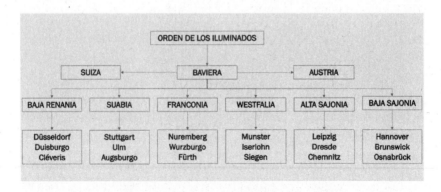

Expansión territorial de la orden de los Iluminados.

un pasado cercano por las diferentes logias masónicas creadas en la zona. La multiplicidad de niveles, el secreto de la organización y, principalmente, la proyección política de la orden, amén del prestigio implícito del barón von Knigge, generó una avalancha de iniciaciones. Pronto pasó de ser una sociedad extraña a medio camino entre la masonería y el asociacionismo universitario para convertirse en un fenómeno pre-liberal de claras raíces ilustradas. De los aledaños universitarios de Ingolstadt, la orden de los illuminati saltó a todos los territorios adyacentes a Baviera. La estructura reticular ideada por Knigge generó logias adheridas que formaron asambleas de minervales descentralizadas en las dos Sajonias, la Baja Renania, Suabia, Franconia o Westafalia. Ciudades de la importancia política y, principalmente, comercial de Düsseldorf, Stuttgart, Hannover o Leipzig comenzaron a escuchar el ruido sordo de los minervales y demás iluminados perseverantes en su búsqueda de la iluminación a través de la excelencia erudita. Incluso más allá de las fronteras naturales del ámbito germano, los illuminati llegaron hasta los cantones suizos y, desde allí, a tierras austriacas. En muchas ocasiones se ha hecho ver la presencia de los illuminati en la Francia prerrevolucionaria. No habría sido de extrañar que alguno de los iluminados en el grado que fuera pudiera haber recalado en alguna ciudad francesa y hasta en la atribulada París al calor de alguna rebelión social inspirada en la Fronda y precursora del Club de los Jacobinos. Ahora bien, la expansión geográfica constatada a ciencia cierta llevó la marea iluminada a territorios germanoparlantes. Nacida la sociedad en una universidad bávara, la tendencia a la expansión hubo de seguir ese espacio marcado por el idioma. Por otra parte, el deterioro que experimentó la masonería de forma previa a la consolidación de la orden iluminada circunscribe el fenómeno iluminado al ámbito germánico y hasta sajón.

En efecto, la aparición entre las élites masónicas de Karl Gotthelf von Hund y Altengrotkau a mediados del xviii había trastocado la estructura de aquellas organizaciones discretas. Aludiendo haber recibido instrucciones de iniciados superiores, Gotthelf había fundado una obediencia nueva que acabaría por alejar las logias alemanas de la tradición inglesa. Asegurando ser el renovador y receptor de la tradición templaria, la llamada *Estricta Observancia* generaba una nueva tradición de obediencia masónica centrada exclusivamente en los territorios germanos. Más una reacción patriótica que otra cosa, tan en boga durante los años ilustrados, la herencia recibida por Gotthelf revivía la orden desaparecida en 1312 y, de paso, centraba en aquel territorio del que procedía la organización masónica. Para desgracia de la mayoría de las logias alemanas, convencidas de la originalidad y validez de la propuesta de Gotthelf, tras la muerte de aquel nadie se hizo responsable de la construcción organizada ni de la supuesta nueva observancia, por lo que la *Estricta Observancia* cayó en descrédito al igual que todo lo que relacionaba masonería y templarios, como la orden de la Rosacruz.

En ese momento de desgobierno y deriva de las élites masónicas fue cuando asomaron los illuminati y su curiosa observancia, sistema reticular y múltiples grados y niveles. En ese entorno paramasónico muchos de los anteriormente masones acabaron por engrosar las filas iluminadas. Algunos por andar desnortados, otros por curiosidad y algunos más por tratar de comprender aquella nueva sociedad, una moderada multitud implementó las asambleas minervales y una pequeña legión de novicios provenientes de todos los ámbitos imaginables aceptaron asumir el desafío que ofrecía la orden de los Illuminati. Mercaderes y comerciantes; médicos y farmacéuticos; jueces y abogados, profesores universitarios, instructores y docentes; presbíteros, vicarios y pastores; funcionarios y trabajadores al servicio del poder político; y, principalmente, estudiantes universitarios comprometidos con el aprendizaje, conformaron una comunidad sorprendente de iluminados.

No es de extrañar, por tanto, que masones convencidos, por un lado, defensores de la hegemonía eclesiástica y, especialmente, los oficiales del poder político despótico, así como la aristocracia al servicio del privilegio empezaran a preocuparse por aquella sociedad secreta de la que tanto se hablaba en determinados círculos sociales donde, como es bien sabido, la discreción es simulada y los secretos brillan por su inconsistencia.

Somos Illuminati

Uno de los aspectos más interesantes de la Orden de los Iluminados de Baviera es que, siendo una sociedad secreta, haya llegado de forma más o menos diáfana su conformación estructural; que estando protegidos los estatutos que organizaban todo el proceso de iluminación por un secreto iniciático, tomaran la decisión de imprimirlos y entregar una copia a cada novicio sin importar la posible difusión derivada de tamaña decisión; que, en definitiva, siendo el secreto y la discreción la base organizativa de la orden, todo quisque pareciera saber hasta el último detalle constitutivo de aquella esencia, incluido el listado principal de iluminados.

Y es que, siendo honesto, no tiene mucho sentido esto de construir en público un secreto voceado.

Penetrada la organización por competidores y afines, por curiosos y preocupados porque algo semejante tuviera éxito, la Orden de los Iluminados se convirtió en algo notoriamente desconocido que sustentaba su existencia en un arcano en absoluto respetado. Nada extraño, por otra parte, cuando el principal motor del proselitismo en la sociedad se basaba en el prestigio social de los altos iluminados, aquellos reconocidos en el grado de los llamados Misterios Menores. Asumir, en consecuencia, que el secreto era el factor determinante cuando, en realidad, era el propio prestigio individual lo que debía construir un edificio donde todo amante del conocimiento, ilustrado impenitente y reformador e, incluso, revolucionario pudiera encontrar su sitio en el nuevo mundo, debía ser el primer paso para comprender la esencia de aquella sociedad paramasónica.

No obstante, puestos a echar un vistazo al perfil del iluminado medio, aquel que servía de modelo y atracción para la inmensa ola de novicios que se esperaba sobre el teórico papel, quizás deberíamos reflexionar acerca de aspectos más concretos no ya de la personalidad y logros de cada una de las personas que nos esperan a partir de la siguiente página, sino de las motivaciones para dar el paso y cruzar el umbral de una sociedad que bien podría haber empujado a todos y cada uno de los citados hacia el fracaso más rotundo, la persecución y hasta la extinción. No hay que olvidar que, en el momento de constitución de la orden iluminada, aún existían inquisiciones, el modelo político era despótico y nada garantista y los sistemas judiciales y legislativos cumplían con las premisas propias del antiguo régimen.

Sometidos al Estado, que no integrados en ello, los iluminados corrían el gran peligro derivado de su ansia transformadora. La aberración social de creerse capaces de cambiar los cimientos de la sociedad desde una posición teórica puede ser parte de la irrealidad en que siempre se movieron este tipo de organizaciones relacionadas directa o indirectamente con la masonería. Si bien analizaremos en profundidad la respuesta de los factores determinantes de las ortodoxias política y religiosa ante cualquier amenaza que trastocara ese orden que sustentaba su privilegio hasta la normalización social del mismo, no deja de chocar la inocencia de todos aquellos reformistas de opereta empecinados en creer en el cambio pacífico aun siendo conscientes de su imposibilidad y hasta de tener la certeza más absoluta de ello por haber formado parte de aquella fuerza reaccionaria ante cualquier cambio.

Así que, siendo simplemente curiosos e ignorantes, podríamos preguntarnos sobre la naturaleza humana particular de aquellos iluminados, iniciados o residentes en cualquiera de los niveles descritos en el capítulo anterior, para así saber de una vez por todos quiénes eran lo suficientemente locos como para afirmar ser illuminati.

LOS FUNDADORES

Dicen las malas lenguas, aquellas que ven el pasado como principio de un mal, que la fundación de la Orden de los Iluminados tuvo lugar en una noche perversa. También se suele pensar que lo malo proviene del mal y que sólo en un entorno maligno se puede producir algo funesto para el futuro que habrá de venir. Esta simpleza de análisis sustentada en la visión del pasado desde un presente que todo lo justifica ha acompañado al adoctrinamiento y, principalmente, al relato histórico como un mantra a lo largo de siglos de falseamiento de la historia. En el caso de la fundación de los Illuminati, suelen decir los denostadores de aquella y cualquiera que fuera la organización contraria a la creencia que se constituyó una noche del mes de mayo. En concreto, la primera noche del citado mes o la última del mes de abril según se mire. Esa noche que va del 30 de abril al 1 de mayo recibe el tradicional nombre de *Noche de Walpurgis* o *Walpurgis* a secas.

De compleja explicación tradicional, el paso de mes en el corazón de la primavera tuvo un significado cultural muy sentido en el centro de Europa durante milenios. Asociado por la iglesia católica a la celebración del traslado de Santa Walpurga ya fallecida hasta la catedral de Eichstätt, dicha jornada de conmemoración de la santa cristiana anglosajona que llevó la fe a aquella zona hoy alemana hacia el siglo VIII, fue consagrada por la ortodoxia cristiana para ocupar el espacio que antropológicamente habían establecido entorno a esa fecha los diversos cultos y conmemoraciones paganas de la fertilidad. Al aprovechar la cercanía del equinoccio de la primavera y, sobre todo, el crecimiento de los días en el menguar constante de las noches, el común de aquellas tierras tomó por costumbre reunirse una de aquellas noches exiguas para, ayudados de hogueras purificadoras, decir adiós al invierno abrazando la exuberancia natural propia de la nueva estación. Saltando sobre las llamas y entregándose al deleite de los sentidos, aldeanos y campesinas, señores y siervos, se regocijaban todos en comunidad por la vuelta a la vida de la madre naturaleza. Lo más parecido a lo que ocurría al abrazo del mar Mediterráneo durante el solsticio de verano. Esa noche, la noche bruja, mágica y purificadora que los habitantes de la orilla gozan entre fuego y pasión, acabó siendo ocupada por la conmemoración de San Juan, el santo evangelista que propagó el miedo al fin del mundo, a la liberación de los infiernos, el juicio final y el castigo monumental a todo lo que se moviera bajo el amplio decorado de un cielo inconmensurable. Aun así, con todo lo que conllevaba y conlleva la iconografía del apóstol elegido para eclipsar tamaña festividad, nada se ha podido hacer con el paso del tiempo y el descreimiento generalizado, principalmente acerca de los castigos.

La noche conocida como Walpurgis fue, por tanto, ocupada por el recuerdo de aquella santa que había derrotado el misticismo pagano y las terribles y malvadas prácticas derivadas de unas creencias equivocadas y perniciosas. Transformada la celebración de la fertilidad y la vida en un inmenso aquelarre de brujas y diabólicos conjurados con el mal, la ortodoxia convirtió aquella honra a la primavera y la renovación —de ahí el culto y uso del fuego— en una satánica noche de desenfreno donde mujeres demoniacas y súbditos subyugados por hechizos innombrables se entregaban a un desenfreno que sólo la fe cristiana y las diversas advocaciones podía remediar.

Sometidos, por consiguiente, al miedo cerval al que induce la creencia, durante la noche de Walpurgis, definida ya como *la noche de las brujas*, los fuegos antaño purificadores se tornaron exterminadores; las escobas boca abajo, sal en los quicios de las puertas y todo tipo de prácticas supersticiosas acabaron por sustituir unas tradiciones agrícolas por una perversión mística entroncada con las terribles persecuciones de personas unidas a los hábitos populares ancestrales, principalmente mujeres, sometidas a una inconcebible matanza rutinaria que acabaría con cerca de setenta mil en apenas dos siglos.

Noche de Walpurgis en 2007.

Ahora bien, asumir que la fundación de la orden de los iluminados se llevó a cabo ese día en concreto por apego a un culto satánico, pagano o gentil, resulta de lo más cuestionable, sobre todo si se tiene en cuenta el inveterado ateísmo que definía a Adam Weishaupt o, al menos, que le achacaban todos y cada uno de los detractores de la sociedad secreta. Es más, la tradición cristiana en la que todos los primeros iluminados fueron educados no conduce a pensar en una tendencia diabólica o satánica, sino, más cerca del pensamiento ilustrado del que hacían gala, en un alejamiento consistente de la fe. Escépticos y descreídos como presumía Voltaire, más bien se les debe ver como anticlericales, contrarios a la ortodoxia impuesta por el cristianismo que próximos a misticismos aterradores imaginados en una inventada noche de malignidad sólo vista por aquellos quienes portaban la infecta visión de un mundo aterrador, ese mismo espacio donde sólo un pensamiento, una creencia y una voluntad podía ser construido.

Retrato de Adam Weishaupt de Christoph Wilhelm Bock.

En lo que se refiere al primer iluminado, iniciador de aquella sociedad secreta tan intrigante para los legos en cualquier materia derivada del asociacionismo discreto y hasta secreto, el perfil general que subyace tras el análisis de su biografía no es otro que el académico. Nacido el 6 de febrero de 1748 en la bella y floreciente ciudad bávara de Ingolstadt en el seno de una familia acomodada, el fundador de la Orden Iluminada no parecía estar destinado a otra cosa que no fuera la despreocupación dentro del sistema. La ciudad que le vio nacer, dada su cercanía con Múnich, siempre estuvo conectada con la esencia política y social de Baviera desde aquel lejano año de 806 d.C., momento en que apareciera citada por primera vez en un documento. Cerca, por consiguiente, del motor bávaro, no era de extrañar que Ingolstadt contara con importantes centros educativos donde formar las jóvenes generaciones de burgueses y aristócratas que habrían de servir al elector bávaro.

Claro que, viniendo de una familia judía, el joven Adam Weishaupt hubo de experimentar un extraño viaje del pensamiento místico basado en la creencia de una religión revelada como es el judaísmo, hasta el deísmo filosófico basado en la lógica donde acabaría sus últimos momentos residiendo ya en Gotha, dentro del ducado de Sajonia, en 1830. Semejante tránsito ideológico ha de presentarnos una personalidad compleja, de amplios ideales y profundas convicciones, sometido todo al escrutinio permanente de una duda sustentada por un pensamiento construido sobre el razonamiento puro. Si bien su padre, Johan Georg Weishaupt, rabino de la comunidad judía de Ingolstadt, habría provocado una influencia determinante en el comportamiento de su hijo, el fallecimiento de aquel en 1753 cuando apenas había cumplido Adam los cinco años, impidió que éste continuara con una línea de pensamiento tradicional, endémica y bien alejada del racionalismo en que se habría de desarrollar la mayor parte de su existencia.

Aunque, siendo honesto, la dedicación académica de Georg Weishaupt como profesor de derecho en la afamada universidad de Ingolstadt debería plantearme una duda razonable ante esta premonición. El hecho de estudiar leyes, si bien ha de hacerme pensar en el compromiso con la norma y el esfuerzo por mantener la tradición, también puede presentar la incertidumbre acerca de lo inamovible que viste la norma allá donde sea asumida. Leyes, ordenanzas y construcciones sociales, todas convenciones elevadas a un altar laico por la sociedad, siempre son susceptibles de experimentar un cambio, una transformación y, cuando no, una desobediencia tácita, implícita o manifiesta que provoque la evolución social hacia un horizonte más justo por mucho que se esfuerce quién corresponda en lo contrario. También podría ocurrir que asumiéramos como leyes los dogmas que alumbra la religión y su inmutabilidad inaltera- ble como rasgo definitorio de una realidad social reflejado en seme- jante estructura, generador de conductas cerradas y hostiles a cual- quiera que fuera el cambio. Desde ese punto de vista, la educación que podría haber recibido el joven Adam lo habría alejado indefecti- blemente de la ruta que la vida terminó por ofrecerle. Sin embargo, el hecho fehaciente de que las cátedras de derecho canónico sólo eran ocupadas en aquella universidad y en aquel estado por miembros de la Compañía de Jesús elimina esa posibilidad de raíz. Por otra parte, pensar en un judío impartiendo docencia de derecho canónico en la Europa del siglo XVIII resulta de lo más gratificante desde la ironía histórica más falaz, por supuesto.

Johann Adam von Ickstatt. Retrato del siglo XVIII.

El fallecimiento de Georg condujo a Adam bajo la tutela de quien era su padrino, el barón Johann Adam von Ickstatt que, además de representar legalmente al padre fallecido, era su abuelo. De amplia formación jurídica, el padrino de Adam Weishaupt se había formado en las escuelas de Mainz y, principalmente, en París, donde había estudiado entre 1717 y 1719. Ya de vuelta a Centroeuropa, Ickstatt, tras haber formado parte de los ejércitos francés y austriaco, prueba de la constante indefinición nacional, acabó formándose en la universidad protestante de Marburg, a pesar de ser católico. Alumno aventajado de Christian Wolff, las ideas ilustradas llegaron al abuelo de Weishaupt hasta convertirle en un verdadero reformista del orden católico imperante en Baviera, sustentando en lo escolástico y jesuítico la preeminencia de una defensa del Estado que conducía irremisiblemente hacia la tiranía a ojos de un joven ilustrado. Doctorado en jurisprudencia en la universidad de Mainz, llegó a ocupar la plaza de profesor de derecho internacional en la universidad de Würzburg, donde empezó a expandir la ilustración adaptada a la idiosincrasia alemana, más conocidas como *Wolffianismo*. Habiendo alcanzado un prestigio académico sin par, Ickstatt fue captado por el Elector de

Universidad de Ingolstadt. Facultad de Anatomía.

Baviera, Carlos Alberto, quien lo trasladó a Múnich para que iniciara la transformación de las universidades bávaras católicas al modo de las más exitosas universidades protestantes del norte.

En el momento en que se hizo responsable de la educación de Adam Weishaupt, Ickstatt era el rector de la universidad de Ingolstadt, catedrático de derecho y divulgador de la reforma ilustrada del catolicismo alemán, aquella que habría de llevar a racionalistas y convencidos reformistas católicos germanos hacia la moderación propia de aquella sociedad, bien impregnada del utilitarismo más británico y protestante.

Con un bagaje tan complejo en casa, Adam Weishaupt inició su formación en la escuela intermedia de Ingolstadt gestionada por los jesuitas, pero bajo la supervisión del académico y político reformador de la educación más importante de aquel momento. Si bien muchos de sus detractores vieron en aquella fase inicial de formación un punto del que huir, una realidad de la que alejarse desde un punto de vista ideológico, me resulta mucho más lógico pensar que, sin menospreciar el impacto que el modelo educativo jesuita y escolástico pudiera haber producido en Adam, la presencia imponente del padrino, su profunda experiencia educativa y el esfuerzo divulgador del pensamiento ilustrado desarrollado por aquel hubo de suponer un referente incuestionable en la formación del pensamiento futuro de Weishaupt.

Aunque el impacto de la Compañía de Jesús no debe ser menospreciado en la consolidación intelectual de Weishaupt. Según afirmaba el compañero Jaime Nonell en su biografía de José de Pignatelli, el santo restaurador de la Compañía, la impronta jesuita en la formación de Weishaupt fue determinante. En primer lugar, el impacto ya referido de la estructura organizativa de la Compañía y su esparcimiento por todo el territorio conocido hubo de inspirar a Weishaupt a la hora de establecer una organización jerarquizada y, sobre todo, un proselitismo controlado. En segundo lugar, el monopolio de la fe y la creencia en el proceso educativo, tan criticado por los ilustrados y, por extensión, por su padrino y el maestro de aquel, Christian Wolff, habría de conformar un modelo a combatir en aras de lo que, a decir de Agustín Barruel, a quien recuperaremos más adelante, representaban los altos ideales del iluminismo: la igualdad y la libertad. En clara defensa de una lucha en contra más de la ortodoxia que del privilegio, el joven Weishaupt defendía aquellos ideales como básicos para la pervivencia, si no de la humanidad, sí de la sociedad. Como esencia natural del origen del ser humano, la igualdad y la libertad interconectadas con la felicidad de la persona fueron acotadas por la aparición de la propiedad primeramente y por el desarrollo de las sociedades regidas por sistemas políticos. La primera de aquellas, la propiedad, dio al traste con la igualdad, generando privilegios antinaturales. A continuación, los gobiernos que emergieron de las sociedades políticas remataron la libertad del individuo, sometido a sistemas y leyes creadas para sostener e imponer la supervivencia de la propiedad, la desigualdad y el privilegio. En consecuencia, concluía Barruel, la recuperación de la libertad e igualdad inherentes a la condición humana pasaban por acabar con la hegemonía de la propiedad y los gobiernos, fundamentada aquella en las leyes religiosas y civiles. Acabando con todo tipo de religión y sociedad civil se terminaría por eliminar cualquier tipo de propiedad, lo que llevaría sin lugar a duda a la restauración de las citadas condiciones esenciales para la humanidad.

Este pensamiento, claramente ilustrado o, al menos, reformista y pre-liberal, alejaba las ideas de Weishaupt de todo tipo de idealismo trascendental defendido por el maestro Kant, opuesto, todo sea dicho, a cualquier desarrollo filosófico planteado por el padrino del fundador de los Illuminati. Más cercano de posiciones de partida socialistas y hasta anarquistas, el carácter iconoclasta y perturbador de un orden establecido sobre la ortodoxia sólo puede ser entendido como consecuencia a un punto de partida cristiano o, cuando menos, de formación educativa en un ecosistema trascendental que bien podría haber sido capitalizado por la Compañía de Jesús. Y es por ello por lo que la presencia de los jesuitas en su formación resultó capital a la hora de constituir la sociedad iluminada.

Resulta evidente pensar que la formación de Adam continuó en la universidad de Ingolstadt por pura lógica contextual. Siendo su padrino el rector de aquel centro educativo y residiendo en aquella ciudad bávara, hubiera sido una sorpresa la no continuación de estudios en la universidad local. Aunque su padrino hubiera marchado a otras universidades para completar su formación, su influencia y supervisión educativa terminaría por imponerse a cualquier deseo de juventud. Por otra parte, la sola mención al reformismo educativo y al interés por la ilustración, aunque fuera aquella versión moderada que representaba el Wolffianismo protestante, habría imposibilitado el traslado a otros centros formativos superiores dada la trascendencia en la educación que había tomado la universidad de Ingolstadt.

Fundada en 1472 por el duque de Baviera, Luis IX, la universidad había sido constituida como un centro difusor del pensamiento cristiano por encima de cualquier otro objetivo educacional. Constaba en sus orígenes con cinco cátedras entre las que destacaban las de teología, leyes y medicina. Asociada su dirección al obispo de Eichstätt, siguió durante sus primeros años el modelo establecido por la universidad de Viena, junto con la de Praga, la más antigua de cuantas universidades se fundaron en territorios del Sacro Imperio Romano Germánico. Asaltada por el protestantismo durante los años de Reforma, la universidad de Ingolstadt había sobrevivido a aquel maremoto social, político y religioso por la presencia entre sus docentes de Johann Maier von Eck, teólogo y escolástico amigo personal de Martín Lutero y opositor de sus tesis hasta el punto de llegar a ser una de las grandes figuras de la Contrarreforma. La firme defensa que Eck hizo del catolicismo provocó que la universidad de Ingolstadt se convirtiera en un bastión irreductible del catolicismo en el sur de los territorios más azotados por la reforma protestante. Para defender aquella posición, Eck había ido introduciendo en las estructuras de la universidad, lo que conllevó el dominio jesuítico de la universidad ya en el siglo XVII. La aparición de los ideales ilustrados y su propagación por la sociedad burguesa alemana de manos de intelectuales como el padrino de Adam Weishaupt condujo a una lenta pero continua laicización de la universidad. Llegado el momento de ingreso en sus aulas del fundador de la sociedad iluminada, Ingolstadt, dirigida entonces por Ickstatt, era aquel centro educativo un paradigma secular, mucho más aún si se entiende que en 1773 la Compañía de Jesús acabó por ser disuelta.

Si bien es cierto que Adam Weishaupt había concluido sus estudios doctorándose a los veinte años en leyes y que, en dos años alcanzó la posición de profesor en aquella universidad, uno antes de la disolución de la orden, la tendencia laica generalizada por el descrédito de la Compañía, la difusión de los ideales anticlericales y reformistas ilustrados y la concepción nacional del patriotismo inherente a todo aquel desarrollo político y social, terminó por posicionar ideológicamente al joven profesor en la necesidad de fomentar la reforma desde una organización supraterritorial con el intelecto como motor básico.

Tras la expulsión de los jesuitas, Adam pudo ocupar la cátedra de derecho canónico, reservada tradicionalmente a los compañeros, sumando así a la docencia en derecho civil su desempeño profesional. La desaparición de aquellos y la laicización de la universidad germana en general amplió las posibilidades de prospección en la investigación previa a la docencia, permitiendo que investigadores y docentes principalmente racionalistas pudieran compartir sus teorías, expandiendo aquella base lógica conectada con los principios motores de la ilustración. En el caso de Adam Weishaupt, la aparición de Georg Heinrich Feder se convirtió en capital para su constitución del principio iluminado. Profesor en la universidad de Gotinga, Feder había desarrollado los principios esenciales del empirismo gracias al contexto de una universidad recién inaugurada bajo la protección de Jorge II, elector de Hanover y rey de Gran Bretaña.

Maximilien de Robespierre. Busto de Claude-André Deseine. 1791.

Centrada en el conocimiento científico, el empirismo se había convertido en la esencia de aquella universidad, siendo Feder un claro ejemplo de semejante tendencia. Esa aportación incuestionable al pensamiento de Weishaupt debe ser entendida como causa del alejamiento de las posiciones idealistas defendidas por Kant y base de la idea práctica que subyace en el concepto esencial del iluminismo y la progresión interna dentro de la orden mediante la consecución de logros académicos y de investigación. Demostrando antes que suponiendo y analizando los objetivos conseguidos para alcanzar niveles superiores de iluminación, Weishaupt aplicaba el empirismo que alejaba todo conocimiento de la creencia y la fe, apuntalado en su primer pensamiento por el racionalismo innato de su padrino.

Ese mismo año en que fue disuelta la Compañía de Jesús, algunos biógrafos de Adam establecen un viaje efímero a Francia donde supuestamente entró en contacto con el marqués de La Fayette y Maximilien de Robespierre. Si bien habría sido un feliz encuentro para todos aquellos amantes de las teorías de la conspiración que conectan la orden de los Illuminati con todo fenómeno revolucionario acaecido en la tierra desde la noche de Walpurgis de 1776, el hecho constatado de que contrajera matrimonio con Anna María Afra Sausenhofer ese mismo año descrito para la visita a París hacen dudar de la veracidad de tan sorprendente reunión.

No obstante, sí resulta más que relevante la concatenación de circunstancias importantes en la vida del fundador de la orden de los iluminados en los años que fueron desde la supresión de la Compañía de Jesús a la constitución de sociedad secreta de los Illuminati. Desde el supuesto viaje a París de hasta tres años según qué fuente a su matrimonio, pasando por el contacto estrecho con Feder y el empirismo, la consecución de la cátedra de derecho canónico en Ingolstadt y el ingreso en la logia masónica de San Teodoro del Buen Consejo en Múnich, donde sus posicionamientos empíricos supuestamente fueron rechazados, los tres años previos a la constitución de los Illuminati debieron ser intensos y fundamentales en el descreimiento de Weishaupt hacia las organizaciones reformistas y divulgadoras del racionalismo empírico. Quizás por ello, tomó la decisión de constituir un nuevo espacio donde aplicar, divulgar y desarrollar esos principios motores ya referidos. Fuera de un modo u otro, parece evidente que se rodeó de un grupo de estudiantes convencidos de sus hipótesis de reforma social y aplicación de los principios rectores del llamado pensamiento ilustrado. El primero de aquellos estudiantes debió ser Anton von Massenhausen.

Alumno de Weishaupt, Franz Anton von Massenhausen fue uno de los fundadores primigenios de la orden iluminada al asistir al acto de constitución de la sociedad secreta aquel 1 de mayo de 1776. Iniciado al nivel de minerval, Masshausen fue enviado de forma inmediata a Múnich para comenzar con el proselitismo que ampliara la orden hasta lograr la influencia precisa. No se sabe si tuvo mucho éxito, dadas las maledicencias que siempre le acompañaron por su disoluta vida privada. Con todo, sí es conocido que logró incorporar a uno de los grandes iluminados, el abogado y juez Franz Xavier von Zwack. Éste, de gran presencia política, llegó a ser consejero del gobierno de Múnich y Espira, presidiéndolo durante algunos años. En su caso, siendo uno de los primeros iluminados, la labor captadora de nuevos miembros se convirtió en su obsesión, a decir de los documentos incautados en su residencia de Landshut a

Franz Xavier von Zwack por Maler en 1820.

finales de 1786, cuando la orden de los Illuminati ya se había convertido en un problema serio para el orden establecido por la ortodoxia despótica bávara. Mucho más comprometido que Massenhausen, Zwack acumuló cuanta literatura propia de la orden pudo. Por otra parte, su presencia en los diversos gobiernos muniqueses también le hizo objeto de vigilancia por parte de aquella ortodoxia establecida. Además, tampoco hay que olvidarlo, al igual que Adam Weishaupt, había sido iniciado en la logia masónica de San Teodoro del Buen Consejo. Entre los citados documentos, a decir de los inspectores, se encontró tinta invisible y recetas para crearla, algo lógico al tratarse de una sociedad secreta. Llamaba la atención la existencia en aquella vivienda de un ingenio capaz de conservar y almacenar documentación además de poder destruirla, lo que resultaba, cuando menos, inquietante. Saber que una organización que basaba su esencia en el secreto se esforzaba en mantener y preservar la información relativa a sus actividades, resultaba sorprendente. Más extraño fue encontrar una defensa del suicidio a la par que un postulado acerca del derecho a la vida de los iniciados en la orden, lo que no dejaba de acumular más contradicciones al conjunto general de la organización ya en su momento final. Otros documentos hallados en la casa de Zwack fueron un elogio al ateísmo y evidencias de un aborto practicado sin que se supiera la identidad de los implicados, aunque todos los indicios policiales apuntaban a Weishaupt, quien, al parecer, había mantenido una relación con su cuñada tras la muerte de su esposa. En cualquier caso, todo aquello no sonaba más que a una treta de introducción de pruebas deliberada para formar una acusación evidente contra aquella sociedad a través de la indecencia de sus integrantes. Estas prácticas torticeras han sido y siguen siendo parte de las herramientas sibilinas empleadas por la ortodoxia que sea a la hora de eliminar heterodoxias, versos sueltos y alteraciones de un orden defendido con las armas que sea. Y si tienen alguna duda, la heterogenia constitutiva de aquellas pruebas incriminatorias, lo aleatorio y, al mismo tiempo, condenatorio del hallazgo, ese galimatías sin sentido, pero que todo lo aclara, debe ser la prueba esencial para dudar de la realidad evidente del montaje. La República de Venecia, en su ansia por acabar con la fuga de maestros fundidores con las recetas de producción de vidrio, llegaron a construir verdaderos expedientes de desinformación incriminando a aquellos vidrieros díscolos con la ortodoxia jurídica de la producción muranesa. Gasparo Brunoro, por poner un ejemplo, hubo de sufrir la difamación de la pederastia en territorio francés y flamenco, lo que le obligó a marchar a tierras polacas, donde su desempeño quedaba alejado de los grandes circuitos comerciales.

NOMBRE	ALTER EGO
Johann Adam Weishaupt	*Espartaco*
Anton von Massenhausen	*Ayax el Grande*
Max Merz	*Tiberio*
Franz Xavier von Zwack	*Catón o Tamerlán*
Adolpf von Knigge	*Filo*

Illuminati fundadores.

Mas, viendo la documentación probablemente inventada e incautada en casa de Zwack, destaca poderosamente la presencia de un proyecto básico para construir una orden iluminada femenina. En esta línea tan sorprendente habría que detenerse para pensar en la relación entre los Illuminati y las mujeres. Dado que ninguna de éstas formó parte del núcleo principal fundador de la orden y que su incorporación no se llevó a cabo de forma evidente tras las reformas que siguieron a la llegada de Knigge, la posibilidad de crear una rama iluminada femenina se antoja ciertamente equívoca. Las teorías básicas de Weishaupt no indicaban que las mujeres quedaran excluidas del proceso de iluminación y, por otra parte, la obediencia continental de la masonería se apartaba de la inglesa específicamente por la posibilidad de incorporar mujeres a la iniciación en las logias. Desterradas de la masonería por los ingleses, los masones europeos no cerraban esa puerta, habiendo mujeres entre las muchas logias europeas desde aquel entonces. De modo que, si Adam Weishaupt había sido iniciado en una logia muniquesa de obediencia continental y ha de entenderse que, desde aquel punto organizativo, partió la construcción de la orden iluminada, no parece sensato creer que las mujeres fueran descartadas del camino hacia la iluminación desde el momento de partida. Es más, dado el anticlericalismo pertinaz de la sociedad y, sobre todo, la lucha contra todo aquello que identificaba a la Compañía de Jesús, me resulta complicado asumir que las mujeres quedaran excluidas y que fuera necesario practicar una nueva estructura iluminada para incorporarlas ya en 1786, momento en que el iluminismo estaba en retirada. No obstante, sí que parece lógico que se hallaran multitud de cartas, hasta dos centenares, entre Adam y los iluminados integrantes de los misterios menores, los llamados *areopagitas.* A ello se sumarían todo tipo de símbolos identificativos y secretos relacionados con la orden, calendarios, listas parciales de iluminados y la famosa insignia básica de la orden iluminada, la lechuza sagrada identificada con la sabiduría y que, en la mitología griega, representaba a la diosa Minerva. Además de todo aquello, parece que en aquella pesquisa también aparecieron textos relativos con los ritos de iniciación y las prácticas recomendadas de proselitismo. En otras palabras, la casa de Zwack habría dado pábulo a la eliminación sistémica de la orden iluminada, por lo que resulta más que asombroso la pervivencia conspiranoica entorno a la existencia oculta de los illuminati.

El segundo de los estudiantes de Weishaupt participante en la fundación de los Illuminati fue Max Merz. Poco o casi nada se sabe de él, más allá de la integración en el núcleo fundador de los iluminados y de ser uno de los primeros adeptos al iluminismo pregonado por su profesor y maestro en Ingolstadt. Aparte de haber sido enviado por Weishaupt a otras ciudades para iniciar la fase de proselitismo y captación de novicios. De todos los primeros iluminados, de aquellos que fundaron la orden, es seguramente del que menos información se ha preservado. De los documentos extraídos del registro en casa de Zwack sí se deduce que fue idea de Merz el hacer trascender la orden a un pasado remoto. No es que aquello fuera algo incomprensible o inédito. La inmensa mayoría de las organizaciones tienden a tergiversar el pasado en aras de fundamentar una raíz perdida en la noche del conocimiento. Toda masonería que se precie ha realizado tal práctica, llegando a conectar con el Egipto clásico el origen de tal obediencia. Costumbre asumida por el común de los mortales respecto a la aristocracia y sus ancestros imaginarios conectados con el origen de las identidades nacionales validadas por el poder político, la masonería y cualquier organización que se preciara hubo de abusar de tamaña estratagema. Si la familia Mendoza era capaz de conectar sus ancestros con los propios visigodos y los Fernández de Velasco, por citar algunos, mantuvieron inalterable aquel apellido que los enganchaba con el primero de los condes de Castilla, Fernán González, quién podía evitar la idea de que hubiera masones antes incluso de que tal palabra existiera o illuminati en los tiempos inmemoriales. De hecho, el concepto de iluminismo ya había sido utilizado con anterioridad por los ilustrados y, antes que estos, por los alumbrados españoles y hasta por la tendencia humanista liderada por Erasmo de Rotterdam. Esa búsqueda de iluminación para conseguir una mayor proximidad a lo que se entendía que era la divinidad, acabó por asociarse a todo aquel o aquella que buscara la inspiración para conectar lo divino y humano y no siempre a través del carril normalizado por la ortodoxia católica. En ese sentido, los llamados místicos, poetas y renovadores de la fe, también cayeron en ese plano de iluminación sobre el que se construiría el concepto de illuminati, que no la ideología derivada de todo el proceso reformador. Es, por todo ello, plausible que, siendo Merz un estudiante aventajado de la cátedra de

Cementerio de la familia Knigge en Bredenbeck.

derecho canónico ocupada por Weishaupt y próximo a los seculares estudios de teología impartidos en Ingolstadt, hubiera llegado a conocer todo pensamiento filosófico previo cercano al concepto de iluminado para llegar a la conclusión de las ventajas derivadas de conectar con la nueva orden aquel histórico bagaje bien conocido por aquellos paisanos destacados y conocidos como objetivo básico para la integración en la orden.

En ese perfil proclive a la iluminación cabía sin ninguna duda Adolph von Knigge. Si bien no puede ser considerado como uno de los fundadores de la orden iluminada, la trascendencia que tuvo para la sociedad su incorporación me impide no incluirlo entre aquellos. Transformador del concepto de iluminado y diseñador de la estructura final que habría de tener la orden de los iluminados, Knigge ha de ser considerado como uno de los padres de aquella sociedad secreta. Nacido en Bredenbeck, muy cerca de Hannover, Adolph vino al mundo perteneciendo a la aristocracia tradicional sajona. Su familia, los Knigge de Bredenbeck, habían recibido el señorío sobre aquel territorio en 1312 de manos de Juan II, duque de Sajonia-Lauenburgo. Instalados allí desde principios del siglo XIV, los Knigge alcanzaron la nobleza con el título común de *Freiherr* o barones. Alumno de la universidad de Gotinga, Adolph cursó estudios en derecho, siendo su recurso principal, a fin de cuentas, después de ver cómo le fue la vida. En efecto, la ruina económica a la que llegó su familia le obligó a abandonar la diletante vida de aristócrata rentista y dedicarse a la aplicación práctica de sus conocimientos adquiridos en la universidad.

Ejerciendo como letrado, pronto entró en contacto con la administración de lo público en las múltiples posibilidades políticas existentes en una Alemania inexistente. Tras la fracasada experiencia al servicio del prusiano e ilustrado Federico II, empezó a cumplir con responsabilidades menores en gobiernos secundarios, como en el landgraviato de Hesse. En aquel principado electoral, con capital en la ciudad de Kassel, Knigge ocupó varios puestos de responsabilidad dentro del tribunal principal del principado y como asesor del ministerio de guerra y de hacienda. Fue probablemente en aquellos años cuando se inició en la masonería, formando parte del rito templario constituido por el príncipe Ferdinand de Brunswick en 1772, la *Magnus Superior Ordinis*. En esa obediencia y bajo el alias de caballero *Cygne Triumphante*, Knigge cumplió con la tendencia altamente expandida por toda la aristocracia centroeuropea de formar parte de la masonería. Además, en aquella ciudad de Kassel era donde se había constituido el origen de la organización paramasónica de la Rosacruz, siendo muchos de los masones unidos al citado rito templario, miembros de la Rosacruz. Amante como era del ocultismo y el culto a lo secreto y arcano, Knigge trató infructuosamente formar parte de aquella otra sociedad secreta. Ya fuera por su escaso bagaje familiar en términos aristocráticos, por la pérdida de poder económico o el carácter funcionarial de su dedicación profesional e, incluso, su prolífica publicación de obras de carácter político, Knigge nunca consiguió acceder a la secreta orden de la Rosacruz. Algunos piensan que, en consecuencia, a tamaño fracaso continuado, Knigge acabó por ingresar en la orden de los Iluminados de Baviera, despechado y convencido de constituir una verdadera sociedad secreta que transformara la sociedad desplazando al resto de las organizaciones masónicas y paramasónicas, siempre bajo el paraguas de las ideas ilustradas.

En esos años previos a su ingreso en la orden iluminada, Knigge, ya conocido político y gestor, había labrado múltiples contactos personales en las muchas cortes donde había prestado servicio. Sin ir más lejos, en 1777 había llegado a ocupar el cargo de chambelán de servicio en la corte de Carlos Augusto de Sajonia-Weimar-Eisenach, quien, desde hacía un par de años, ostentaba el ducado. Masón y alnado del gran poeta Goethe, Carlos Augusto había iniciado un periodo de extremo desarrollo conocido como el clasicismo de Weimar, lo que habría de llevarle a ocupar una prestigiosa posición política y militar en el entorno prusiano. En ese servicio, como es lógico pensar, Knigge fraguó, además de amistades y contactos del más alto nivel político, una tendencia hacia la fusión de todo en interés del éxito personal poco gratificante para el sentir iluminado. Su principal obra, *De cómo tratar a las personas*, publicada cuando los Illuminati ya eran pasado perfecto, muestra lo que se debería entender como buenos modos a la hora de establecer relaciones provechosas y el camino básico para construir lo que sea en términos sociales.

Por todo ello, en el momento en que Knigge ingresó en la orden de los iluminados recién creada por Weishaupt y sus alumnos aventajados, contaminó aquel ideal con una serie de factores adquiridos por su experiencia profesional y por su fracaso personal en la consolidación de una posición que lo hiciera realmente notorio. Centrada la orden en la divulgación de la cultura educativa, en la enseñanza y progreso individual en sociedad como garante del cambio y transformación de la sociedad, la llegada de Knigge reformó uno de los pilares básicos de la sociedad: el carácter interclasista y rompedor de una orden basada en la relación docente e investigadora entre maestro y alumno. Las múltiples conexiones de Knigge, si bien permitieron una rápida y fructífera expansión de los Illuminati, pervirtió aquella idea ilustrada, acercando el crecimiento de la orden a una moda pasajera entre la aristocracia urbana y política alemana. Del mismo modo que los masones y paramasones ocultaban la identidad en alias y alter ego, Knigge introdujo entre los illuminati el enmascaramiento que escondiera la presencia dentro de la sociedad, algo muy pertinente para aquellos aristócratas interesados en probar la iluminación. Obviamente, la diletante aristocracia bávara y sajona, prusiana y austriaca, poco interés podrían tener en sociedades reformistas próximas a lo que pronto sería el liberalismo político. Ahora bien, ocultos en una máscara arcana podían añadir a las otras vidas masónicas y rosacrucianas que vivían una más entre iluminados investigadores, estudiosos del cambio social y revolucionarios en potencia.

En lo que se refiere a las personalidades alternas elegidas entre los fundadores, es fácil encontrar un significado sugerente y una declaración de intenciones. Empezando por el fundador principal, Weishaupt, quien eligió el alter ego de Espartaco, o el Ajax de Massenhausen, la idea de presentar batalla a un orden establecido, a triunfar heroicamente ante una Ilión dominada por el misticismo más mendaz o sucumbir homéricamente bajo el yugo patricio de una Roma inmisericorde con los que sustentan la lamentable y decadente vida corrupta de la élite definía con claridad los objetivos fundacionales de la orden. Merz eligiendo Tiberio o Zwack entre Catón y Tamerlán, mostraban un interés mayor en la organización, alejados de la lucha. Knigge, por su parte, al renombrarse *Philo* o Filón, dejaba un aviso a navegantes sobre la providencia divina y la pertenencia del mundo a dios y no a los hombres, tal como postuló el filósofo alejandrino en contraposición con los postulados idealistas de Platón y físicos de Aristóteles.

FAMOSOS Y AFAMADOS

El ingreso en la orden de Knigge supuso una transformación notoria en el desarrollo y consolidación de la sociedad. Para empezar, su capacidad gestora y organizativa, según se ha visto en los capítulos anteriores, cambió por completo el simplismo fundacional de Weishaupt, incorporando el carácter masón a las influencias jesuitas e ilustradas imbuidas en los primeros momentos de la orden. Por otra parte, el carácter aristocrático de Knigge y la frustración masónica y rosacruciana inherente al barón de Bredenbeck, provocaron una tracción iluminada entre la aristocracia y la burguesía difícilmente controlable. Ofrecida la iniciación a todo quisque de aquel ambiente superficial donde el que menos buscaba algo que hacer con su vida, pronto empezó a llenarse la sociedad de blancas pelucas lazos de seda, pervirtiendo la idea reformista original. Por otra parte, la divulgación de su existencia, de una orden alejada supuestamente de la masonería, pero con similares cimientos, y conectada con sentires revoltosos, apareció entre aquellos diletantes y ociosos aristócratas como una divina alternativa a la masonería, donde apenas se podía discutir y polemizar desde la distancia más insustancial. Al igual que ocurriera con esa *gauche divine* franco-catalana nacida en los años sesenta del siglo xx en una conocida discoteca barcelonesa, las ideas revolucionarias siempre son bien acogidas por los privilegiados que ven en el disfrute de su posición una injusticia contra la que actuar desde la distancia. Comprometidos con el cambio, pero menos, los aristócratas revisionistas de la injusta sociedad que otros padecen y ellos disfrutan tienden a sumarse a todo tipo de actividad que prometa una reforma, aunque sea mínima. Del mismo modo que los burgueses adinerados y aristócratas leídos del siglo xix empezaron a pergeñar toda clase de reforma social que sacara a la inmensa mayoría de una vida gastada en beneficio de unos pocos, muchos de esos iluminados aristocráticos pudieron ver algo de luz dentro de esa sociedad sin tener que bien encender la pira, bien quemarse en el proceso. Aún lejos de las hogueras revolucionarias que se llevarían por delante a Danton y la reforma social, los privilegiados y ricos hacendados de existencia desocupada empezaron a iniciarse en la orden iluminada para regocijo de los jóvenes y, principalmente, los illuminati de menor rango. Atrayendo a la élite de la sociedad, muchos de aquellos neófitos en esas ideas nacidas en la mente reformadora de Weishaupt vieron un éxito improbable, dada la condición de partida de muchos minervales empolvados.

En términos sustanciales, por el contrario, el éxito del proselitismo aristocrático logrado por el prestigio de Knigge contravino sin duda con el espíritu fundacional de la orden. Cercanos a los jesuitas y masones en su mayoría, los nuevos iniciados desviaban a los Illuminati de su finalidad primordial que no era otra que la transformación de la sociedad bajo el prisma de luz ilustrada. De la mayoría de nuevos iluminados, muy pocos comulgaban con la ilustración más allá de lo recogido por los exabruptos manipulados en que reconvino el despotismo del XVIII. Entre los más destacados de aquellos illuminati de segunda generación, llama especialmente la presencia del afamado dramaturgo y novelista Johann Wolfgang von Goethe. Siendo como

Templo de la Rosacruz. T. Schwieghart en 1604.

era un afamado escritor desde la publicación de su drama epistolar *Las penas del joven Werther*, Goethe había sido invitado por el duque Carlos Augusto de Sajonia-Weimar-Eisenach a formar parte de su corte en 1775, justo en el momento en que Knigge alcanzaba el puesto de chambelán. De vida delirante y compleja hasta la locura, Goethe, que había fracasado en numerosas relaciones personales y profesionales, que había sufrido el rechazo académico por sus tesis iconoclastas respecto al control y participación de la iglesia en la gestión del Estado, era por aquel entonces un referente de lo que habría de ser el joven romántico modelo del siglo XIX, aquel en el que se verían reflejados paradigmas como Lord Byron, Espronceda o Gustavo Adolfo Bécquer. Antes de alcanzar al mayúsculo éxito derivado de su obra maestra, *Fausto*, Goethe caminó con paso firme por una plétora de experiencias complementarias y antagónicas hasta conformar una más que compleja personalidad. Paradigma de hombre ilustrado, Goethe había sido introducido en aquel sentir por el teólogo y literato Johann Gottfried Herder durante el periodo pasado en Estrasburgo. Más comprometido con la estética literaria anglosajona, Herder alejó del clasicismo francés a Goethe, llevándole a firmar el manifiesto *Sturm und drag*, base del romanticismo y clasicismo literario alemán. Ahora bien, su relación con la orden de los Iluminados nace a los pocos años de establecerse en la corte de Weimar. Escalando paso a paso dentro de la estructura político-administrativa donde poner en práctica sus conocimientos jurídicos, Goethe empezó siendo consejero Secreto de Legación en 1776, año de fundación de la *Illuminatenorden*, hasta alcanzar el cargo de ministro plenipotenciario o supremo de aquella corte despótica. Fue durante esos años cuando, a pesar de haber trabado amistad con Friedrich von Schiller, Goethe abandonó prácticamente la literatura y acabó por entregarse a la discreción y crecimiento interior propuestos por la masonería. Iniciado en la logia *Amalia zu den drei Rosen* en Weimar hacia 1780, Goethe representaba como nadie la importancia que la inspiración masónica podía despertar en un espíritu inquieto y superdotado para el estudio y análisis del conocimiento. Masón como ninguno, Goethe expresó entre versos y párrafos la trascendencia de la búsqueda interior que impulsa al iniciado hacia un crecimiento individual que habrá de mejorar a la fuerza la sociedad en que está integrado. Ese sentir masónico que puede apreciarse en las páginas de *Los años de aprendizaje de Wilhelm Meister* o en la novela versificada *Hermann y Dorothea* complica el sentido de su ingreso en la Orden de los Iluminados bávaros. Defensor del compromiso con el avance individual, de la colaboración entre compañeros masones, Goethe no representaba el desdén palmario que Adam Weishaupt destilaba en sus escritos hacia la masonería. Además, el hecho de que, al poco de iniciarse Goethe, le siguiera el duque Carlos Augusto, Herder, Wieland y el conde de Marschall, resulta harto complicado entender la presencia de Goethe entre los illuminati.

Sea como fuere, el famosísimo dramaturgo ingresó entre los minervales probablemente por recomendación de Knigge, con quien ya compartía corte en Weimar. Entre el carácter aristocrático que imprimió Knigge a aquel proselitismo y, no me cabe la menor duda, el interés de la masonería por aquella nueva forma de ver el camino hacia la iluminación, Goethe cumplió más como un caballo de Troya que desde el prisma de fiel iluminado con su filiación dentro de la sociedad secreta. Siguiendo las normas de todos los iniciados, cambió su nombre por un alter ego sacado de la leyenda clásica pagana. En su caso, el nombre elegido, *Abaris*, le acercaba a la Grecia clásica. Mago, sacerdote y hasta profeta, Abaris era tan mitológico e imaginario como el

Goethe en la campiña romana. Tischbein, 1787.

éxito augurado para la orden por Knigge. Alimentado por los propios salmos que componía, aquel escita en que se escondía Goethe dentro de la orden viajaba por el mundo sobre la flecha que le había regalado el dios Apolo. Resolviendo problemas, pestes y trifulcas varias, a la vez que escribiendo poesía, prosa y alabanzas a las deidades paganas, Abaris representaba ese incipiente romanticismo que Goethe había postulado unos pocos años antes de asentarse en Weimar.

Puede que la relación entre Goethe y el duque Carlos Augusto diera pábulo a Knigge para ofrecer a todo quisque la iluminación prometida por la orden de Weishaupt. Empleando, por tanto, las conexiones masónicas tan en boga entre los aristócratas con los que Knigge tenía contacto en el ejercicio de su profesión, la *Illuminatenorden* fue esparcida por toda aquella corte repleta de masones de cualquiera que fuera la obediencia. Así, la atracción de la propuesta diseñada por Knigge captó pronto numerosos iniciados en muchas de las logias masónicas no sólo de Baviera, Sajonia, Prusia y el corazón de lo que habría de ser Alemania un siglo más tarde; los illuminati se propagaron por la mayoría de los círculos masónicos de los cantones suizos, Países Bajos, del norte de Italia e incluso Francia. En lo que se refiere a la logia Augusta de las Tres Coronas establecida en Freising, al norte de Múnich, los illuminati de Knigge pescaron a base de bien. Los primeros en sumarse a la nueva orientación iluminada fueron los integrantes del gobierno bávaro, compañeros de cuitas del barón von Knigge. Los chambelanes del Elector de Baviera, el ya citado duque Carlos Augusto, barones de Frauenberg y Strommer así como el conde de Taufkirch aceptaron con rapidez la integración en la orden. Quizás impelidos por la pasión de Knigge y el desprecio de Weishaupt hacia la masonería, estos aristócratas de medio pelo llegados al poder mediante su proceso formativo en la universidad pudiera ser que vieran en el camino hacia la iluminación una vía pareja de ascensión hacia posiciones más prestigiosas que les hiciera olvidar la medianía de su estirpe aristocrática. Más volcados hacia la ciencia y el estudio superior, sin duda escapando de un pasado aristocrático poco halagüeño, su fe en el conocimiento pudo ser un acicate para su apuesta por la orden iluminada. Claro que, por otra parte, también pudo ocurrir que, como sospecho de Goethe, aceptasen iniciarse en la iluminación para recabar información acerca de lo que esa propuesta tan extemporánea suponía.

En el caso de los eclesiásticos, no me cabe la menor duda. El desprecio hacia la labor jesuita en el control de la universidad y la voluntad de Weishaupt de ocupar ese vacío que dejó la suspensión de la Compañía hubo de alertar al conjunto de la iglesia en Baviera y sus proximidades. Entre los iluminados de este segundo cuño se encontraron el canónigo de la colegiata de San Andreas, Joseph de Delling o el canónigo de la catedral de Múnich, el conde de Konigsfeld, quien, además, había sido embajador en la corte imperial de Viena en 1755. La tracción al parecer irresistible que habían generado las reformas en la orden implementadas por Knigge arrastraron a no pocos muniqueses en los años siguientes. En los listados descubiertos en la citada captura de información iluminada aparecieron aristócratas de la talla del barón de Montgelas y el marqués de Constanzo; los barones de Hornstein, Fuell y Gumpenberg; además de los condes de Lodron y Spaur. Al igual que ocurriera con los consejeros del elector de Baviera, en Múnich también integraron la nueva sociedad asesores y políticos de la talla de Dufriène, Frohnhofer o Werner y algún que otro canónigo como Bernat. Ya en la década de los años ochenta, poco antes de que Knigge perdiera la pasión por este proyecto, la orden había alcanzado Hungría, donde el masón Pedro de Balagh, integrante de la logia *El Silencio* de Bratislava, y el barón Podmaniczky figuraban entre sus minervales. En el Tirol alemán gobernado desde Viena los años del reinado de la emperatriz María Teresa de Austria, la nueva sociedad se expandió con relativa sencillez. No hay que olvidar las relaciones con los electores iluminados como Carlos Augusto y la presencia de embajadores de la misma obediencia, sin ir más lejos el conde de Konigsfeld. Los principales integrantes de aquel gobierno tirolés pronto entraron a formar parte de las asambleas minervales. Su presidente el conde de Heister, el conde Künigl, vicepresidente y el más poderoso de los consejeros, el conde de Thurn y Taxis, heredero de una de las familias más importantes de Europa en el tránsito de mercancías desde finales del medievo, se añadieron al ya largo listado de illuminati entre los principales cortesanos de aquella incipiente sociedad alemana.

El listado de miembros confirmados una vez fue descarada la orden, como puede verse en la tabla siguiente, es de lo más significativo. En términos geográficos se aprecia que, a pesar de haber nacido la orden en Ingolstadt, la expansión consecuente a las reformas de

Knigge lanzó el proselitismo por todos los territorios adyacentes cercanos y no tanto. Siendo la gran urbe política y administrativa Múnich, no parece sorprender la aparición de illuminati en gran proporción dentro de la capital bávara. Ahora bien, la concentración en Aix-la-Chapelle o París, la presencia de iniciados en Nápoles y dentro de la corte imperial no deja de ser interesante en términos políticos.

En lo que se refiere a la profesión de los iniciados, aun partiendo de la universidad y siendo el conocimiento la base de todo progreso iluminado, eran más los políticos y representantes de responsabilidades estatales que los profesores, en clara minoría frente a juristas, abogados o médicos e, incluso músicos o pintores, lo que demuestra que la tendencia inicial iluminada cambió en el momento en que Knigge reformó las estructuras para atraer tanto a francmasones desencantados como a pusilánimes aristócratas dispuestos a probar lo que fuera para llenar de algo su insustancial y diletante vida. La gran presencia de eclesiásticos no necesariamente expelidos por una iglesia católica en retirada defensiva frente a la llegada del liberalismo ilustrado me hace pensar en la necesidad de conocer al enemigo, como bien dirían muchos de los conspiranoicos cerrados en banda contra la *Illuminatenorden*. En el caso de las mujeres, su ausencia en un atronador silencio no es más que un punto a comprender y estudiar. No hay que olvidar la voluntad final de empezar a asumir la presencia femenina dentro de la orden lo que aleja a todos estos iluminados de la razón integradora que sí se había propagado por la francmasonería continental durante el siglo XVIII, poco antes de que naciera la sociedad en aquella noche de abril de 1776.

NOMBRE	PROFESIÓN
Barón Thomas Franz Maria de Bassus	Editor, mecenas y francmasón
Franz Paul von Berger	Jurista y abogado
Conde Alexander von Savioli-Corbeli	Político cortesano
Marqués Constantin von Costanzo	político
Conde Johann Philipp von Cobenzl	Político
Franz Xavier von Zwack	político

Asamblea Areopagita de los Illuminati.

Por último, resultaría una decepción no echar un ojo al círculo más importante de los illuminati, aquellos que habían alcanzado los misterios mayores. Encabezados y liderados por Adam Weishaupt, seis iluminados formaban aquel selecto círculo. Lo más increíble es la ausencia de fundadores entre el citado consejo, donde ni tan siquiera se incluye a Knigge, reformador principal y artífice del éxito de expansión de la sociedad. Sí parece evidente a simple vista que, de todos aquellos que alcanzaron el nivel máximo, ninguno representaba el espíritu inicial de que dio origen a la sociedad. Sin embargo, el posicionamiento político en las principales cortes centroeuropeas de todos aquellos más los muchos que pueden apreciarse en listado inferior, han de hacer comprender el miedo general que entre los defensores de la ortodoxia política y religiosa, entre los pilares del absolutismo y el despotismo ilustrado, así como entre las filas más oscuras y recalcitrantes de la iglesia católica y creció con fuerza un relato de oscurantismo y perversión social enganchado al concepto illuminati del que nunca pudieron escapar aquellos que sobrevivieron a la orden, condenada ya a finales del XVIII a la maledicencia y la persecución, convirtiendo a cualquiera que se acercara aun colateralmente a la iluminación en un enemigo del orden y la justicia, de la religión y la rectitud social, víctima propiciatoria de todo tipo de vejación y persecución.

LISTADO DE ILLUMINATI CONFIRMADOS

NOMBRE	DESCRIPCIÓN	LOCALIZACIÓN	ILUMINADO
Abel, Jacob Friedrich von	Profesor de filosofía	Stuttgart	*Pythagoras Abderites*
Ackermann, Edmund	Comerciante	Mainz	*Sextus Quintilius Varus*
Aldenbruck, Christian Heinrich	Consejero político	Colonia	*Petrus Waldus*
Ambach von Grienfelden, Martin	Canónigo	Bozen, en el Tirol alemán	*Antonius Liberalis*
Antoine, Ferdinand de	Compositor	Bonn	*Hermógenes*
Baader, Ferdinand María von	Médico de la familia ducal	Múnich	*Celso*
Baggesen, Jens	Escritor	Hamburgo	*Immanuel*
Balagh, Pedro de	Político	Hungría	
Barres, Karl des	Oficial del ejército	Neuwied	*Archelaus*
Barth, Joseph	Oftalmólogo	Viena	*Osiris*
Bassus, Barón Thomas Franz Maria de	Editor, mecenas, francmasón	Múnich	*Hannibale (Areopagita)*

Batsch, August Johann Georg Karl	Profesor de ciencias, micólogo	Jena	*Florian*
Becker, Rudolph Zacharias	Escritor y profesor	Gotha	*Henricus Stephanus*
Beer, Sebastian	Pintor	Múnich	*Durero*
Belcredi, Conde Anton Von	Supervisor imperial	Brünn	*Minutius Rufus*
Bentzel, Ansel Franz von	Canciller y gobernador de la universidad	Mainz/Viena	*Arnulfus Imperator*
Berger, Franz Paul von	Jurista y abogado	Múnich	*Cornelius Scipio (Areopagita)*
Bernat	Canónigo	Munich	*Antistenes*
Bleibtreu, Ludwig Georg	Administrativo	Neuwied	*Favorinus*
Blumauer, Alois	Editor, poeta, masón	Viena	*Hermionius*
Bode, Johann Joachim Christoph	Editor de Goethe y Herder	Weimar	*Aemilius (Sucesor de Adam Weishaupt)*
Born, Ignaz von	Ingeniero	Viena	*Furius Camillus*
Boss de Waldeck y Montfort, Barón Philipp von	Chambelán	Mainz	*Alcuinus*
Brannten, Joseph	Comerciante	Aquisgrán	*Helvidius Perseus o Priscus*
Bronner, Franz Xavier	Escritor	Aarau	*Aristóteles*
Brunswick-Lüneburg, Duque Fernando de	General prusiano	Brunswick	*Aaron*
Burkard, Johann Stephan	Médico	Mainz	*Sextus Empiricus*
Burkart, Philipp Karl	Clérigo	Mainz	*Cleanthe*
Busche, Barón Georg Wilhem von dem	Militar sajón	Hannover	*Bayard*
Caprano, Johann Adam	Abogado	Mainz	*Arioviste*
Cobenzl, Conde Johann Philipp von	Político y diplomático, ministro de asuntos exteriores, vicecanciller	Viena	*Numa Pompilius Romanus (Areopagita)*
Cobenzl, Conde Ludwig von	Diplomático y político	Eichstatt	*Arrian*
Coronini, Conde Johann Baptist von	Militar	Mainz	*Bembo*
Cosandey, Johann Sulpitius	Jurista	Múnich	*Jenofonte*
Costanzo, Marqués Constantin von	Político	Múnich	*Diómedes (Areopagita)*
Dalberg, Charles Théodore	Arzobispo	Mainz	*Baco de Verulam*
David, Barón von Cronenstein Anton Franz	Aristócrata y militar	Praga	
Delling, Joseph von	Canónigo	Freising	*Pansa*
Delling, Nepomuk von	Político municipal	Múnich	*Plinius Minor*
Denecke, Arnold Gerhard	Jurista y politico municipal	Bremen	*Gelon*
Dietrich, Barón Philippe-Frédéric de	Alcalde	Estrasburgo	*Omarius*
Dillis, Johann Maximilian Georg von	Pintor	Múnich	*Timagoras*
Ditfurth, franz Dietrich	Jurista y abogado en la cancillería	Wolfenbüttel	*Minos*

200

Dobruska, Moses	Revolucionario converso y francmasón	París	Schönfeld, Franz Thomas von
Dorner, Theodor	Secretario	Múnich	*Scaliger*
Dorsch, Anton Joseph	Teólogo	Mainz	*Ptolemäus Lathurus*
Drexel, Anton	Bibliotecario	Ingolstadt	*Pitágoras*
Drück, Friedrich Ferdinand	Historiador	Stuttgart	*Heraklit*
Dufresne, Franz Paul	Político municipal	Múnich	*Maevius*
Dufriène, Consejero	Político	Munich	*Menio*
Duschl, Alois	Tutor	Ingolstadt	*Deucalión*
Eckartshausen, Karl von	Escritor	Múnich	*Aetilius Regulus*
Egkher, barón Ludwig von	Político cortesano	Amberg	*Pericles*
Ehrmann, Johann Christian	Médico	Frankfurt	*Hierophilus*
Eichhoff, Johann Joseph	Cocinero de corte	Bonn	*Desiderius*
Eichhoff, Johann Peter	Editor	Bonn	*Hephaestion*
Erdt, Barón Markus von	Consejero cortesano	Múnich	*Teseo*
Ernesto II, Duque de Sajonia-Gotha-Altenburgo	Estadista, aristócrata y francmasón	Gotha	*Quitus Severus*
Ernesto Luis II, Duque de Sajonia-Meining	Estadista, aristócrata y francmasón	Gotha	*Timoleón*
Esser, Rudolph	Comerciante	Aix-la-Chapelle	*Godofredus a Valla*
Falgera, Sigismund	Músico	París	*Attis*
Feder, Johann Georg	Filósofo	Göttingen	*Marcus Aurelius*
Fischer, Johann Baptist	Comerciante burgués	Ingolstadt	*Menippus*
Fischer, Wilhelm	Militar	Brunn	*Scipio Africanus*
Fort, Barón Peter Franz le	Abogado público	Brunn	*Dolabella*
Frauenberg, Barón de	Político	Munich	*Trajano*
Fronhofer, Ludwig	Profesor	Múnich	*Raimundus Lulius*
Fuchs, Johann	Copista	Neuwied	*Mohrhof*
Füll, Barón Johann Nepomuk von	Químico y meneralogista	Múnich	*Phyloctetes*
Gebler, Barón Tobias Philipp	Político y embajador	Viena	*Eberhard*
Gebra, Johann Ludwig	Tutor	Neuwied	*Buxtorff*
Gemmingen zu Hornberg, Barón Otto Heinrich	Editor	Viena	*Antoninus*
Gerstner, Joseph	Médico	Eidstatt	*Odín*
Glückselig, Ignaz	Administrador	Brunn	*Curius Dentatus*
Goethe, Johann Wolfgang von	Poeta, dramaturgo, escritor	Weimar	*Abaris*
Grabianka, Conde Tadeusz	Aristócrata	Berlín	*Conde Ostap*
Greiffenklau de Vollrats, Barón Friedrich Karl von	Arzobispo	Mainz	*Hegesias*
Groggen, Christian von	Abogado	Neuburg	*Anacreón*
Grolmann, Ludwig von	Consejero político	Giessen	*Gratian*
Grünberger, Georg	Profesor censor de libros	Múnich	*Archytas*
Gumpenberg, Barón Ferdinand von	Vocal del tribunal	Múnich	*Protheus*
Hachenberg, Klemens Ferdinand von	Militar	Neuwied	*Quintus Sextus*

Haeffelin, Kasimir von	Obispo	Múnich	*Philo Biblicus*
Handl, Sebastian von	Militar	Burghausen	*Zoppirus*
Hartmann, Franz Phillipe von	Canónigo	Aix-la-Chapelle	*Van Espen*
Hatzfeld, Conde Hugo Franz von	Político	Worms	*Tankred d'Hauteville*
Haym, Karl Heinrich von	Militar	Neuwied	*Secundus Atheniensis*
Heister, Conde de	Político	Hungría	
Herder, Johann Gottfried von	Filósofo y poeta masón	Weimar	*Damasus Pontifex*
Herget, Johann Heinrich	Copista	Neuwied	*Lutherus*
Herler, Placidus	Monje benedictino	Donauwörth	*Vincentius Caraffa*
Hertel, Jakob Anton	Canónigo de la catedral	Múnich	*Marius*
Hesse-Kassel, Conde Charles	Militar	Schleswig	*Aarón*
Hieronimus, Conde Karl Joseph	Aristócrata, politico, embajador	Bonn	
Hof, Johann Georg	Miembro del tribunal de justicia y comisario escolar	Maiz	*Airon*
Hofmann, Andreas Joseph	Profesor	Mainz	*Aulus Persius*
Hohenfeld, Barón Christoph von	Consejero de Estado	Trier	*Newton*
Horix, Johann Baptist	Consejero privado y profesor	Mainz	*John Milton*
Hornstein, Barón Max von	Político municipal	Múnich	*Vitus Vespasian*
Hueber, Franz Xavier von	Político municipal	Múnich	*Theocritus*
Hutter, Xavier	Director de escuela	Straubing	*Apuleius*
Jacobi, Friedrich Heinrich	Asesor político	Düsseldorf	*Sully*
Jung, Johann Sigismund von	Abogado	Straubing	*Columella*
Kaunitz-Rietberg, Príncipe Wenzel Anton	Aristócrata	Viena	*Caesar*
Knigge, Barón Adolph von	Jurista, abogado y político francmasón	Weimar	*Philo*
Koenigsfeld, Conde J. de	Clérigo	Freysingen	*Augusto*
Kolowrat-Krakowsky, conde Leopold	Aristócrata, político	Viena	*Navius*
Kolowrat-Liebsteinsky, Conde Franz Anton	Militar, alcalde y político municipal	Praga	*Julius/Numenius*
Künigl, Conde de	Político	Hungría	*Demetrio*
Lang, Franz Georg	Miembro del tribunal	Eidstatt	*Tamerlán*
Lang, Johann Adam	Abogado	Mainz	*Hugo Grotius*
Lazansky von Bukowa, conde Prokop	Poltico y juez	Praga	
Lerchenfeld-Siessbach, Conde Franz Xavier von	Consejero de la corte	Múnich	*Cleomedes*
Lerchenfeld, Conde Maximilian Emmanuel	Militar	Múnich	*Epaminondas*
Lichnowsky von Woszczye, Príncipe Carl Aloys	Aristócrata	Viena	*Maecenas*

Lodron, Conde Maximilian von	Consejero político y aristócrata	Múnich	*Numa Pompilius Graeco*
Longueval Bouquoy und Gratzen, Conde Leopold Albert Franz	Militar	Viena	*Bellovacus*
Löwenich, Bartholomeus von	Comerciante	Burtscheid	*Albuceda*
Löwenich, Isaak von	Comerciante	Burtscheid	*Maimónides*
Löwenich, Peter von	Comerciante	Burtscheid	*Amphyction*
Macké, Franz Konrad	Comisario de policía y alcalde	Mainz	*Johann Reuchlin*
Mahrenfels und Bresowitz, Barón Joseph Brígido	Político	Trieste	
Malabayla, Conde Joseph Emmanuel	Botánico	Praga	*Ptolomeo Filadelfo*
Malcomesius, Franz Gottfried von	Militar	Neuwied	*Apolonius Thyanens*
Mändl, Barón del imperio Theodor de Deutenhofen	Político	Múnich	*Colbert*
Martini, Augustin	Prefecto de la escuela	Mainz	*Crantor*
Massenhausen, Anton von	Jurista del tribunal	Múnich	*Ajax (Fundador de la orden)*
Mauvillon, Jakob	Profesor	Kassel	*Agesilaus o Arcesilas*
Mayr, Simón	Compositor	Bérgamo	*Aristóteles*
Meggenhofen, Barón Ferdinand von	Auditor militar	Burghausen	*Sulla*
Meiners, Cristoph	Filósofo y profesor	Göttingen	*Dicearch*
Merz, Max von	Aristócrata	Ravensburg	*Tiberius*
Metternich-Winneberg, Conde Franz	Estadista y ministro plenipotenciario	Viena, Coblenza	*Ximénez*
Metternich, Matthias	Profesor de matemáticas	Mainz	*Thuisco*
Michel, Anton	Administrador	Freising	*Solón*
Mieg, Johann Friedrich	Eclesiástico	Heidelberg	*Epícteto*
Montalbano, Conde Joseph von	Militar francés	Múnich	*Cassius*
Montgelas, Barón Max von	Consejero cortesano	Múnich	*Musaeus*
Mühlbauer, Joseph	Secretario del consejo eclesiástico	Múnich	*Archilogus o Ardzilachus*
Münter, Friedrich	Eclesiástico francmasón y obispo	Zelanda	*Syrianus*
Musäus, Johann Karl Augustus	Profesor	Weimar	*Priscillian*
Neefe, Christian Gottlib	Organista de la corte	Bonn	*Glaucus*
Neumayr, Klemens von	Consejero de Estado	Burghausen	*Adonis*
Nicolai, Friedrich	Literato y librero	Berlín	*Lucian*
Nidermayr, Thomas	Párroco	Willing	*Suetonio*
Ockel, Balthasar	Consejero de la corte suprema imperial	Wetzlar	*Hércules*
Ostertag, Johann Philipp	Gobernador del gimnasio	Ratisbona	*Hierotheus*
Pálffy, Conde Franz von Elrod	Ingeniero y político	Hungría/Transilvania/Viena	

Pappenheim, Conde Friedrich Ferdinand von	Gobernador y político	Ingolstadt	*Alexander*
Pastor, Juan	Comerciante	Aix-la-Chapelle	*Albertus Magnus*
Paul, Joseph	secretario	Freising	*Typogranes*
Paula, Franz von	Político municipal	Freising/Hohenecher	*Alcibíades*
Peglioni, Conde Joseph von	Militar	Múnich	*Democratus*
Peletier, Friedrich Karl	Político	Colonia	*Maternus*
Pernat, Johann Nepomuk	Eclesiástico	Múnich	*Antístenes*
Pernety, Antoine Jospeh Dom	Alquimista, escritor y monje benedictino	Munich	
Pestalozzi, Johann Heinrich	Maestro	Brugg	*Alfred*
Pettenhofen, Barón Xavier von	Consejero judicial y eclesiástico	Múnich	*Orestes*
Pfest, Thomas	Estudiante	Ingolstadt	*Cicero*
Picard, Jean Baptiste le	Comerciante	Aix-la-Chapelle	*Fenelon*
Podmaniczky, Barón Pal	Político	Hungría	
Portia, Conde Niklaus von	Político cortesano	Mannheim	*Xenócrates*
Pufendorf, Barón Konrad Friedrich	Jurista	Viena	*Puteo*
Radl, Kaspar	Mayordomo	Múnich	*Cadmus*
Rasco, Barón Erasmus von	Militar	Múnich	*Achiles*
Reinhold, Karl Leonard	Filósofo	Viena/Kiel	*Decius (Líder de los Illuminati tras la muerte de Bode)*
Remy, Karl	Comerciante	Neuwied	*Diógenes Cynicus*
Renner, Vitus	Profesor	Múnich	*Anaximander*
Retzer, Barón Joseph Friedrich	Censor del libro	Viena	*Remus*
Richter, Johann Friedrich	Comerciante	Aquisgrán	*Oregius*
Riedesel, Barón Johann Hermann von	Consejero de la corte suprema	Wetzlar	*Ptolemäus Lagus*
Riedl, Michael von	Político cortesano	Múnich	*Euclides*
Ries, Franz Anton	Músico de corte	Bonn	*Parmenio*
Röntgen, Ludwig	Pastor protestante	Neuwied	*Averroes*
Roques, Jakob Elías de Maumont	Militar	Neuwied	*Theon*
Ruef, Kaspar	Profesor	Friburgo	*Fabius*
Satzenhofen, Barón Franz von	Militar	Múnich	*Artaxerxes*
Sauer von Ankestein-Kosiak, Conde Leopold	Militar	Munich	*Camillus Furius*
Sauer von Ankestein-Kosiak, Conde Wenzel Ferdinand	Político	Tirol	*Constantinus*
Sauer, Georg Konrad	Vicario canciller en la abadía de San Emerano	Regensburg	*Attila*
Saurau, Conde Franz Joseph	Político y embajador en Madrid	Viena	
Savioli-Corbeli, Conde Alexander von	Político cortesano	Múnich	*Brutus (Areopagita)*
Savioli, Conde Petronius von	Banquero	Ratisbona	*Perseus*

Schaffner, Joseph Leonard	Abogado	Biburg	*Marcellinus*
Schall, Barón Klemens August von	Asesor del tribunal	Bonn	*Chabrias*
Schall, Klemens August von	Militar	Bonn	*Anaxágoras*
Scheidt, Karl Theodor	Médico	Kettwig	*Linus*
Scheppler, Philipp Ernst	Abogado	Mainz	*Leo Armenus*
Schloissnigg, Barón Johan Baptist	Jurista	Colonia	*Superior der ecclesia minervalis Tribus Collinae*
Schlosser, Johann Georg	Jurista, abogado y juez	Frankfurt	*Dión o Mahomed*
Schmelzer, Franz	Canónigo y eclesiástico	Mainz	*Manetho*
Schmid, Barón Philipp von	Canónigo	Straubing	*Horacio*
Schneider, Euloge	Capuchino, fiscal popular durante la Revolución francesa y francmasón	Estrasburgo	*¿Anacreonte?*
Schröckenstein, Barón Friedrich von	Canónigo	Eidstatt	*Mahomet*
Schumann, Valentín	Canónigo	Mainz	*Gustav Wasa*
Seeau, Conde Joseph Anton von	Mayordomo de la corte	Múnich	*Apollo*
Seifert, Prosper	Monje agustino	Brunn	*Livius*
Seinsheim, Conde Max Joseph von	Político	Múnich	*Alfred*
Semer, Xavier Fernand	Profesor	Ingolstadt	*Cortez*
Simon, Johann Friedrich	Profesor	Neuwied/Estrasburgo	*Hazon*
Simrock, Nikolaus	Músico de corte y editor	Bonn	*Jubal*
Socher, Joseph	Inspector educativo	Landsberg	*Hermes Trimegistos*
Sonnenfels, Joseph von	Jurista y escritor	Viena	*Fabius o Numa Pompilius Romanus*
Spaur, conde Friedrich Franz Joseph	Político	Munich	*Héctor*
Spittler, Ludwig Theodor	Historiador y ministro	Göttingen	*Bayle*
Stadion, Barón Friedrich Lothar von	Ministro plenipotenciario	Múnich	*Rómulus*
Starhemberg, Conde Gundacker Franz Xaver	Aristócrata	Viena	
Stoll, Maximilian	Médico	Viena	
Stolsberg-Rossla, Conde Johann Martin de	Aristócrata	Neuwied	*Ludovicus Germánicus o Campanella*
Strommer, Barón de	Político	Munich	*Ático*
Taufkirch, Conde Alois Ludwig von	Militar	Wassserburg	*Agesilaus/Pompeyo*
Thurn und Taxis, conde de	Político	Hungría	
Tommasi, Marqués Donato	Primer Ministro del Reino de las Dos Sicilias y francmasón	Nápoles	*Giano Gioviano Pontano*
Török de Szendró, Conde Ludwig	Militar y político	Hungría	
Törring, Conde Anton von	Presidente de sala de corte	Múnich	*Ulysses*
Trapp, Conde Gaspar	Político, aristócrata	Insbruck	
Tropenegro, Ernst Leopold	Comerciante	Múnich	*Coriolanus*

Utzschneider, Joseph von	Profesor, consejero y secretario de corte	Múnich	*Hellenicus Lesbius*
Waldersdorf, Conde Philipp Franz von	Canónigo y obispo	Trier y Speyer	*Walsingham*
Weishaupt, Adam	Profesor y consejero en Gotha	Ingolstadt y Gotha	*Spartacus (Líder fundador de la orden de los Iluminados)*
Wendelstadt, Johann. Gregor	Médico y perito judicial	Neuwied	*Eucharius*
Werner, Erasmus von	Asesor y consejero	Múnich	*Menelaus*
Wlaskowitz, Johann von	Militar	Brünn	*Aurelius Cotta*
Wolfgang Ernst II, Príncipe de Isenburg y Büdingen	Líder político y aristócrata	Offenbach del Main	
Woschika, Franz Xavier	Músico	Múnich	*Astiages*
Wundt, Karl Kasimir	Profesor	Heidelberg	*Raphael*
Würschmidt, Gottfried	Canónigo y eclesiástico	Mainz	*Abraham*
Zwack, Franz Xavier von	Político y presidente en Múnich y Speyer	Múnich	*Cato (Areopagita)*

Luchando contra los Illuminati

No parece claro que la Orden de los Iluminados creada en la noche de *Walpurgis* de 1776 por Adam Weishaupt y sus acólitos supusieran un peligro inherente para el orden establecido que fuere. Adscrita al ámbito académico, la sociedad secreta en cuestión parecía una organización más derivada de la influencia horizontal y vertical que la explosión propia de la masonería durante el siglo xviii había provocado. Es más, la ingente profusión de sociedades discretas y secretas constituidas durante aquellos años bajo las amplias alas de la francmasonería convertían a los illuminati de Baviera en una anécdota más en el momento de su fundación. Un intento, sin más, de redirigir hacia el progreso académico el esfuerzo ingente gastado por una multitud de organizaciones empeñadas en mejorar la sociedad a través del crecimiento individual. Además, la duplicidad de obediencias masónicas generada por la aparición de la continental que amparaba el debate político y religioso abría el horizonte asociativo de un modo casi incontrolable, lo que ocultaba aún más si cabe la aparición de los iluminados bávaros.

No obstante, resulta evidente que la propagación de las ideas reformistas ilustradas, fruto del convencimiento de que un modelo político estaba en ciernes a la sombra del caduco antiguo régimen, incitaba a la organización y asociación de aquellos que alumbraban un horizonte de cambio. La productividad ingente de pensamiento traducida en una cosecha de pensadores más que exagerada, así como la consolidación de los primeros grupos políticos en el ámbito anglosajón, amén de la caducidad del esfuerzo normalizador de la iglesia católica, abonaron un campo fértil en lo que a la transformación social y política se refiere.

LA IGLESIA CATÓLICA CONTRA LOS ILLUMINATI

En los términos que nos hemos venido moviendo en las páginas previas, la ortodoxia derivada de los diversos regímenes absolutos extendidos en el tiempo más allá de lo aconsejable condujo a un proceso de cambio irrefrenable en las sociedades europeas occidentales y en los territorios que aquellas habían asumido en expansión imparable. Que la normalización de un modelo político durante tres siglos ya olía también resulta claro al analizar la situación de aquella Europa a medio camino entre la posible revolución y el reformismo más falaz. La llegada de la primera fase industrializadora y la eclosión del racionalismo alumbrado en el siglo XVII de forma definitiva durante el siglo siguiente movió las bases normalizadas de una sociedad en vías de extinción, por lo que la agitación propia de aquellas comunidades preparó un final de era épico.

Esa apuesta por la ciencia antepuesta a la creencia en muchas de las universidades occidentales había generado un caldo de progreso capaz de agitar de forma continua el orden establecido por la ortodoxia cristiana. Ya no eran los años en que el catolicismo armado con todo el arsenal represor podía hacer frente a los islotes que suponían

Galileo ante al Santo Oficio. Fleury, 1847.

Copérnico, Kepler y el propio Galileo. La voluntad de Gottfried Leibnitz y, sobre todo, Isaac Newton, unido a un interminable corolario de físicos, químicos y matemáticos seguidos por astrónomos analizadores del cosmos más ateo y geógrafos convencidos de describir la naturaleza como dios manda, arrinconaron desde todos los puntos posibles la mil veces referida ortodoxia sociocultural y política cristiana. Fue, en consecuencia, comprensible que, defendiendo aquellas posiciones, la iglesia católica enfrentara de forma radical la presencia de la masonería y, en general, la ingente profusión de sociedades secretas y discretas paramasónicas o del rito que fuere como una amenaza evidente hacia el orden establecido que perpetuaba las posiciones políticas y, principalmente, económicas de aquella ancestral institución. Sometido todo al ojo reformador de la mejora social planteada por ese asociacionismo racionalista, la iglesia católica asomaba como ese leviatán inmovilista, freno para cualquier mejora ostensible o mínima que alterara un *statu quo* mantenido durante milenios.

A ese factor desestabilizador de un régimen draconiano común a toda sociedad que propusiera un cambio, habría que añadir el carácter reformista citado hasta la saciedad. Aquellas organizaciones liberales expandidas en las zonas híbridas de la sociedad, entre la burguesía comercial, industrial y financiera y la nobleza de nuevo cuño o aquella bien de escasa tradición o caída en el desuso del desinterés estamental, no dejaban de ser un camino para que medraran en las relaciones sociales determinados aventureros, una oportunidad para lograr nuevos horizontes y un entretenimiento para diletantes que no hallaban en la tradición socio-religiosa ese objetivo que llenara una vida tan vacía como su moralidad. No obstante, el espíritu reformista fundacional de los Illuminati, que alejaba sus pretensiones del horizonte básico de la francmasonería, sí suponía un desafío a lo que podría ser analizado como una derivación social de la religiosidad propia de la mal llamada medievalidad.

Mantenidos dentro del espectro ofrecido por la religión, las múltiples variables reformadoras cristianas existentes y analizadas en el primer capítulo, si bien suponían un desafío para esa reiterada ortodoxia, podían ser atacadas desde el orden impuesto por la Iglesia católica sin más molestia que el apoyo ocasional del poder político y terrenal en caso de desmandamiento general. Cuando la variable religiosa suponía una clara amenaza para ese orden institucional, como ocurrió con la reforma protestante asociada al despertar de las naciones y los territorios frente a la opresión de un imperio impuesto por la Iglesia católica, la reacción fue unísona y ejemplarizante, tuviera éxito o no. Mas, cuando la tendencia hacia el cambio tenía un carácter individual y los postulantes a la transformación abogaban por un esfuerzo individual e introspectivo, la cosa cambió de raíz.

Por ello, cómo atacar la masonería desde la ortodoxia religiosa fue un misterio para la Iglesia católica durante siglos. Se puede llegar a pensar incluso que la propia consolidación de las sociedades masónicas tuvo su origen en la propia institución católica en el momento en que se atrevió a cubrir el espectro de la ayuda social inherente al poder político y, más adelante, al Estado con la sanción de cofradías y hermandades, base general de los gremios, embriones éstos de la masonería. Al ser en su mayoría creyentes, pero no predicantes, amén de discretos, los masones, puestos en cuarentena eterna por la ortodoxia católica, no fueron objeto de una general persecución basada en anatema social o universal alguno. Además, estando las élites inmersas en aquella nueva obediencia, especialmente durante la gran eclosión del siglo XVIII, resultaba más complicado ir contra aquella nueva realidad.

Por otra parte, la fuerza que el conocimiento evolutivo hizo desde el siglo XVII, principalmente en el ámbito anglosajón y protestante, de individualizar el misterio de la religión, hizo más difícil atacar desde la iglesia esta nueva tendencia social. Siendo la profesión religiosa algo personal y la vocación política algo público, la introspección masónica quedaba en el limbo de lo impreciso e inexistente.

Aun así, la Iglesia católica buscó y persiguió la expansión de todo lo que oliera a masonería en aquellos territorios donde detentaba sus privilegios políticos, objetivo aquellos de cualquier proceso reformista social que se preciara. Tildando esas tendencias asociativas propias de la masonería de expansoras del protestantismo, la iglesia atacó directamente como herética o corruptora de la fe cristiana todo tipo de asociacionismo paramasónico. En jurisdicciones como la española, donde regía el control absoluto de las creencias por parte de la institución católica a través del Consejo de la Santa Inquisición, la masonería y la paramasonería, aun existiendo en aquellos momentos de expansión máxima, cumplían con la definición de asociaciones secretas más que discretas. Es más, pensar en masonería española antes de la Revolución francesa suele ser impreciso, cuestionable, cuando no impensable.

En lo que se refiere, por tanto, a España, la primera fase de persecución de la masonería correspondió con el momento ilustrado, esto es, con los años en que la Ilustración se desplegó por el territorio nacional. Entre 1738 y 1789, año del estallido revolucionario en Francia, la masonería fue contenida por el freno que el despotismo ilustrado español amparado por la iglesia católica supuso. La Inquisición, arma política donde las haya, imposibilitó la llegada del fenómeno masónico a nuestro país, por mucho que se esfuercen algunos en ver el reinado de Carlos III como la panacea ilustrada, resurgir del reformismo patrio y símbolo de un reinado sobrevalorado, en términos generales, gracias a una propaganda insuperable de la monarquía borbónica.

No sería, sin embargo, hasta la explosión de la Revolución francesa en 1789 que la masonería tomara cuerpo real en territorio peninsular. Claro que, mirando unos pocos años hacia atrás, debería hacer un pequeño inciso respecto a los territorios americanos. Allí,

Escudo ornamentado de armas de Carlos III, déspota ilustrado.

iniciada la revolución trece años antes, la expansión del reformismo innato presente en la construcción de la nueva república norteamericana, así como en la existencia de logias masónicas en las jóvenes ciudades de la costa este, antes colonias, hubo de contagiar ese supuesto germen entre los españoles de allá, siempre en contacto con esa sociedad voluble y en constante movimiento. No es de extrañar, por tanto, que la fiebre revolucionaria y reformista americana acabara por ser achacada a la expansión del virus masónico anglosajón.

En lo que se refiere a la península, la masonería llegó libremente durante los años de ocupación francesa. El sonado fracaso de las políticas de Godoy destinadas a unir el esfuerzo español al éxito napoleónico tras su estrepitosa caída refrenándolo, permitió que la masonería y otras ideas revolucionarias prendieran entre determinadas capas de la sociedad española. Burgueses y nobleza baja, así como profesiones liberales, exploraron la masonería en ese despertar afrancesado. Y fue como afrancesados que todos quedaron estigmatizados en la llegada del liberalismo español. Culpables de la invasión francesa y la pérdida de la soberanía, garantes de un liberalismo reformador que arruinaba esa España de piedra berroqueña,

Escudo de la Santa Inquisición Española.

los masones fueron rápidamente perseguidos por la Inquisición bajo argumentos y acusaciones políticas y religiosas imposibles de disociar. En el caso del comerciante mexicano Pedro Burdales y del cocinero Juan Laussel hacia 1794, la Inquisición se aseguró de acusar su obediencia masónica como alteración de un orden que socavaba los cimientos de la religión y, principalmente, de la monarquía.

Garantizándose de esa manera la lucha contra la masonería y la paramasonería, la Inquisición logró un amplio corolario de reglamentaciones y ordenanzas públicas contra aquel asociacionismo. Desde 1738 fueron frecuentes los decretos contra la masonería, los juicios contra individuos acusados de profesar tamaña obediencia que los alejaba de la fe católica y la censura constante de todo tipo de publicaciones relacionadas. Según explica José Antonio Ferrer Benimeli, en la mayoría de los casos parece evidente que el fin primordial de la Inquisición en semejante persecución radicaba más en el conocimiento de los fines implícitos en la masonería que en la contención preventiva de su propagación. Por otra parte, luchar contra ello en plena vorágine liberal, se me antoja una insensatez propia de aquellos que son felices poniendo puertas al campo. La propuesta

Escudo de la Gran Logia de España.

liberal de supresión de un estado omnipresente y corrupto en el reparto inexistente de la riqueza y bloqueador del acceso al ejercicio legislativo que podría introducir esos cambios prendió con rapidez entre los ilustrados españoles. Y no me refiero a aquellos que participaron del reformismo monárquico presente en el despotismo de los segundos Borbón del xviii. El espíritu revolucionario prendido desde Nueva Inglaterra y Francia, ése que desaparecía a las monarquías y llevaba al patíbulo a monarcas recalcitrantes; ese pensamiento capaz de romper el equilibrio detentador de privilegios; ése, digo, era el que temía la Iglesia católica y, por extensión, la monarquía inmovilista que garantizaba los privilegios.

La primera de aquellas logias, la *Gran Logia Matritense*, nacida en 1728, supongo que nunca persiguió aquellos altos objetivos, por otra parte, alejados del espíritu masón que la inspiró. Fundada por Philip Warthon, controvertido duque homónimo, fue reconocida por la logia *King's Arms* británica, constituyendo la logia número uno del Gran Oriente de España. Obviamente, habiendo sido fundada por un inglés que, además de su herético origen, acabó convirtiéndose al catolicismo tras ser repudiado en Inglaterra por expandir los rumores de ilegitimidad relacionados con Jorge II, para morir en el monasterio de Poblet en 1731, la fundación de aquella logia primera fracasó por la propia simetría del dislate. En 1751, por si quedaban dudas al respecto, Fernando VI, convencido defensor del catolicismo contra el que supuestamente atentaban aquellas obediencias decretó su prohibición en todo territorio subordinado a su corona, imposibilitando la instalación de sociedad masónica o paramasónica alguna. Ni siquiera la *Antigua y Noble Orden de los Gorgomongs*, sociedad secreta constituida para escarnio general de la masonería y a la que supuestamente perteneció el duque de Warthon, tuvo cabida en aquella España católica libre de masonería.

Por otra parte, la Inquisición española, como todo ente totalitario presente y pasado en la historia, tendía a confundir los términos y, por ello, a simplificar amenazas con la construcción de cajones de sastre donde todo tenía cabida. Puestos a defenderse de cualquiera que fuera la amenaza liberal, los rectores de la Inquisición española optaron por meter en el saco de la masonería a todo lo que lejanamente oliera a reformismo afrancesado o británico. Toda sociedad, orden o grupo, constituido formalmente o no, que presentara la reforma como argumento, el cambio a modo de inspiración, la renovación en el horizonte de sus objetivos tendió a ser considerado pernicioso y, en consecuencia, destinado a la desaparición, persecución y represión que fuera necesaria. Bajo el infamante signo del *contubernio infernal*, la Inquisición abrió en el siglo XVIII una ventana que habrían de emplear todos los dictadores patrios apuntados al antiliberalismo. Desde Fernando VI al general Franco, cualquiera que fuera el opositor terminó por engrosar el contubernio de turno, masónico, liberal o antiespañol.

INQUISIDORES GENERALES EN LOS SIGLOS XVIII Y XIX

NOMBRE	EJERCICIO	PROCEDENCIA
Baltasar de Mendoza y Sandoval	1699-1705	Obispo de Segovia
Vidal Marín del Campo	1705-1709	Obispo de Ceuta
Antonio Ibáñez de la Riva Herrera	1709-1710	Arzobispo de Zaragoza
Francesco del Giudice	1711-1716	Cardenal arzobispo de Monreale
José Molinés y Casadevall	1717	Auditor de Rota en Roma
Juan de Arzamendi	1720	Licenciado en el Colegio de Santa Cruz
Diego de Astorga y Céspedes	1720	Obispo de Barcelona
Juan de Camargo Angulo	1720-1733	Obispo de Pamplona
Andrés de Orbe y Larreátegui	1733-1740	Arzobispo de Valencia
Manuel Isidoro Orozco Manríquez de Lara	1742-1746	Arzobispo de Santiago
Francisco Pérez de Prado y Cuesta	1746-1755	Obispo de Teruel
Manuel Quintano Bonifaz	1755-1774	Arzobispo de Farsalia
Felipe Beltrán Serrano	1775-1783	Obispo de Salamanca
Agustín Rubín de Ceballos	1784-1793	Obispo de Jaén
Manuel Abad y la Sierra	1793-1794	Obispo de Ibiza y Astorga
Francisco Antonio de Lorenzana	1794-1797	Cardenal arzobispo de Toledo
Ramón José de Arce y Uribarri	1798-1808	Arzobispo de Burgos y Zaragoza
ABOLICIÓN NAPOLEÓNICA 1808-1814		
Francisco Javier Mier y Campillo	1814-1818	Obispo de Almería
Cristóbal Bencomo y Rodríguez	1818	Confesor de Fernando VII
Jerónimo Castillón y Salas	1818-1820	Obispo de Tarazona
ABOLICIÓN DEFINITIVA DE LA INQUISICIÓN EN 1820		

Inquisidores generales durante la expansión de la masonería.

Y experiencia en persecución de sociedades perfectamente organizadas no le faltaba a ninguno. La extensa campaña ampliada a todo el horizonte europeo contra la Compañía de Jesús había preparado a las fuerzas preservadoras de la ortodoxia tradicional para afrontar lo que fuera. Sé que pueden pensar que, en aquel caso que eliminó a los jesuitas del presente ilustrado europeo, la Iglesia católica no tuvo nada que ver; que su actuación fue pasiva y, a todas luces, concesiva. Y se equivocarán. La participación de un núcleo duro dentro de la iglesia católica fue esencial para acabar con la organización de los *compañeros*. A muchos les gustaría saber que la masonería recién expandida tuvo mucho que ver en aquel final, pero entiendo que será pasto para otra disertación más dirigida.

En lo que se refiere a la persecución de la masonería en estos lares dominados por el misticismo católico y la defensa del privilegio, la obediencia cayó dentro de un saco bien pertrechado de prejuicios y falsedades construidas con la intención de otorgar una fe inventada a lo que se suponía la base del posterior liberalismo que habría de transformar el mundo conocido. En España, la Inquisición, sus inquisidores generales y las camarillas que apuntalaban el poder regio, optaron por perseguir todo asociacionismo ilustrado tildándolo de poco más que herejía apocalíptica. Así, la masonería acabaría por engrosar el largo corolario iniciado por la impía filosofía y el *jansenismo* hipócrita. En el primero de los casos, los inquisidores apuntaban a ilustrados de la talla de Rousseau y su visión contractual de la sociedad con el individuo ajeno a la divinidad; Montesquieu y el concepto del poder separado y compartido, donde el monarca cedía la soberanía entregada por la divinidad a un populacho sediento de poder; y, finalmente, a Voltaire, el demonio francés amante del escepticismo y el descreimiento, padre del ateísmo falaz destructor de aquella inventada harmonía celestial, donde cada uno de los miserables actores secundarios que penaban por medio mundo cumplía con un papel impuesto por una divinidad ajena al cambio que fuera.

La masonería, en buena lógica, cumplía con aquellas premisas, eso sí, escritas en términos menos agrestes. Sustentados los cimientos de la obediencia que fuera en la firme creencia de la igualdad entre los individuos, los francmasones, como ya he repetido hasta la saciedad, representaban un grave peligro para esta ortodoxia liderada por la Iglesia católica, que, amparada en la indiscutible voluntad divina, aplicaba una igualdad mendaz sustentadora de privilegios ancestrales. Parafraseando al periodista británico, George Orwell, desengañado por el idealismo socialista, todos los hijos de dios son iguales, aunque algunos más que otros.

En segundo lugar, de los supuestos belcebúes integrantes del contubernio estaban los *jansenistas*. Calificados de hipócritas, estos cristianos puritanos fundamentalistas basaban sus creencias esenciales en la predestinación del individuo desde el mismo nacimiento. Negando el libre albedrío y la libertad esencial que dotaba de autonomía e independencia al cristiano frente a la divinidad, los *jansenistas* banalizaban la importancia de la Iglesia católica más allá del oficio de los rituales propios de la religión. Así se planteó en los principales escritos de los postulantes del jansenismo militante, aquellos escritos por Jean Duvergier de Hauranne, Antonio y Angélica Arnaud, Pasquier Quesnel y, principalmente, Cornelio Jansen quien, con la publicación del libro *Augustinus*, dio nombre a la heterodoxia cristiana. Éste, partiendo de los supuestos escritos de Agustín de Hipona y la condición de predestinación innata del individuo,

Portada del Augustinus de Cornelio Jansenio. Edición de 1640.

describía a toda la cristiandad como seres programados desde el nacimiento con la capacidad suficiente para superar por sí mismos ese pecado original que hacía necesaria la participación sacramental de la iglesia católica en la búsqueda platónica de la perfección que habría de llevarlos hasta el paraíso celestial. Dada la innecesaria participación de la iglesia por la predestinación y ausencia de libre albedrío, era consecuente pensar que no era necesaria en términos reales, asumiendo los principios de preeminencia política del rey sobre la iglesia postulados por los herejes *galicanistas*. Contrarios, por tanto, a organizaciones como la Compañía de Jesús, defensora de un orden antinatural, y de la politización de la religión, estos *jansenistas* fueron perseguidos desde su postulación a finales del XVI hasta su condena final en 1718, tras el consiguiente concilio ejecutor. A pesar de tamaña persecución, los *jansenistas* siempre aparecieron como oposición a la expansión de la Compañía de Jesús, postuladora de un orden opuesto al explicado por los semejantes herejes, asociados a todo movimiento contrario a la ortodoxia católica y de ahí su asociación en el llamado *contubernio infernal* con masones, ateos y libertinos.

En algunos casos, como en el español, la voluntad por expandir el regalismo, esto es, el control nacional y político de la Iglesia católica por parte de la monarquía, tanto de sus nombramientos efectivos como de los beneficios que ésta recogía de los súbditos del rey, se vio siempre consecuencia de la infección provocada por el jansenismo. Algunos reyes de España como Fernando VI fueron acusados de padecer esta heterodoxia debido a la voluntad de someter la jurisdicción eclesiástica en territorio español. Curiosamente, además de jansenistas, muchos de sus secretarios de estado también eran considerados ilustrados, más aun quienes gobernarían durante el reinado de su medio hermano, Carlos III, y, por extensión, reos ímprobos de masonería.

En tercer lugar, más allá de francmasones y jansenistas, ya fueran deístas, galicanistas o defensores de la predestinación y postulantes del regalismo borbónico, la Inquisición metía en aquel fondo de saco irresoluto a los integrantes de la secta libertina, esa cuatropea de libertinos y desaforados enemigos de la ortodoxia. Hijos de la filosofía impía antes referida, estos libertinos tenían la osadía de atentar contra el orden establecido, atacarlo e integrar entre sus ideas, amén de la consabida igualdad y libertad, posiciones cercanas a la aún no descrita soberanía popular. Pretendiendo desaparecer la iglesia como institución privilegiada y detentadora de poder político rector de la comunidad, aquellos libertinos osaban defender un orden jurídico asentado sobre leyes estructurales, emanadas de congregaciones civiles sin más creencia que la justicia social y el reparto consensuado de las responsabilidades gubernativas independizadas por una separación pactada públicamente. Semejante libertinaje expulsaba la religión al ámbito de la creencia personal, sin mayor presencia pública que la profesión privada que pretendiera el creyente de turno. Si bien pudieran pensar que toda aquella definición representaba a los ilustrados reformistas, la Inquisición incluía en aquel extraño maremágnum de enemigos lacerantes a todo grupo político derivado de los procesos revolucionarios, ya fueran jacobinos o girondinos, relacionados con la lucha contra una monarquía despótica o absoluta.

Obviamente, aquellos revolucionarios no aparecieron en el radar heretizante de la iglesia católica y su brazo político inquisitorial hasta los últimos veinticinco años del siglo XVIII. Con la llegada de la Revolución francesa más que la norteamericana, las alertas saltaron hacia todo aquello que oliera a Francia, incluida la masonería de obediencia continental. Encelada la monarquía española, en manos del pusilánime Carlos IV y el interesado y corrupto Manuel Godoy,

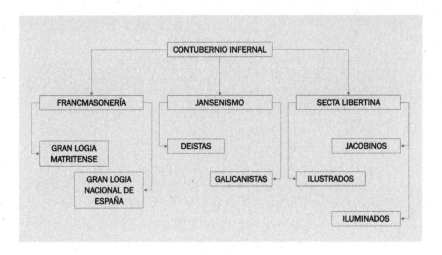

Integrantes del contubernio.

en acabar con la bicha antes de que pudiera respirar, el aparato político-religioso y judicial patrio se lanzó contra todo lo que desprendiera un mínimo tufo a libertinaje jacobino.

Sin embargo, el jacobinismo más bien llegó a la península ibérica domeñado por el misticismo católico tras la invasión francesa y la expansión del liberalismo. En realidad, el club jacobino español fue más bien partido republicano que otra cosa. Y, aunque muchos estigmatizaran a Manuel Azaña como jacobino y Robespierre español siglo y medio más tarde, los jacobinos verdaderos camparon brevemente a sus anchas durante los años del Trienio Liberal, allá por 1820, cuando Rafael del Riego consiguiera derribar la monarquía absoluta despótica y falaz de Fernando VII y siempre bajo la eterna presión de los falsos conversos, los diletantes defensores de un cambio que nunca habría de llegar, como Francisco Martínez de la Rosa, Agustín de Argüelles, José María Queipo de Llano o Diego Muñoz-Torrero.

Club Jacobino. Comité de vigilancia revolucionaria. Jean Baptiste Huet hacia 1794.

Por todo ello, cuando la iglesia católica acusaba de jacobino, republicano y libertino, realmente atacaba al reformista ilustrado partidario del regalismo que sometía la institución a la jurisdicción del monarca, sus secretarios y los consabidos ministros. Leyendo sus proclamas, uno lee jacobinos y debe colegir reformistas; uno piensa en George-Jacques Danton, Jean-Paul Marat y Maximilien Robespierre y debe imaginarse a José de Carvajal y Láncaster, Zenón de Somodevilla, Ricardo Wall, Leopoldo de Gregorio y Masnata, Pedro Pablo Abarca de Bolea y un largo listado de reformistas ilustrados al servicio del despotismo borbónico causante de la expulsión de los jesuitas.

Si bien es cierto que el marqués de la Ensenada fue un firme defensor de la Compañía de Jesús, su defensa del regalismo obliga a contar con su presencia entre los enemigos de la ortodoxia. En algún otro caso, la confrontación de la iglesia fue tal que acabó por encausar inquisitorialmente a alguno de aquellos. El ejemplo de Pablo Antonio José de Olavide sirve a las mil maravillas.

Nacido en Lima, su contacto con la universidad y el racionalismo científico, si bien le convirtió en un referente reformista, le puso en la diana para los defensores de la ortodoxia católica. Defensor del cientifismo y su aplicación reformista para mejora de la sociedad, Olavide, como posteriormente ocurriría con Simón Bolívar, fueron claras muestras de una incipiente masonería próxima a lo que la orden iluminada pretendía consolidar desde el momento en que

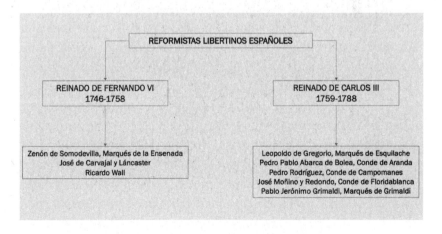

Ilustrados libertinos al servicio de los monarcas españoles durante el siglo XVIII

fue constituida: la transformación de la sociedad en un espacio más justo y humanizado a través del progreso científico.

Mas, nunca hay que extraviar la idea de lo que significaba la orden de los Iluminados.

Desde luego, por mucho que algún masón se aproximara a esos ideales defendidos y postulados por Adam Weishaupt y sus colegas, la *Illuminatenorden* no pertenecía a la francmasonería y, sin duda posible, los illuminati no eran masones. Es posible que, en la diletante despreocupación en que muchos de aquellos aristócratas, primero masones y luego illuminati, la profesión pareciera similar, tanto para unos como para otros, nunca fue lo mismo. Los masones veían la orden iluminada como una aberración salida de un punto tangencial destinado a obviar la obediencia debida e implicarse en el transcurso político perdiendo el norte esencial de la búsqueda interior que motiva a todo masón; los illuminati, por su parte, no veían más que pose y grandilocuencia vacua, ostentosa, erudita y asumida como modismo por las clases sociales que, pudiendo hacer algo por mejorar el presente y garantizar el futuro, nada hacían más allá de congratularse por los espurios logros individuales.

Por todo lo dicho, parece increíble que, en su persecución preventiva activa de la masonería, la Inquisición metiera en el mismo saco a los Illuminati. O, más que increíble, demasiado frecuente. Fruto siempre del desconocimiento palmario, preocupados por arrasar con la diversidad, con agostar cualquiera que fuera la heterodoxia antes de que prendiera de algún modo en la sociedad, la Inquisición acostumbraba a hacer paquetes de malignidad para, sustentada por el brazo secular que el estado absolutista le prestaba, acabar de un plumazo con cualquiera de aquellas desviaciones. Frecuente había sido en el pasado encontrar anatemización de grupos creyentes díscolos metidos todos en el mismo sobre cuando nada había de común entre ellos. En esta tendencia de hacerlo todo *al pelotón*, ni siquiera sorprende ver al cardenal Cisneros bautizando a los musulmanes granadinos de cien en cien, al papa Inocencio III heretizando a cátaros, albigenses, paulicianos y puros en un mismo paquete sin pensar en las muchas diferencias que los separaban y, por supuesto, persiguiendo la orden íntegra de San Francisco por la existencia de los *fraticelli*.

De modo que no resulta extraño encontrar a los iluminados como objetivo inquisitorial en su cruzada contra la masonería. De hecho, entre los citados integrantes del *contubernio infernal,* los illuminati formaban parte dentro de la cohorte de la secta libertina. En otras palabras, la orden de los iluminados, junto con jacobinos, ilustrados, conformaban una aberración libertaria centrada en la destrucción del *statu quo* donde la Iglesia católica conformaba la clave de una bóveda que aquellos se disponían a derribar. Amantes de liberalismo, ateísmo y escepticismo, confiados en que el ejercicio de la ciencia los llevara por un camino próximo a la iluminación y alejados de cualquier senda que la fe pudiera alumbrar, estos libertinos, entregados a las pérfidas ideas de los sofistas franceses descreídos pervertidores del sentido común, caminaban poco menos que hacia la destrucción de la cristiandad atravesando el bosque de la ciencia cultivado por la ralea protestante.

Semejante fijación con eliminar toda heterodoxia social que pudiera desviar la posición establecida de predominio católico en la sociedad ha sido una constante en la historia de Occidente desde que la iglesia católica adhirió su influencia al ejercicio del poder. Tortuosos han sido los caminos de la sociedad que fueran destinados

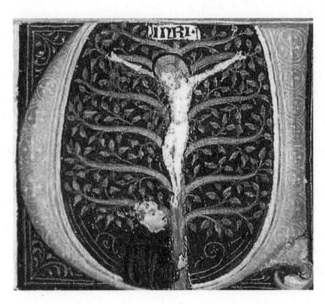

El Fraticelli o franciscano espiritual, Ubertino da Casale,
autor de Arbor Vitae Crucifixae. Ilustración de 1485.

a desanclar esa presencia, a separar la Iglesia del Estado en cualquier momento. Incluso en el presente, donde asumimos vivir una sociedad laica, un estado aconfesional, cada movimiento llevado a cabo para socavar los cimientos católicos comunitarios devienen en una inasumible presión política y social derivada de la Iglesia católica.

Durante aquel periodo final del siglo XVIII, las ideas revolucionarias destinadas a conseguir un modelo político que partiera del pueblo y no de la divinidad otorgante de legitimidad suponían un enorme peligro para la Iglesia católica. Nacidos todos aquellos sentires en la vorágine ilustrada y en el amanecer liberal que supuso la revolución americana, el catolicismo más recalcitrante, aquel que detentaba el control de la legalidad enmarcada por la gracia divina, ensacó toda actividad, pensamiento, tendencia o creencia próxima como enemiga del estado y la religión, del trono y el altar, que diría el conspiranoico Augustin Barruel en sus *Memorias para servir a la historia del Jacobinismo de 1797*.

Éste, como muchos otros jesuitas despechados por la disolución de la Compañía, atizaba a todo lo que se moviera con aroma a liberalismo. Bajo el infamante concepto de *sofistas de la libertad*, Barruel y compañía aglutinaban a los iluminados con los masones y, ya con el añadido de anarquía, metía a los jacobinos franceses liderados por Maximilien de Robespierre en el ya citado contubernio demoniaco. Dado que el objetivo de todos aquellos no era, según estos paranoicos católicos, el progreso social, sino la destrucción de la monarquía católica, cualquier cambio social, por nimio que fuera, se veía fruto de una conspiración internacional y maligna, orquestadas todas ellas por sociedades secretas de malvado proceder y peor constitución. Poco se esforzaban por caer en la cuenta de que aquel secreto organizativo se debía a la persecución del catolicismo, de las inquisiciones que fueran, hacia cualquier opción de transformación. Secretas por necesidad, que no por voluntad, las logias masónicas, paramasónicas y, principalmente, la orden de los Iluminados se convirtieron en el principio de todo mal presente durante aquellos atribulados años finales del siglo XVIII. Y, en lugar de ver organizaciones de carácter social o político, sociedades destinadas al progreso común a través de la implementación del individuo mediante el estudio y la formación, la Iglesia católica y en concreto la Inquisición española veían sectas y no partidos políticos; camarillas conspirativas

empeñadas en provocar el fin de la religión y el orden social establecido. Es curioso que, aquellos mismos que así veían toda organización de carácter laico como la orden de los Iluminados, no dudaron
en aceptar argumentos similares cuando, a principios del siglo xviii,
se trató de convencer a los Borbón de la eliminación de la conspirativa y perniciosa Compañía de Jesús, según explica José Antonio
Ferrer Benimeli en sus muchos estudios.

Algunos hagiógrafos jesuitas, como Jaime Nonell, en su biografía del santificado José María Pignatelli, dejaba clara la aversión y
desprecio hacia los iluminados concebidos dentro de la masonería.
En su caso, Nonell agrupaba, según he referido ya, a francmasones,
filósofos y jansenistas en un frente provocador de la disolución de
la Compañía. Es más, aseguraba que, siendo los jesuitas la defensa
del orden, estas tres patas de un banco infecto habían colaborado en
la extinción de la Compañía como paso previo para la consecución

José de Pignatelli, restaurador de la Compañía de Jesús. Litografía de 1893.

de sus objetivos. Desaparecida aquella, defensora de la estabilidad y harmonía social propiciada por la divinidad, todo era posible. En aquel caos anárquico, hasta un *hipócrita profundo*, un *ateo sin remedio* de la talla de Adam Weishaupt podía orquestar una *vasta conspiración* que convertía las logias masónicas y los clubs ilustrados en un *juego de niños*. Al no concebir que estas sociedades pretendían el progreso común, aunque fuera desde un punto de partida hipotético, la malvada finalidad, la conspiración destructiva era la única posibilidad que se les auguraba.

Sorprende, por otra parte, la afirmación de ateísmo recalcitrante para el fundador de lo que ellos llamaban *iluminismo*. En ningún caso se prohibían las creencias entre los iluminados, sino que se fomentaba el estudio y la erudición, lo que nunca ha sido incompatible. Nada más que echar un vistazo a la lista de científicos y filósofos creyentes, aportadores de progreso y beneficio incuestionable a la mejora social. En lo referente a la masonería, donde siempre se engloba erróneamente a los illuminati, la creencia es un punto de partida permanente. De hecho, la Inquisición española, en la nota intitulada *Causas y agentes de las revoluciones de Francia* enviada al conde de Floridablanca a finales de 1791, describía con claridad la profesión religiosa de aquellos llamados masones y, por extensión, de todos los apelotonados bajo el mismo epígrafe. Cristianos, judíos o cuáqueros, todos ellos eran reos de solemnidad por profesar la libertad y, como consecuencia, por conspirar contra la monarquía, maldad que les abocaba a derribar la sociedad según ellos lo entendían.

Nonell, además, aseguraba acerca de Adam Weishaupt su incapacidad para romper con la religión o, más en concreto, con la impronta que aquella y sus organizaciones derivadas habían implantado en la sociedad. Por ello, odiaba a muerte las organizaciones religiosas y la religión y, al mismo tiempo, era capaz de comprender la importancia que aquellas habían tenido para el progreso social, por lo que copiaba sin disimulo las estructuras detestadas como patrón esencial para el avance social. No me extraña que, en el pensamiento parcial y sesgado de Nonell, Weishaupt fuera la definición palmaria de la hipocresía. En esa idea perturbada de la motivación del fundador de la orden de los iluminados, Nonell asumía que Weishaupt aceptaba la influencia de la religión y la iglesia católica como fundamental para el progreso social, usándolo de ejemplo para el éxito de su organización. *La igualdad y la libertad son dos deberes esenciales del hombre en su primitivo y perfecto origen que recibió de la naturaleza,* aseguraba Barruel como principio fundamental del llamado iluminismo. Luchar contra la propiedad, la sociedad política y el gobierno, según señalé en un capítulo anterior, los principios activos esenciales de la finalidad iluminada y, en consecuencia, abatir la influencia de la Iglesia católica que todo aquello cohesionaba, se convertía en una necesidad para esta nueva secta sofista. Destruyendo toda religión y sociedad civil se podría poner al ser humano en el punto de partida, decían Barruel y Nonell, para, desde allí, moldearlo en una forma social donde desapareciera propiedad, religión y estado, en aras de la libertad y la igualdad. No creo que lo hubieran postulado con mayor claridad Mijaíl Bakunin o Piotr Kropotkin en su construcción de los ideales libertarios y anarquistas casi un siglo más tarde.

Y era en esa supuesta finalidad destructiva donde radicaba el peligro que todos aquellos veían en el llamado *iluminismo*. En lo referente a la Inquisición española, su persecución hacia la masonería, en general, y la orden de los iluminados, en particular, tuvo más de preventivo que otra cosa y de argumento agravante en los encausamientos ya perfilados. Visto el peligro que para el absolutismo tenía el liberalismo político y las consiguientes revoluciones burguesas, la creación de un cordón sanitario en la frontera peninsular, tanto hacia los Pirineos como hacia los puertos costeros que conectaban este mundo viejo con el nuevo, se antojaba como una solución preventiva, siendo la Inquisición el vehículo de limpieza radical más sencillo de emplear.

Ahora bien, si en el reino de España, al menos en el territorio peninsular, resulta complicado encontrar referencia alguna, aunque sea relativa o tangencial, a un minerval, puede ser que semejante persecución encelada contra las llamadas sectas del contubernio tuvieran que ver más con el intento de frenar la expansión de las ideas liberales esparcidas por la masonería, los clubs ilustrados y los embriones de partidos políticos revolucionarios de origen anglosajón. En ese *totum revolutum* capaz de mezclar religión con política, crecimiento personal, justicia social, liberalismo político y económico y burguesía revolucionaria apoyada por un común misérrimo al servicio abnegado de una monarquía sacralizada e inamovible, el encaje de la sociedad secreta de los iluminados acabó siendo salpicada por una infinitud de apostillas difícilmente definibles.

Si bien la lucha de la iglesia católica contra la orden de los iluminados parece clara desde el mismo momento de su aparición, la propagación de aquellos por las principales cortes centroeuropeas y, en determinadas circunstancias, hasta llegar a Francia e Italia demuestran la poca influencia de los esfuerzos católicos contra este asociacionismo paramasónico. Centrados en acabar con la penetración de la Compañía de Jesús e imponer el regalismo sobre el poder centralizado en Roma, las monarquías europeas se acomodaron a la expansión desde el Reino Unido de la masonería por mucho que proviniera del entorno cristiano protestante. Por lo que respecta a los Illuminati, la intrascendencia de su inicio y la confusión con la masonería propia de la estructura semejante no condujo a posicionamiento alguno respecto a sus puntos de partida ideológicos. No sería hasta la reforma o, mejor dicho, la refundación que supuso el nuevo diseño desarrollado por Knigge que la sociedad de los iluminados comenzó a trascender más allá de una anécdota bávara.

Augustin Barruel por August Pidoux. 1825.

Extendida por todas las cortes de aquella Europa central tensionada a la espera de la eclosión liberal, la nueva fe iluminada, como habrían dicho los conspiranoicos de Augustin Barruel y compañía, empezó a ser analizada de forma concreta en relación con las plausibles consecuencias de los objetivos planteados. Obviamente, la problemática de partida enunciada por Nonell y Barruel y, en general, por todos los jesuitas clandestinos ávidos de un chivo al que cargar las culpas de su clandestinidad y que asociaba la idea de Adam Weishaupt con una revolución inminente que destruiría trono y altar, no eran más que el eco de un lamento mezclado con ciertos rebuznos de inquina.

Según se ha visto en los capítulos anteriores, la esencia iluminada coincidía con ciertos principios ilustrados y liberales conectados con la apuesta por el conocimiento científico frente al tradicional abuso de la fe para justificar cualquier tropelía llevada a cabo por monarcas y jerarcas eclesiásticos, amén de una aristocracia y burguesía tradicional apegada al privilegio otorgado desde la poltrona. Sin embargo, la captura de aquellos documentos asociados a la propia orden y la divulgación de principios rectores iluminados más las interpretaciones más o menos torticeras e interesadas hechas entre las acomodadas cortes enamoradas de su privilegio, condujo a una general preocupación sobre las verdaderas intenciones subyacentes en una sociedad que, queriendo el progreso de la humanidad, animaba a sus iniciados y minervales a profundizar sin mesura en la especialización del conocimiento, de modo que su éxito pudiera trasladarse a una mejora ostensible de la sociedad.

Centrados en esas malas interpretaciones, pronto aparecieron textos y libelos que, más allá de atacar directamente la orden iluminada, exponían de forma esquemática y directa en exceso las conclusiones a las que habían llegado todo tipo de individuos a la hora de reflexionar acerca del proceso de iluminación, sus objetivos de partida y la finalidad de tanto empeño secreto. De hecho, en enero de 1800, en plena campaña a la presidencia de los recién paridos Estados Unidos de Norteamérica, Adam Weishaupt envió una carta al *Massachusetts Spy* desde el noticiero alemán de la ciudad donde residía, el *Gotha Gazette*, para limpiar su buen nombre de la maledicencia generalizada acerca de los illuminati implicados en una supuesta conspiración contra la reelección de John Adams. En la susodicha carta, Adam explicaba que la difamación continua y la inventiva de aquellos que atacaban la sociedad que había creado terminó por afectar su vida y la de muchas otras personas comprometidas con el progreso del conocimiento como fuente de igualdad y libertad:

«[...] Desafío a todo el que se precie ante un tribunal legal para que me encause y se dicte sentencia acerca de todo lo alegado en mi contra [...]. Puedo probar que jamás engañé a persona alguna. Que la sociedad que cree no fue dañina en modo alguno y que soy inocente de cualquier consecuencia derivada de aquella. Frente a todo lo que se presume, la Orden fue grandiosa y beneficiosa como cualquier institución dedicada al crecimiento interior propio y al progreso de la humanidad, de cuya finalidad esta organización sólo fue una de tantas [...].»

Adam Weishaupt. "Doctor Weishaupt to the public",
Massachusetts Spy, 8 de enero de 1800.

Sorprende la necesidad que tenía Weishaupt de explicar y, sobre todo, de exonerarse públicamente ya en 1800, apenas veinticinco años después de fundar la orden, de las supuestas consecuencias de aquella. Evidente era la asociación de todo lo ocurrido con los iluminados, principalmente en Francia, tras la primera de las grandes revoluciones liberales violentas contra una monarquía absoluta tradicional, siendo convertidos en principales chivos expiatorios por el trono y el altar, según referían los hagiógrafos defensores de la Compañía de Jesús. Si bien la tendencia inculpadora de los defensores del privilegio se había ido centrando en las derivadas de la ilustración, la supuesta incomparecencia política y, en general, polemista de la francmasonería, terminó por centrarse en los pobres iluminados nacidos en Baviera.

En términos generales, según he ido desgranando en los capítulos previos, los objetivos esenciales de la orden iluminada se centraban en el crecimiento interior de los iluminados a través de la erudición y la profundización en el conocimiento, de modo que, compartiendo ese progreso personal con el resto de la sociedad, se llegara a un punto de iluminación común que transformaría la humanidad.

Ahora bien, para aquellos que habían puesto el ojo en esta sociedad secreta no cabía la menor duda de la existencia de una conspiración generalizada centrada en el cambio total del modo de vida liderado por aquellos rectores de la orden iluminada. Cayendo en el error tradicional de asumir un liderazgo iluminado en la transformación que el conocimiento compartido y profundo de la ciencia regalaría al común, los enemigos de la evolución social, defensores de la monarquía absoluta y de un estado intervenido por el misticismo, no tuvieron problemas en describir una infiltración generalizada de illuminati entregados a liderar una nueva sociedad nacida del derrumbamiento de aquella que los había visto nacer. Desde ese punto de vista atrofiado, la *Illuminatenorden* aparecía como el cerebro de un plan malévolo pergeñado con la intención de, a modo de novela romántica, dominar un mundo cándido e infantil entregado a un justo orden social.

Sin embargo, en los escritos del propio Adam Weishaupt, se planteaba la finalidad de la iluminación perseguida por la sociedad secreta como la felicidad de la raza humana, siendo la unidad de los débiles, de los pobres y desheredados, el único medio posible para conseguir tan loable meta.

«[...] Cuando pensamos lo inútil que resulta combatir en solitario contra la fuerte corriente del vicio [...], acude a nosotros la más elemental de las ideas: debemos trabajar y luchar todos juntos, estrechamente unidos, para que, de este modo, la fuerza esté del lado de los buenos; pues, una vez unidos, ya nunca volverán a ser débiles [...].»

Adam Weishaupt. *Apologie der Illuminaten.*
Frankfurt, 1786.

Viendo desde la distancia aquellas afirmaciones, resulta sencillo ver las bases del movimiento social propio del liberalismo político, aquel que preconizaba la libertad e igualdad social una vez hubiera sido superado el régimen absolutista detentador de los privilegios. Entre la soflama a la unidad del pueblo, a la conjunción de los desheredados en conflicto con la élite oligárquica y aristocrática defensora del pútrido privilegio, no es extraño vislumbrar determinados aires socialistas, agitadores vientos revolucionarios, esos mismos que atizarían sin remisión la furia popular durante los años de tiranía jacobina en la Francia postrevolucionaria. Temiendo los cestos repletos de cabezas guillotinadas y la persecución de pelucas y polvos de talco, atemorizados por la ira empoderada por una multitud sedienta de venganza tras siglos de explotación y detentación de un poder omnímodo, los privilegiados empezaron a disparar hacia todo lo que despertara cualquier tufillo revolucionario. Primero contra los mal llamados sofistas del ateísmo y la anarquía, personificados en Voltaire, Montesquieu y, especialmente, Rousseau, para caer después sobre los francmasones, a quienes les llovían los palos desde casi cualquier lado. La aparición de los Illuminati, por el contrario, supuso un alivio para la masonería, que, aún en el disparadero, encontraron un objetivo más dado al escarnio por lo exuberante y anecdótico y, ¿por qué no decirlo?, por el proselitismo descarado que Weishaupt y, principalmente, Knigge desarrollaron entre las filas masonas.

En cualquier caso, llegado el punto de máxima expansión de las ideas iluminadas, de eclosión continental del mal llamado iluminismo o, como le gustaba en principio a Weishaupt, *perfectibilismo*, la culpabilidad de los Illuminati resultaba más que palpable en el momento de cargarle el muerto al primero que abriera la boca. Si a ello le sumamos la poco recomendable costumbre de plasmar por escrito funciones, finalidades y objetivos, es evidente que la sociedad de los iluminados alcanzó un grado máximo de sospecha en la escala patética de la teoría conspiranoica.

Aunque parece demostrado que las instrucciones escritas estructurales, aquellas que planteaban objetivos y caminos a seguir, sólo se entregaban a los illuminati del segundo nivel para arriba, quedando ocultas para novicios y minervales, también es correcto pensar que gran parte de los textos citados acabaron por filtrarse a la virulenta oposición. Es más, para muchos especialistas en esta sociedad secreta, la finalidad de iniciación de la mayoría de los masones era la infiltración o, dicho de un modo más cercano, entrar en la orden para saber de qué iba aquello de lo que todo el mundo hablaba. En el caso de Goethe parece más que evidente, dada su posición política. Entrar entre aquellos iluminados para echar un vistazo y ver si, primero, son masones y, segundo, encierran algún peligro para el orden establecido del que formo parte como privilegiado pudo ser la motivación de muchos de los aristócratas e intelectuales citados en capítulos anteriores.

En cualquier caso, mal traducidas, tergiversadas por el interés y sesgo de clase, los planteamientos de partida y objetivos finales de los Illuminati debieron poner los pelos postizos de punta a una manga de nobles centroeuropeos acostumbrados a los ritos masónicos transducidos en puro y banal esnobismo.

En el primero de los supuestos, muchos de aquellos objetivos aparecieron en la mayoría de las constituciones liberales aprobadas tras no poco sufrimiento en el siglo XVIII y, sobre todo, en el XIX. Sin ir más lejos, la constitución de Cádiz de 1812 incluía una buena parte de aquellas propuestas iluminadas. Mas, en la mayoría de los casos, desde el punto de vista del privilegio, los postulados reformistas iluminados sonaban a destrucción del orden regalado al mundo por la divinidad, ofreciendo un panorama catastrófico. Desde la supresión de la religión, que no transformación de la creencia en algo personal y no estatal, a la eliminación de la familia tradicional, supuesto fin al que se llegaría tras la aprobación del divorcio en una sociedad católica, los detractores del iluminismo veían en todo lo supuestamente asumido como fin una catástrofe mundial. Hasta la idea de acabar con el sistema de herencias que perpetuaba la desigualdad, concentraba la tierra en unas pocas manos para morir a la productividad, condenando a la sociedad eminentemente agrícola a la catástrofe, la hambruna y el inmovilismo perpetuo, era vestida como una aberración propia de gente sin moral. Más sorprendente resulta ver como

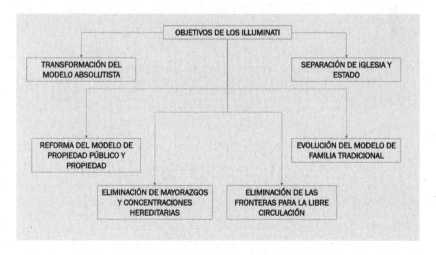

Objetivos de los illuminati versión 1.

algo negativo la supresión de las fronteras, semilla de los cancerígenos nacionalismos del presente, con el fin de abocar a la humanidad a un futuro de entendimiento global, que se veía desde un lado oscuro incomprensible.

Y es que, en el fondo de toda esta oposición deleznable, grotesca y palurda, subyacían los demonios que siempre ha detenido cualquier progreso: elitismo, patriotismo, machismo, racismo y xenofobia.

Ahora, una cosa era plantear una serie de objetivos nacidos del pensamiento ilustrado y otra muy distinta llevarlos a cabo y no sólo en Europa, sino en el globo. Al igual que ocurriera y ocurriría con todos los idealismos existentes antes y después de éste, la única manera de conseguirlo era a través del proselitismo y la infiltración. Weishaupt pensaba que lo primero serviría en Oriente, mientras que la penetración en las élites sería el camino para tomar en Europa y América. Y este detalle, el de la infiltración que tan bien describía en sus escritos destinados a convencer a los iluminados de los niveles más altos, era el que más preocupaba a los que alcanzaban este saber: a los propios iluminados del segundo nivel, implicados en el gobierno de las naciones con la confianza de los príncipes gobernantes, muchos de ellos también seducidos por el secreto y la novedad; y a los masones, que veían en la infiltración sugerida por Weishaupt un peligro evidente, una organización con un fin concreto y no discreto.

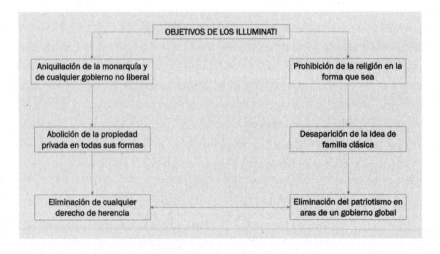

Objetivos de los illuminati versión 2.

«[...] infiltrar a nuestros iniciados en la administración estatal bajo la protección del secreto, con el objeto de que llegue el día en el que, aun aparentando todo lo mismo, las cosas sean realmente diferentes [...].»

Adam Weishaupt. *Apologie der Illuminaten.*
Frankfurt, 1786.

Obviamente, sacado aquello de contexto, las ideas plasmadas por Weishaupt parecían pronunciadas por un malvado universal, capaz de llevar a la humanidad a la destrucción de todo, incluido lo bueno existente, que diría cínicamente José Antonio Primo de Rivera hacia 1933 refiriéndose a las políticas reformistas y revolucionarias.

En realidad, este principio de expansión silenciosa de una idea entrando en las estructuras establecidas ha sido a lo largo de la historia el único camino real para revertir o pervertir una situación previa. Aplicado por religiones y todo tipo de pensamientos, el principio de la ocupación silenciosa de la estructura matriz a modo de colonización vírica forma parte de la historia de la política universal. Así se extendió el socialismo en sus muchas versiones entre los trabajadores sometidos a la mísera esclavitud en los largos años de infame travesía del siglo XIX; el fascismo y especialmente el nazismo, por el mismo camino, entre los desencantados ciudadanos incautos, presos del desastre patriótico de la Gran Guerra y la descomunal depresión consecuente que condenó las democracias al fracaso del parlamentarismo durante el periodo de entreguerras. Así también caló el liberalismo entre la burguesía atada por la sociedad estamental de finales del siglo XVIII y la democracia, tras la segunda revolución industrial, a finales del siglo XIX. Y entre los españoles sometidos a una dictadura militar antiliberal y corporativista, incapaz de dar salida a las ansias de progreso de una sociedad encerrada por una reja de barrotes católicos, nacionalistas y postfascistas. Infiltrados entre la mayoría, ora hablando aquí, ora sufriendo represión, ora cantando ante una multitud de universitarios ávidos de un cambio susurrado en la penumbra del régimen, la democracia llegó a España de forma silenciosa, pero constante, conforme al momento en que, como citaba Weishaupt, las cosas fueron realmente diferentes.

Desgraciadamente para aquel visionario bávaro, la llegada de Knigge y su visión aristocrática y burguesa de la propagación de los ideales ilustrados incluidos en el iluminismo acabó por trastocar todo aquello. El rediseño de la orden que se vio en capítulos anteriores pervirtió el punto de partida para llevar a los Illuminati a un punto de choque con el vacío dejado por la Compañía de Jesús y con la expansión consolidada por toda la Europa protestante de la francmasonería. Expuestos todos aquellos ideales al escrutinio no sólo de católicos recalcitrantes y defensores de la monarquía absoluta, sino de los propios masones muchas veces coincidentes con los dos adjetivos previos, el conflicto entre la expansión y su freno estalló en la década de los años ochenta del siglo XVIII. La transformación o, mejor dicho, la perversión introducida por Knigge en los principios fundadores de Weishaupt perpetrada al abrir el iluminismo a los absolutistas acabó por enfrentar a las dos grandes mentes iluminadas. Siendo evidente el interés por comprender la orden del ingreso de Goethe y sus señores príncipes iniciados por Knigge, Weishaupt no tuvo más remedio que enfrentar aquella desviación e intentar neutralizar la

La ciudad de Weimar.

hegemonía organizativa de su antaño adlátere. Puestos el uno contra el otro en enfrentamiento epistolar de aúpa, amenazando Weishaupt con disolver la orden y Knigge con revelar los secretos a los rosacrucianos y, en ausencia de la Compañía de Jesús, a la iglesia católica, en 1784 se llegó a un punto de no retorno donde o bien se renovaba el liderazgo o se largaba a Knigge a freír espárragos.

La consecuencia de aquella crisis produjo la convocatoria de una especie de congreso arbitral en Weimar donde, para más sorna, participaron aquellos recién llegados a la orden infiltrados por el poder político imperante y las logias masónicas establecidas en el ámbito bávaro. Goethe y su maestro, Herder, formaron parte de aquel tribunal con otros iluminados del segundo y tercer nivel. La conclusión fue cambiar el órgano supremo de la orden, el *areópago*. Obviamente, las dos visiones enfrentadas para regir la orden eran incompatibles de todo punto, por lo que un cambio hacia uno u otro lado parecía la mejor decisión. Eso y abortar cualquier novedad capaz de afectar las estructuras asentadas, esas ortodoxias vistas desde la primera línea de este ensayo.

En principio, la decisión de renovar el areópago cumplía con las expectativas de Knigge, al ser su objetivo eliminar el control sobre los Illuminati que esgrimía Weishaupt como fundador. También se acordó el recoger toda la información escrita y distribuida por la orden en aquel primer intento de proselitismo vacuo. Los textos de iniciación habían sido filtrados mil y una vez, lo que provocaba que aquella sociedad secreta tuviera muy poco de secreta. Y, si bien su éxito expansivo se debió en buena parte al conocimiento general de todos y cada uno de sus intersticios, también es cierto que el descrédito y la alarma que había despertado la tergiversación interesada de sus bases jugaba en contra de la consolidación y convertía a los iluminados en la más apropiada diana para todo orden establecido.

Para desgracia de Knigge, quien se las prometía muy felices, el congreso arbitral mantuvo la influencia de Weishaupt como fundador aun no formando parte del areópago, lo que frustró todas las expectativas de Knigge de formar una nueva Rosacruz que borrara del mapa aquella que siempre le negó el ingreso. Fracasado en su intento de transformación de la orden de los Iluminados, el barón Adolf von Knigge decidió abandonar la sociedad secreta en 1785, hastiado del asociacionismo secreto o discreto. Nunca más volvería a formar parte de organización alternativa alguna, renegando de aquel camino como válido para lograr una transformación de la sociedad. Con todo, siguió simpatizando con las ideas ilustradas y su consecuencia revolucionaria. Defensor del club jacobino, perdió sus patrocinios, cayó en la carestía económica y el abandono para pasar los últimos años de su vida en Bremen donde, recuperada parte de su fortuna, falleció en 1796. Adam Weishaupt, por su parte, debió entender que aquella orden que lideraba tras la consumación de la derrota de Knigge no era ni por asomo lo que había soñado en los años de formación y consolidación en Ingolstadt. Dominados los Illuminati por una mezcla de aristócratas y absolutistas unidos a masones perdidos en la diletante sombra del idealismo mal entendido, nada más le quedaba por hacer allí.

Karl Theodor de Baviera de Anton Hickel. Siglo XVIII.

Añadiendo aún más leña a esta pira en ciernes, el príncipe elector de Baviera, Karl Theodor, promulgaba el 22 de junio de 1784 la prohibición de todo tipo de organización, sociedad o hermandad que no se acomodara a la ley establecida y que no hubiera recibido su estricta aprobación. Al tratarse de un edicto muy genérico, Adam pensó que aquello tocaba de refilón a la orden de los iluminados, permitiéndoles seguir con sus objetivos planificados. No obstante, un edicto sancionado al año siguiente, ante la insistencia de los miembros masones y rosacrucianos del gobierno, incluía a los Illuminati entre la lista de sociedades masónicas y paramasónicas afectadas por la prohibición publicada en 1784. Asumiendo que muchos de los nuevos iluminados estaban bien posicionados en las estructuras de los diversos estados con la idea básica de cumplir los objetivos iluministas, la deserción se convirtió en una tragedia. Obviamente, al poner a los illuminati ante el dilema de permanecer fieles a la creencia o renunciar a la posición privilegiada que ostentaban, el resultado fue el que todo ser humano puede imaginar. Que entre el sueño y la realidad muy pocos no acaban despiertos. Reforzando aquel acoso todavía más, ante una pregunta formulada por Luis José de Welden, obispo de Freising, Pio VI confirmaba en cartas de 18 de julio y 12 de noviembre que la pertenencia a la orden iluminada era incompatible con la fe católica.

Identificado como líder de la orden, Weishaupt marchó hacia Gotha lejos de las intrigas bávaras, tras una pequeña escala en Ratisbona, donde inició una campaña feroz de propaganda que permitiera reflotar una sociedad que empezaba a despeñarse. Desde la seguridad de su retiro, Adam ideó la defensa propagandística de la orden provocando una vorágine de panfletos y publicaciones diversas atacando a los diversos actores implicados en el desmantelamiento de la sociedad y tratando de limpiar su nombre. Desencantado con el resultado negativo de aquella ofensiva, cedió el liderazgo a Johann Martin, conde de Stolberg-Roßla, quien, preocupado por la presión pública hacia los integrantes de la orden tomó la decisión de paralizar la actividad temporalmente hasta llegar a la suspensión definitiva de la orden de los iluminados en abril de 1785. Reclamado el liderazgo de los restos iluminados por Johann Joachim Christoph Bode, editor que fuera de Goethe, fueron reiterados diversos esfuerzos para mantener unidos a los idealistas más recalcitrantes y, bien seguir con la idea de partida, bien refundar la sociedad en experiencias del tipo

Iglesia Minerval de Weimar u *Orden de los Amigos Invisibles,* en una clara huida hacia adelante que no hacía más que confirmar la muerte de la sociedad.

En las tierras bávaras, mientras tanto, el poder establecido siguió atacando con fuerza la ramificación expansiva de los iluminados para rematar cualquier remanente que hubiera podido sobrevivir. De ese modo empezaron las inspecciones y registros de supuestos miembros ocultos, discretos o secretos de la orden. En una de aquellas inspecciones cayó el alijo de información custodiado por Xavier Zwack del que ya se vieron las consecuencias y de cuyo conocimiento nace el presente de los iluminados. Descubierta la estructura general y la mayoría de los integrantes de la orden a causa de aquel hallazgo, desde octubre de 1786 la orden de los iluminados se convirtió en objetivo esencial de la lucha contra la subversión del sistema absolutista y el orden social establecido. Poco antes de que llegaran los vientos revolucionarios en la vecina Francia, el concepto illuminati quedó firmemente asociado con la conspiración, la subversión y el libertinaje que habrían de representar por siempre jamás los jacobinos franceses, a quienes nunca se pudo quitar el estigma de illuminati, a pesar de no formar parte evidente de aquella estructura.

Ciudad de Gotha.

El 16 de agosto de 1787, el príncipe elector de Baviera promulgaba el tercero de sus edictos en este aspecto, el más duro de todos, que contenía la condena a muerte hacia todos aquellos implicados en el reclutamiento de nuevos iluminados sin distinción de posición social o política alguna. Sin duda, la orden de los iluminados había fenecido de facto.

Ahora bien, bajo esta proliferación de edictos y normas punitivas contra el iluminismo y específicamente contra el proselitismo iluminista subyacía una especie de miedo cerval a la propagación de una fe laica soterrada capaz de socavar los cimientos de régimen absolutista y de la preeminencia de la fe católica. Atemorizados por un supuesto cierre en falso de este conato de liberalismo laico o ateo, los poderes fácticos del antiguo régimen, al emplearse a fondo en la eliminación del orden iluminado, provocaron el nacimiento de una leyenda conspiranoica. Mitificado el iluminismo en la evidencia de su espurio esparcimiento por no pocas cortes aristocráticas y burguesía itinerante europea, comenzó a surgir una absurda sensación de iluminismo bajo cualquier movimiento insurgente que atentara contra el citado orden. Desde la subversión inherente al pensamiento ilustrado a la creación de proto partidos políticos emergentes en sociedades putrefactas por el desequilibrio económico, pasando por cualquiera que fuera la interpretación novedosa de la fe o del pensamiento que correspondiera, los defensores del privilegio, de la ortodoxia ancestral, empezaron a ver illuminati por todas partes. Si a ello se suma el comienzo del ciclo revolucionario apenas cinco años después de la desaparición de la *Illuminatenorden* y la restitución de la Compañía de Jesús el 7 de agosto de 1814, justo cuando aquellos privilegiados pensaron haber acabado con el liberalismo burgués, el mito de los Illuminati acabó por instalarse en el imaginario colectivo, construyendo una idea de permanente y continua conspiración ajena al principio básico con que Ockham dotó a su navaja. Sometidos desde entonces hasta el presente a la sospecha de iluminismo cualquier ser humano capaz de transformar la sociedad o, al menos, de intentar romper ese desequilibrio entre el privilegio establecido como ortodoxia y el ansia de igualdad de aquellos pocos que así entendemos la justa supervivencia del individuo, la orden de los Iluminados ha terminado convirtiéndose en una suerte de misterio contingente al que no me queda más remedio que meter la tijera.

No somos Illuminati

Resulta sorprendente la preocupación que suscitó el alumbramiento de los Illuminati. Secreto a voces entre las cortes centroeuropeas y las logias masónicas y paramasónicas más relevantes, el acceso a los documentos hallados en casa de Zwack y la labor proselitista de Knigge sacó a la luz unos ideales que, al ir acompañados de un plan de acción posibilista y no utópico como en la mayoría de los planteamientos masónicos, puso de los nervios a media Europa.

Especialmente para los defensores del privilegio, aquellos que, como la Iglesia católica, habían luchado para abortar cualquier cambio, aunque fuera a sangre y fuego, por medio mundo, la aparición de los Illuminati unido a la supresión del ejército de capa negra que constituía la Compañía de Jesús suponía un toque de atención de suma importancia. Atacar la orden de los iluminados era, por tanto, una prioridad absoluta.

En el caso de la monarquía y los adláteres privilegiados, pilares de un sistema que era soportado por el esfuerzo ingente de un ejército de miserables desarrapados convencidos por la iglesia católica de que aquello era voluntad divina, la aparición de los iluminados constituía un toque de atención. Al parecer, las ideas esparcidas por aquellos franceses diletantes de media casta, nobles venidos a menos y burgueses acomodados que se acostaban a la sombra absolutista de privilegio para largar lo que fuera con tal de alcanzar cierto predicamento entre las clases populares; esas ideas absurdas, digo, habían calado de algún modo en determinados estratos sociales. Cansados de la injusticia y convencidos de que otro mundo era posible, Adam Weishaupt y sus primeros acólitos habían planteado una ventana hacia un horizonte donde, al menos por un pequeño resquicio, se apreciaba una ínfima luz de libertad verdadera; esa que, manida por los popes de la manipulación social y la demagogia ha quedado raída y descompuesta.

Si bien es cierto que la *Illuminatenorden* había quedado desmantelada por el esfuerzo legislador de los diferentes déspotas europeos, quienes de ilustrados no tenían ni la cartilla de primeras letras, la chispa revolucionaria aún repicaba entre tanta campana hueca. Principalmente la iglesia católica y sus muchos hagiógrafos, se empleó a fondo, como ya se vio en el capítulo anterior, en desmochar cualquier intento de revitalizar el esfuerzo iluminado y, de paso, meter en el mismo saco a todo lo que desprendiera el más mínimo tufillo a liberalismo, aun cuando ni siquiera se utilizaba aquel concepto de forma generalizada. Escamados por lo que había ocurrido en las colonias británicas del Nuevo Mundo, absolutistas y católicos se emplearon a fondo en la difamación de masonerías e iluminados, vertiendo todo tipo de maledicencias en cuantos panfletos y soflamas propagandísticas pudieran emitir para crear un aura de conspiración permanente, de secretismo interesado y malvado en todo lo que rodeara a la organización secreta que fuera.

Con esta mochila de maldad impuesta por los privilegiados de la ortodoxia, masones, paramasones e iluminados hubieron de lidiar no ya con el paso del tiempo, sino, en el caso de los iluminados, con la suposición de implicación en todo lo malo que pudiera ocurrir a la comunidad que fuera en cualquier momento. Estigmatizados sobre todo por los antiguos jesuitas, quienes vieron en los iluminados y la masonería el enemigo sobre cuyos restos podrían alzarse de nuevo, los iluminados pasaron a ser el *Belcebú* recurrente.

Ya convertidos en el *hombre del saco* desde el último de los edictos del duque de Baviera, el príncipe elector Karl Theodor, los iluminados se transformaron en una diana muy fácil a la que disparar. Atacados por todos lados, descubierto su líder supremo quien, además, hubo de exiliarse en Gotha, y condenados a muerte quienes tuvieran la ocurrencia de seguir con el proselitismo illuminati, la orden, habiendo sido desmantelada por completo ante tamaña presión política, quedó como un remanente indestructible en la mente del pueblo ignorante y manipulado por siglos de adoctrinamiento falaz desde los púlpitos de un millar de iglesias. Señalados como mensajeros del desequilibrio y portadores del mal que induce a la revolución violenta que acaba por ensangrentar las calles y destruir las familias, los iluminados quedaron indisolublemente unidos a cualquier conspiración, complot y plan maquiavélico orquestado en busca del control de la sociedad con el fin de medrar a costa del sacrificio de su libertad. Obviamente, la normalización del desequilibrio provocado por la supresión de la Compañía de Jesús era uno de los fines básicos de esas campañas contra el asociacionismo secreto.

Por otra parte, la verdad social inserta en las ideas ilustradas no podía ser dejadas de lado. La asunción de parte de aquellas por parte de la monarquía tergiversando su fin había sido un intento vacuo de acomodar una tendencia más que evidente, consecuencia de la secularización social. Por otro lado, la pujanza de la burguesía comercial y, principalmente, financiera, suponía otro punto a tener en cuenta. Educados en la obtención del beneficio que fuera sustentado por el éxito individual al que conducía la primera premisa, los burgueses retorcían los ideales tanto ilustrados como del propio liberalismo, justificando que el hecho de su progreso individual no debía ser coartado por estado alguno, por mucho que aquel pudiera ser garante de la lucha contra la desigualdad en que penaba la mayor parte del paisanaje. Aquellos, ricos y poderosos, pero sin control sobre la política, pronto se apuntaron a cualquier proceso reformista o revolucionario que les diera la oportunidad no ya de destruir el privilegio, sino de transformarlo en beneficio personal, individual y clasista. De modo que, unidas todas las premisas en un paradigma social básico que permitiera ocupar ese espacio mediante el cambio que fuera, la burguesía empezó a apuntarse a cualquier movimiento revoltoso, colmatando el asociacionismo secreto, discreto y oculto como medio para armar ese tan citado cambio estructural.

A consecuencia de todo lo escrito, los iluminados fueron manipulados por la monarquía, adláteres y la iglesia católica en busca de un nuevo leviatán al que defenestrar. La burguesía travistió las bases ilustradas de la organización y su liberalismo en palanca que la catapultara hacia el ansiado poder político hegemónico en una sociedad donde el enriquecimiento individual fuera trasunto de éxito colectivo. Finalmente, los propios illuminati, asustados de la trascendencia de la oposición y de la impostura de centenares de iniciados, apegados más al signo de los tiempos que a la reforma salvadora de un mundo infecto, abjuraron de la orden, desmantelándola, primero, para, más tarde, dejarla al pairo de los vendavales que aquella sociedad inmunda de intereses enfrentados pudiera recetar a un concepto prometedor.

De esta manera, la idea de iluminación se tornó en negatividad maligna y los iluminados, en conspiradores profesionales apegados a cualquier mal que pudiera aquejar a esa sociedad enferma. Todo illuminati empezó a ser cuestionado como parte de alguna solución y todo illuminati terminó por sumergirse y tratar de olvidar que una vez trató de cambiar la sociedad desde la investigación y la divulgación de lo conocido, dejando que la ciencia y el progreso mejoraran la ingrata sociedad traumatizada por milenios de adoctrinamiento falaz.

Sin embargo, he de decir que la explosión revolucionaria en Francia, con la inmensa violencia que conllevó ayudó bien poco a la normalización histórica del iluminismo. Del mismo modo que ha ocurrido en este presente distópico en el que vivimos con las ideas socialistas nacidas durante el siglo XIX y en buena medida conectadas con los principios ilustrados que habrían de alimentar no sólo el iluminismo, sino todo pensamiento social desarrollado a partir de entonces, la negatividad de partida, el rechazo visceral a todo lo que oliera a cambio quedó cosido al estigma *Illuminatus*. Y, cuanto más activo fuera el grupo en cuestión, cuanto más violento y reprobable, más evidente su implicación en la orden de los iluminados. En ese

Los estados generales en la revolución francesa. August Couder, 1839.

sentido, habría que echar un ojo a la aparición del Club Jacobino en octubre de 1789.

Integrados en el grupo constitucionalista de la asamblea de los Estados Generales, los Sieyès, Mirebeau, Robespierre o Pétion propugnaban una monarquía constitucional que, en defensa del Tercer Estado, recortara el privilegio que el antiguo régimen regalaba al monarca. El intento de fuga de Luis XVI en 1791 con el consiguiente descrédito de la monarquía en el compromiso para alumbrar una sociedad más igualitaria empujó a los jacobinos hacia el republicanismo y la abolición de la monarquía, certificado con la ejecución del rey el 21 de enero de 1793. En ese momento, radicalizado el inicial grupo jacobino constitucionalista e identificado ya como *Sociedad de amigos jacobinos de la libertad y la igualdad*, su integración en el iluminismo se asumió como evidente por parte de los enemigos de la Revolución francesa e, incluso, por los propios revolucionarios moderados, como los restos del moderantismo girondino. En el instante en que se desató la limpieza social revolucionaria durante los años del Terror y el Comité de Salud Pública liderado por Jean-Paul Marat, aquellos más violentos empezaron a ser tildados de illuminati en prueba de su vileza y avidez de destrucción.

Tampoco ayudó mucho que Jean George Schneider apareciera por allí de forma reiterada. Este sacerdote afincado en Bonn, estudioso de la antigüedad clásica, había caído en el descreimiento en su vicaría general de Estrasburgo, asumiendo los ideales revolucionarios impelido por su integración en la orden de los iluminados, adonde entiendo que llegó desde una supuesta iniciación masónica, campo abonado para el proselitismo de la orden. Llegado el proceso revolucionario, Schneider, renombrado *Euloge*, se postuló como *Acusador del Tribunal de Crímenes* una vez llegaron los jacobinos al poder e instaurando el Terror. En su caso, Schneider articuló una especie de horda aterradora, los *schneiderianos*, integrada por una amalgama de clérigos alemanes venidos a Estrasburgo quienes, a modo de inquisición, peinaban la comarca en busca de incumplidores de la ley. Acaparadores de riquezas ajenas y represores sistemáticos, cayeron en desgracia en cuanto Saint-Just y Le Blass se dejaron caer por ahí. Arrestado por sus muchos abusos y opulencia desmedida, acabó siendo guillotinado en París, el 1 de abril de 1794. Y, de entre todas las barbaridades llevadas a cabo por aquella persona confundida, su esporádica integración en la orden de los iluminados trascendió como justificación de la maldad implícita en todos y cada uno de sus actos.

Del mismo modo que Schneider, la marca de los Illuminati empezó a asociarse a todo líder revolucionario que se preciara y, de no hallarla, directamente se presumía o asumía como evidente. Pensando en el mayor de todos los aterradores revolucionarios, Maximilien Robespierre, quedó de manifiesto al constatarse una supuesta visita de Adam Weishaupt a París en 1773, donde dicen algunos que coincidió con aquel y Lafayette, lo que bastaba para asumir que el líder jacobino en los tiempos del Terror era uno más de los illuminati y, por extensión, todo lo por aquellos perpetrado respondía a los objetivos fundacionales de la *Illuminatenorden*.

Al contrario que Robespierre, Moses Dobruška, revolucionario de origen moravo, sí integró la orden. Nacido en Brno en el seno de una familia judía sectaria, había ingresado en la logia masónica de los *Caballeros de San Juan, evangelistas para Asia y Europa*, primera en aceptar judíos entre sus miembros. Muy activo por ello y por el sectarismo familiar que los estigmatizaba al haberse proclamado su primo Jacob Frank reencarnación del mesías, al igual que hiciera Schneider, ingresó en la orden de los iluminados desde su base masónica. Convencido de que los jacobinos representaban la viva imagen de los ideales iluminados, Moses se alineó con los revolucionarios y viajó hacia Estrasburgo para tomar parte en el proceso que muchos de aquellos antiguos illuminati debieron entender como el momento de su orden ya extinta. Cambiado su nombre a *Junius Frey*, se unió a la actividad revolucionaria, publicando su *Filosofía social dedicada al pueblo francés* en 1793. Para su desgracia, fue acusado de espionaje como parte de la onda expansiva que destruyó a su cuñado, François Chabot, y ejecutado el 5 de abril de 1794, junto con aquel, Claude Basire y Fabre d'Englantine, acusados éstos de corrupción y soborno en el caso de manipulación interesada de la Compañía Francesa de la India Oriental.

En resumidas cuentas, la presencia de algunos masones iniciados en la orden de los iluminados bastó para asumir por parte de la iglesia católica y de los monárquicos recalcitrantes de media Europa que detrás del proceso revolucionario andaban por ahí los illuminati, sin orden, sin estructura, sin areópago, pero fieles a su supuesta voluntad destructiva. Según se vio en el capítulo anterior, hasta el mismo Adam Weishaupt tuvo que remitir una carta a un diario estadounidense en 1800 para demostrar que bajo ningún concepto él o su fenecida organización tenían nada que ver con un supuesto complot torticero a favor de Thomas Jefferson que sacara de la presidencia a John Adams.

Mas, después de la difamación popular, todo dio igual. La marca de los illuminati quedó pegada a cualquier movimiento que se entendiera desestabilizador para el orden ortodoxo que fuere. Bastaba con que un grupo o un individuo presentara unas credenciales heterodoxas, que sus propuestas pudieran transformar un ápice ese orden defendido, para que, de inmediato, apareciera la relación con la *Illuminanteorden*; desde aquel entonces, hasta el presente que vivimos.

ORGANIZACIONES Y SOCIEDADES INVENTADAS

Parece claro, por consiguiente, que la orden de los iluminados feneció en abril de 1785, cuando su líder supremo, Johann Martin, conde de Stolberg-Roßla, decretó su disolución. Sin embargo, la mancha de los illuminati, el estigma de la orden secreta quedó latente y flotando en ese éter indescriptible que conforma el argumentario político. Esperando a quién atizar con la podredumbre del descrédito público, la idea del iluminismo quedó suspendida, pasando a constituir un adjetivo que añadir a la campaña intoxicadora de turno.

Y no sería porque no hubieran existido organizaciones previas a la fundada por Adam Weishaupt que emplearan el iluminismo como definición y el adjetivo iluminado como seña de identidad. Según se vio en capítulos anteriores, el concepto de iluminación había sido utilizado con frecuencia desde tiempos remotos. Aquellos seguidores de la *Beata de Piedrahita*, a caballo entre los siglos xv y xvi, denominados despectivamente *alumbrados* o *aluminados*, aseguraban que el alma estaba en contacto directo con el espíritu santo y, en consecuencia, vivían iluminados por ello. Anatemizados por la Iglesia católica, la Inquisición lanzó tres oleadas contra ellos desde septiembre de 1525. Sorprende encontrar en las fuentes primarias que Ignacio de Loyola, fundador de la Compañía de Jesús, fuese investigado como posible alumbrado hacia 1527 por un tribunal inquisitorial en Alcalá de Henares. Tragicómico habría sido constatar que el creador de la organización más empeñada en echar por tierra cualquier argumento válido asociado a la orden de los iluminados pudiera haber sido considerado un alumbrado o iluminado por la Inquisición española.

Aunque estos iluminados no concordaban con los bávaros de Adam Weishaupt nada más que en la rima consonante, la cosa habría tenido su aquel. Más adelante, estos alumbrados serían recordados en la persecución del *quietismo*, variante ascética del *esicaismo* ortodoxo del monje Evagrio Póntico que vivió hacia el siglo IV d.C. y que entroncaba con la búsqueda de la soledad y la iluminación preconizada por los llamados padres del desierto. El *quietismo* iniciado por el sacerdote místico español Miguel de Molinos, retomaba aquellas prácticas que trataban de alejar al creyente de la politizada iglesia católica, más centrada en controlar y gobernar los poderes terrenales que la espiritualidad, por más que Agustín de Hipona se hubiera desgañitado en los párrafos de *De Civitate Dei* alertando de semejante peligro.

Evagrio Póntico. Manuscrito armenio de 1430.

Sin embargo, de todas aquellas variantes, tan sólo los *gueri-nos* franceses que rememoramos en el capítulo segundo fueron identificados con el adjetivo iluminados o *illuminés*. Por lo que se refiere a nuestros illuminati, hay que recordar que, conocedor de estos conflictos nominales, Adam Weishaupt empezó la organización de la orden bajo el concepto de *Perfectibilistas*, llegando más tarde a la idea de iluminado tras caer rendido por la luz que las ideas de la Ilustración aportaban a la base orgánica de su sociedad secreta. Y es que, en ese sentido luminoso, el nacimiento del pensamiento liberal, embrionario en el siglo XVII y eclosionado durante el XVIII, aún tenemos la sensación de deslumbramiento desde la distancia. De hecho, en todos los idiomas que recogen el significado, el adjetivo empleado en la construcción del concepto, más allá de la idea de la ilustración propia del castellano asociada con el descubrimiento de algo oculto mediante su simbolización, tiene que ver con la llegada del conocimiento a través de la luz. El *enlightment* inglés o alumbramiento bien define esta idea y entronca con la necesidad que de iluminación en la oscuridad precisaba la sociedad en la mente de Adam Weishaupt, tras

ILUSTRADOS

Bacon, Francis	Inglaterra	1561-1626
Descartes, René	Francia	1596-1650
Locke, John	Inglaterra	1632-1704
Feijoo, Benito Jerónimo	España	1676-1764
Secondat, Charles Lous, Barón de Montesquieu	Francia	1689-1755
Arouet, Françios-Marie (Voltaire)	Francia	1694-1778
Mayans i Siscar, Gregorio	España	1699-1781
Franklin, Benjamin	Inglaterra/EE. UU.	1706-1790
Hume, David	Inglaterra	1711-1776
Rousseau, Jean-Jacques	Ginebra	1712-1778
Kant, Immanuel	Prusia	1724-1804
Adams, John	Inglaterra/EE. UU.	1735-1826
Jefferson, Thomas	Inglaterra/EE. UU.	1743-1826
Jovellanos, Gaspar Melchor de	España	1744-1811
Cabarrús Lalanne, Francisco	España	1752-1810

Lista de ilustrados no iluminados.

siglos de oscurantismo misticista liderado por la Iglesia católica y, principalmente, por su ejército jesuita.

Parece, por tanto, lógico ver la conexión entre el perfectibilismo y la ilustración, entre el iluminismo y el alumbramiento de los ilustrados clásicos. Mas no resulta evidente asociar ambos conceptos en la construcción de nuevas identidades. Por ello, es un tanto equívoco, especialmente en aquellos países donde la ilustración se retrasó, la certificación de sociedades iluminadas como Illuminati previos o posteriores al ataque frontal contra Weishaupt y su red de reformistas secretos.

Suele ser un error más que frecuente el asumir que toda organización, cuando no tertulia o salón intelectual propio del siglo XVIII y principios del XIX donde se debatieran asuntos concernientes al Estado hubiera de ser un foco de esparcimiento de las esporas iluminadas. Esa desambiguación entre ilustrado e iluminado, así como la referida hasta la saciedad entre masón e iluminado no se practicó con frecuencia. Es más, en muchos momentos se fomentó desde la ortodoxia la asociación de conceptos, de modo que fuera más fácil el combatir todo argumento constituido desde la razón al estar significado por la peste iluminada, condenada por la Iglesia católica y por el poder absoluto.

Tampoco es que colaboraran mucho en la preservación de cierto prestigio algunos de los auténticos iluminados tras el desmantelamiento de la orden en 1785 y la incautación de los documentos de la casa de Zwack un año más tarde. De hecho, algunos se empecinaron en preservar el sentido de aquel intento reformista con la constitución de sociedades secretas derivadas que continuaran con la labor primigenia de la *illuminatenorden*. El alquimista Dom Pernety, por poner un ejemplo, no aceptó que la orden fuera disuelta ante la generalizada presión política. La supresión del proyecto iluminado, así como el secreto en que estaba imbuido, debía ser mantenido. Habiendo creado una red iluminada en Berlín antes de la disolución, Pernety se trasladó hasta el mediodía francés para constituir la Sociedad de los Iluminados de Aviñón o *Société des Illuminés d'Avignon* hacia 1787. Con el apoyo del conde polaco Tadeusz Grabianka, otro iluminado nostálgico, aquello tenía más de sociedad esotérica que otra cosa. Centrada en la alquimia practicada por Pernety y la astrología, poco tenía que ver con el origen iluminado. Supongo que el misterio que rodeaba a la idea iluminada y la persecución a la que se sometía todo planteamiento relativo a los postulados de Weishaupt daba un caché oscuro y temible a la sociedad. Desde luego, poco que ver con los principios reformadores de la sociedad y con la investigación y el progreso individual como matriz para una mejor sociedad. Más bien una sociedad esotérica y secreta. Pocos años más tarde acabaron por trasladarse a Montpellier transmutándola en *Academia de los Verdaderos Masones*, lo que demuestra lo desviado que trazaba este disparo. Como tantas otras sociedades secretas ambiguas y desconectadas de la realidad, la Revolución francesa acabó por desmontarla.

Sin embargo, el rito que Pernety escribió en el momento de constituir sus iluminados de Aviñon, sí tuvo un reintegro posterior. El llamado *Rito Hermético* de Pernety, visión personal de las teorías filosófico-religiosas propias del *hermetismo* que articulaban ciencias ocultas, pensamiento y creencia a partir de un corpus documental egipcio y helénico escrito entre los siglos i y iv d.C., derivó en varios grupos esotéricos y ocultistas que, por derivación de sus organizaciones posteriores a la desaparición de la sociedad iluminada, adoptaron el adjetivo illuminati con la consiguiente confusión.

Así, inspirados en ese rito hermético, surgió la sociedad de los *Teosofistas Iluminados* constituidos en 1767 o la Sociedad Londinense de *Teosofistas* en 1787, seguidores del llamado *Rito Chastanier* que, de illuminati, no tenían ni la sombra. Eso sí, en el rastreo perseguidor de todo lo que oliera a iluminados, siempre aparecían aquellos por su conexión tangencial con el Illuminati Pernety, quien poca relación trascendental había tenido en vida de la orden original. Sin embargo, para la mayoría de los teóricos de la conspiración, tanto esta sociedad como todas las que aparecen a continuación, constituyen una prueba irrefutable de la implicación iluminada en cualquiera que haya sido, que sea el cambio o transformación social contraria al orden supuestamente establecido.

Un ejemplo claro de esta consumación conspiranoica está en la asunción de que los seguidores del *Concordismo* eran iluminados o, dicho en otras palabras, que los concordistas eran Illuminati. Todo se debía a que M. Lang había constituido una Liga de los Virtuosos o *Tugendbund* hacia 1790 en Prusia con la intención de desarrollar unos principios que planteaban la reconciliación de las escrituras sagradas con las ciencias sin intermediación de clero alguno, lo que podría malinterpretarse como próximo al iluminismo bávaro. Asumida por algunos estudiosos como herederos de los Illuminati, toda derivación de estas formaciones paramasónicas ha quedado impregnada de la marca iluminada, unida también a la sociedad constituida por Heinrich Friedrich Karl von Stein en 1807. Aunque acabara siendo eliminada en 1812 por la presión del gobierno prusiano, las supuestas implicaciones políticas de su conexión iluminada lastraron su existencia incluso durante los tres esporádicos años en que fue reflotada tras los procesos revolucionarios de 1830, cómo no, atribuidos a la conspiración constante de los Illuminati.

En 1880, de un modo más directo, Theodor Reuss trató de reinstaurar la *Illuminatenorden* primero en Muúnich y, al poco tiempo, en Berlín. Este rosacruciano cantante, periodista y, probablemente, informador al servicio de la policía prusiana, había ingresado en diversas logias masónicas para, sirviéndose del apoyo de otros dos masones, Aleister Crowley y John Yarker, constituir a finales del

Theodor Reuss. Fotografía de principios del siglo xx.

xix la llamada *Ordo Templis Orienti*, logia masónica templaria muy combatida por las obediencias tradicionales. La significación política de Reuss, cercano al socialismo y defensor de la liberación de la mujer y el feminismo, lo posicionaba fuera de los horizontes tradicionales de la masonería, por lo que decidió refundar la orden de los iluminados casi un siglo después de su supresión. Tres años más tarde, Leopold Engel, escritor y ocultista que había constituido una plétora de logias paramasónicas no reconocidas por obediencia alguna, inspirado por Reuss, decidió constituir la *Ordo Illuminatorum* o *Liga Mundial de Iluminados* con la intención de expandir esta obediencia alternativa por todo el orbe. Más centrados en replicar las obediencias masónicas que en continuar con los objetivos reformistas propios de los iluminados originales, La *Ordo Illuminatorum* ha permanecido activa en Alemania hasta 1973 bien desnortados del origen conceptual, pero vivos para quienes sólo precisan de una palabra en el título para continuar con la contingencia de una idea. Vamos que, si Adam Weishaupt levantara la cabeza, volvía a exiliarse aún momificado.

Lo mismo deberían pensar los llamados *Iluminados de Estocolmo*. En su caso, estos francmasones integrantes del *Capítulo Iluminado del Rito Sueco de la Francmasonería* constituyen una red de logias masónicas perfectamente conformadas según el rito masón correspondiente sin tener nada que ver con los ideales propuestos por Weishaupt y sus acólitos. Estos masones tan sólo usan ese adjetivo que, según he señalado, sirve para engrosar estadísticas paranoicas de continuidad conspirativa.

Ya en el siglo xx, totalmente desconectados con el origen y próximos a determinados cultos secretos, ocultismos varios y gusto bizarro por la conspiración, los grupos que asumen la conexión y pervivencia de los Illuminati han seguido apareciendo en un mundo que cada vez menos quiere saber de ocultismo y secretismo asociativo y más de transparencia política. En 1947, algunos trabajadores del diario alemán *Süddeutsche Zeitung* fundaron la sociedad discreta *Die Alte Erleuchtete Seher Bayerns*, *El Viejo Vidente Iluminado de Baviera*, alegando ser herederos de los Illuminati bávaros. Con más de cien miembros entre Baviera, Turingia y Waden-Wurtenberg, engrosan las listas de illuminati inventados en la mente calenturienta de los amantes de la conspiración.

Con una idea similar en la apropiación de una fama ritual inventada, de un supuesto prestigio sumergido en el ocultismo y la conspiración permanente, Solomon Tulbure creó en Tallahassee, Florida, *The Illuminati Order*. Atendiendo a sus argumentos fundacionales, esta nueva orden iluminada sí asume los principios fundacionales que escribiera Adam Weishaupt en 1776, sin atender al principio básico del secreto. Accesibles en la red desde su sitio web, uno puede integrarse en la orden tan sólo rellenando un sencillo formulario online sin pasar por un proceso básico de iniciación. A diferencia de los panfletos y textos que redactaba Weishaupt y Knigge distribuía en el más absoluto secreto públicamente conocido, la orden iluminada creada por Tulbure muestra de forma explícita su intención de liberar el conocimiento de la esclavitud impuesta por la iglesia, siendo su objetivo esencial el iluminar la sociedad para disipar las amenazas que se ciernen sobre los derechos individuales. Aunque, para desgracia del común, se afirman no partidarios de partido político alguno, lo que a buen seguro habría construido Adam Weishaupt de haber existido la posibilidad. No hay que olvidar que, para lograr cualquier proceso reformista que se precie, independientemente de los objetivos que se planteen, la organización de principios, recursos e integrantes debe ser orquestada. Y, si no me creen, pregunten a Adolph von Knigge.

Por lo que se refiere al secreto, obviamente infravalorado en la divulgación de conocimiento por todos los que a ello se aproximan, ya nada queda de ese sentido constitutivo que formó los Illuminati. Respecto a la orden de Tulbure, quien, por cierto, acabó fuera de la orden habiendo sido su líder fundacional, las ideas básicas de su desarrollo filosófico pueden ser compradas en la red al haber sido publicadas bajo el sugerente título de *The Illuminati Manifiesto*. Esta mezcla de ideales y principios reformistas/revolucionarios sustentados por la defensa de un neoliberalismo filosófico propio del principio de un nuevo siglo, contradice esencialmente la base del perfectibilismo original de Weishaupt. Qué quieren que les diga, la verdad: no me imagino al fundador en Ingolstadt vendiendo sus escritos fundacionales en una tienda de libre acceso. Después de todo, la luz nos alcanza de uno en uno, no en masa a un buen precio y con buena distribución comercial.

Siguiendo esa tendencia de construir una tribu mediante el uso de las redes sociales que han venido a transformar la sociedad del presente más inmediato, esa misma que ve en la proyección del uno en lo que vive el otro la inspiración para la irrealidad de vivir algo que nunca existirá, la idea mal entendida de la exclusividad que algunos desconocedores de la historia pudieran ver en los Illuminati ha provocado la constitución de nuevas órdenes de iluminados al estilo de la norteamericana citada párrafos atrás. Así, en 1995 apareció otra *Orden Illuminati* fundada esta vez por un español, Gabriel López de Rojas. Prolijo escritor de temática ocultista y asiduo a las teorías de la conspiración, la orden iluminada estuvo activa en la red entre 2000 y 2008, cuando los accesos acabaron por desaparecer.

Más intrigante resulta la *Illuminati Official Order* definida como una organización selecta de líderes mundiales, grandes empresarios, innovadores, artistas y otros miembros influyentes de este planeta. Definen su coalición como una unión de fuerzas que aglutina todo tipo de ideologías, creencias y ámbitos geográficos con el objetivo de llevar más allá la prosperidad de la especie humana comprendida como un todo. Si bien uno puede encontrar cierto secretismo en su constitución, puesto que no aparece miembro alguno identificado y la descripción de aquellos no deja de ser banal, superficial y marcada por políticas de marketing y proselitismo básicas en el entorno virtual, sí sorprende la existencia de una justificación en su sitio web: la evidencia de una finalidad justa y buena. Según describen, la imagen de los Illuminati ha sido asociada generalmente con conceptos negativos tanto de partida, siendo considerados más una secta que una sociedad de amigos de la humanidad, como de llegada, uniendo el sectarismo a una supuesta obligación con el dominio y control abusivo de la humanidad, contradiciendo, además, los altos ideales que una vez dieron pie a su fundación. En el caso de esta orden iluminada, el simbolismo, como en las anteriores, acerca todavía más las sensaciones hacia el sectarismo proselitista al establecer en la riqueza individual la herramienta básica para poder desarrollar el bien común desde la posición de superioridad que el ser humano ha obtenido en el conjunto de la naturaleza gracias al proceso evolutivo, siempre atentos al efecto que la luz como guía tiene en la búsqueda de un camino que, obviamente, será mostrado una vez decides asociarte.

Es por todo ello que, asumiendo el simbolismo del círculo eterno, estos nuevos viejos illuminati enseñan a la humanidad que la persecución de la sabiduría, engrandecida por la luz, hallada en el amasamiento de una fortuna ingente no es más que la reiteración de un propósito ya comprendido por nuestros abuelos y que servirá de acicate a nuestros nietos. Conectados con la humanidad al completo en un único ser ansioso por dedicar hasta el último de los dólares, euros, yuanes, rublos, pesos, yenes o criptomonedas que se hayan atesorado en una honesta vida destinada al acaparamiento de riquezas, cerraremos un círculo inmaculado por la luz más plena jamás percibida que atrapará en la bondad más excelsa toda intención torticera de derivar en beneficio personal y egoísta ese brutal montón de dinero proveniente del esfuerzo individual.

Lo dicho. Si Adam Weishaupt resucitara…

LOS ILLUMINATI EN LA CULTURA POP

No es de extrañar, por tanto, que la idea de los illuminati unidos al asociacionismo secreto y, en muchos de los casos, a la conspiración soterrada en aras de un mundo diverso o, al menos, diferente, haya prevalecido hasta nuestros días. Puede parecer una verdadera locura que, en pleno siglo XXI e inmersos en un mundo de pública ostentación y acceso a todo tipo de información y conocimiento, haya aún personas interesadas en formar círculos secretos y arcanos donde pueda estar el control del todo al que la mayoría nos vemos abocados a pertenecer.

Sin embargo, como se ha visto anteriormente, todavía es fácil encontrar pseudo organizaciones y, en muchos casos, sectas globales que utilizan el concepto *Illuminatus* para atraer incautos y despistados, desconocedores del pasado que de todo nos avisa, para caer en una servidumbre ritual carente de sentido. Siendo, en definitiva, una minoría, me resulta interesante, cuando no pintoresco, que siga existiendo esa tendencia en una sociedad que entiendo globalmente preparada para todo, especialmente para lo estrafalario.

En términos históricos, por otra parte, sí es interesante tratar de comprender y justificar la pervivencia de aquel concepto tan manido hace ahora trescientos años y que no resulta demasiado claro en el presente. Sí es posible que la incompetencia del ser humano actual para gobernar un universo de información abierta, un infinito de conocimiento al que hincar el diente, haya permitido la pervivencia de la idea de los Illuminati envueltos en un halo de misterio, en una vorágine de secreto rodeado de exclusividad, esa misma que otorga la oscuridad que suele rodear a las democracias actuales, especialmente en los estratos más próximos al poder. Allí, donde nada es seguro y no existen guías conceptuales que permitan definir las posiciones políticas de las voluntades humanas; allí, queridos lectores, muchos estarán seguros de ver a un grupo selecto y despiadado de individuos enmascarados que responden al apelativo Illuminati y que deciden lo que ha de ocurrir en este teatro mundo que con tanto desahogo nos hace penar nuestras vidas.

Ese *Illuminatus* vestido de negro, repeinado hasta el dolor y provisto de un cabello barnizado a nivel ebanistería; con un toque de blanco sobre una capa tersa de bordes sedosos a juego con unos chapines de charol. A veces con un largo bastón y otras con un dispositivo electrónico incomprensible asido por una mano enguantada, nos mira desde los agujeros negros e insondables de una máscara que oculta sus rasgos. Allí, apostados en un oscuro e indefinido lugar, más cercano a un gabinete político que a un templo masónico, todos ocultos bajo sus ropajes lujosamente indefinidos, sin saber quién es qué, hombres, mujeres y lo que se avecine, parapetados bajo el paraguas de sus máscaras rituales, departen entre sonrisas sarcásticas y vacuas, conscientes todos y cada uno de la identidad que esconden las máscaras, pero que nosotros, indignos extraños a la orden, somos incapaces de adivinar.

Ese personaje, digo, aparece en muchos de los imaginarios actuales que definen la alta política, protagonistas en cine y televisión, teatro, literatura, cómics, música y cualquiera que sea la expresión artística o divulgativa como paradigma del control social y político por parte de una minoría oligárquica y elitista acucharada al poder de la que poco o nada sabemos más allá de la mitificación de un orden asumido como Illuminati.

Y, lejos de cuestiones expresivas, de construcciones imaginativas acerca de una realidad pasada mitificada en el presente, me resulta imprescindible profundizar en la razón que lleva a una mayoría social a asumir que aquello pueda ser realidad; que exista la más mínima posibilidad de que un pequeño grupo cerrado, arcano y selecto controle el mundo entre risitas condescendientes, escrúpulos desaparecidos y sociedades secretas de mierda. Algo debe haber ocurrido en el pasado para que tamaña insensatez pueda haberse instalado en el imaginario popular; para que la idea de los Illuminati, una sociedad secreta pre-liberal fracasada hace trescientos años, siga teniendo vigencia y atracción entre los paisanos de este mundo descerebrado.

Si nos alejamos hasta el momento de persecución máxima de los Iluminados nacidos en Baviera bajo la dirección de Adam Weishaupt y la injerencia de Adolph von Knigge, podremos encontrar un punto de partida muy interesante para comprender esta estupidez generalizada. De hecho, la represión de los illuminati originales coincidió con el primer éxito liberal en todo el mundo, la revolución americana. Aunque pese a los que amamos el origen de la revolución comunera y el alma liberal de la que fue su máxima expresión política, la *Ley Perpetua de Castilla* promulgada en 1520 y ampliamente estudiada por Joaquín González Herrero, aquella eclosión burguesa orquestada contra la monopolización del proceso económico y su derivada política supuso el primer constructo liberal asentado en la historia. Es posible que algún inglés picajoso aluda a la revolución que transformó aquellas tierras en una república liderada por Oliver Cromwell. Nos dirá, con seguridad, entre reproches a la desmemoria que existía una conexión evidente entre la revolución castellana y su embrión constitucional y la derivada colonial americana, pero, atendiendo a los resultados y la continuidad política y, sobre todo, cultural, la constitución de los Estados Unidos de Norteamérica y la república consiguiente han de ser asumidos como punto de partida general del liberalismo político y económico. Para desgracia de los Illuminati, aquel toque de atención los convirtió en objetivo represor y, por lo que respecta al hilo conductor de este capítulo, oscuros inductores de todo proceso revolucionario posterior, dada la sintonía de sus fines con algunas de las propuestas liberales del nuevo estado emancipado.

Dispersados y entregados a la maledicencia y la suposición supersticiosa, todo líder revolucionario acabó por sufrir el estigma iluminado de uno u otro modo. Ya fuera perteneciendo directamente a la orden, habiendo sido un iniciado que no llegó a completar el proceso, perteneciendo a una supuesta orden secreta y sumergida superviviente a la represión y prohibición generalizada o, directamente, respondiendo a las órdenes de un areópago oscuro y encubierto, organizador de toda distopía y rector de los pasos balbuceantes de un mundo controlado desde la sombra, los Illuminati cayeron en el olvido más actual, en la necesidad de su existencia para dar sentido a la agitación que pudiera remover aunque sólo fuera un ápice la ortodoxia diletante global.

Desde este paradigma, pues, se ha construido una absurda teoría general de la conspiración, según la cual todo movimiento social, político y económico es fruto resultante de una trama organizada

TIPO DE REVOLUCIÓN	LUGAR	TEMPORALIZACIÓN	LÍDER
Social	Castilla	1520-1523	Juan Padilla
Burguesa	Inglaterra	1642-1651	Oliver Cromwell
Nacional Burguesa	Trece colonias británicas en América	1763-1783	George Washington
Social	Francia	1792-1804	Georges-Jacques Danton, Maximilien Robespierre
Nacionalista	Hispanoamérica	1814-1824	Simón Bolivar, José de San Martín
Liberal	España	1820-1823	Rafael del Riego
Nacional-liberal	Grecia	1821-1830	Filikí Etería (Sociedad secreta)
Liberal burguesa	Francia	1830	Luis Felipe de Orleans
Liberal nacionalista	Bélgica	1830	Charles Latour Rogier, Louis de Potter
Liberal nacionalista	Polonia	1830	Piotr Wysocki
Liberal constitucionalista	España	1830	José María de Torrijos
Liberal nacionalista	Italia	1830	Ciro Menotti
Nacionalista	Sacro Imperio Germánico	1832	
Liberal Burguesa	Francia	1848	Luis Napoleón Bonaparte
Liberal nacionalista	Confederación Germánica	1848	Mijaíl Bakunin
Liberal	España	1848	Baldomero Espartero
Liberal Nacionalista	Italia	1848-1870	Giuseppe Garibaldi, Camilo Benso
Liberal Nacionalista	Alemania	1848-1871	Otto von Bismarck
Liberal Burguesa	España	1868	Juan Prim, Francisco Serrano
Social	Francia	1871	Auguste Blanqui
Federalista	España	1873	Emilio Castelar

Las revoluciones liberales y sus líderes.

desde el anonimato por un grupo de individuos conectados mediante alianzas políticas secretas que, para muchos de estos creyentes descreídos, bien podrían ser ese areópago nocturno e ignoto. Que uno no acaba de entender la razón de que toda conspiración haya de organizarse en la oscuridad o, peor aún, en la nocturnidad, cuando la historia nos demuestra que los grandes criminales actúan a la luz del día y a la vista de la sociedad, con la desvergüenza más grande que uno pueda imaginar. Sin máscaras ni mascarillas, que también han sido responsables de todas las pandemias y, como ya estarán intuyendo, poseyendo los antídotos precisos para superar tamaño dislate.

Es, por consiguiente, más que lógico asumir que, creyendo en la supervivencia de la orden de los iluminados sumergida al escrutinio generalizado, la agitación de la sociedad mundial en oleadas revolucionarias haya sido el medio principalmente empleado por aquellos siniestros illuminati para conseguir llegar hasta la consecución de los puntos esenciales que plasmara Adam Weishaupt en 1776.

Por otra parte, desde el punto de vista de los defensores de la ortodoxia, monárquicos y absolutistas, antiliberales, capitalistas y católicos, atizar cualquier proceso de transformación con la idea de una sociedad oculta impulsora de todo aquello para proteger una posición de dominio sobre el común, siempre resultó sencillo, rápido e inspirador. Echar la culpa a un tercero que nadie conoce, pero que está ahí, oculto y maquinando cada uno de los movimientos que habrán de redundar en su propio beneficio, parece que ha calado en el imaginario popular con más facilidad de la esperada. En resumidas cuentas, resulta mucho más sencillo creer lo impensable que asumir la realidad del proceso histórico, aquel que nos enseña el éxito de quien actúa y, sobre todo, la inutilidad de la ignorancia, causa principal de los desmanes sociales por excelencia.

Así que, puestos a asumir que no tenemos culpa de nada y que somos víctimas de la historia, nos inventamos una conspiración generalizada que dé explicación a la globalidad del relato, sin caer en la cuenta de lo estúpido que todo ello suena. Sencillo es encontrar multitud de teorías conspirativas protagonizadas por una camarilla de illuminati, siguiendo con esa lejana teoría inquisitorial, inspirada por los jesuitas, de un llamado *contubernio infernal* de ideas liberales empeñado en destruir el orden mundial en beneficio propio.

El mismo general Francisco Franco, dictador antiliberal donde los haya, aseguraba luchar desde España contra un *contubernio judeo-masónico comunista e internacional*, en cuya dirección, sin duda, imaginaba illuminati que aterrorizaran a la diezmada y represaliada población española, receptiva, en consecuencia, a sus políticas proteccionistas del privilegio y la ortodoxia social nacida en el catolicismo más recalcitrante y el capitalismo más feroz. En la mente calenturienta de todos estos conspiranoicos, los illuminati han logrado un evidente éxito infiltrados en cualquier estrato político donde puedan tomarse decisiones de alcance, de modo que sea posible controlar cada derivación y la sociedad transite por un camino que habrá de llevarla indefectiblemente hacia la destrucción siguiendo un nuevo orden mundial satánico.

No obstante, hay diversas variaciones, aun mínimas en alguno de los casos, entre estas sectas de teóricos de la conspiración con relación a los Illuminati, apeados ya de orden alguna y constituidos en camarilla infamante e infiltrada. Defensores de la venida del anticristo, los illuminati son representados como partisanos de un nuevo orden, donde desaparezca la diversidad y todo quede unificado, desde los idiomas a las monedas, religión y liderazgo mundial. En ese sentido, individuos como Jay Whitley, vendedor por la red de paquetes de comida deshidratada que haga soportable el fin del mundo, esparcen su paranoia por la red, conectado todo aquello con la camarilla illuminati.

En otras ocasiones, los illuminati, constituidos en enormes y longevas dinastías, han sido capaces de penetrar todo tipo de organización capitalista para alcanzar la consecución de sus fines, cualesquiera que sean. El escritor Fritz Springmeier lo aclara en un libro titulado *Bloodlines of the Illuminati*, dejando en evidencia a familias como los Kennedy, Onassis, Rockefeller, Rothschild, Krupp o DuPont. Éstos, incluida la familia china Li, actúan a sus anchas en el mundo y, concretamente, en los EE. UU, siendo la razón evidente de los asesinatos de, por poner un ejemplo, John Fitzgerald Kennedy o Grace Kelly. Dos illuminati menos, vaya.

Más divertido resulta David Icke, quien ve a los illuminati como alienígenas de forma reptiliana, presentes en nuestra historia desde un principio. En sus múltiples publicaciones, Icke ha llegado a probar con una rotundidad propia del psiquiátrico más demencial, cómo los lectores incautos han sido engañados durante milenios por esos reptiles alienígenas acaparadores de cuantos cambios ha experimentado la humanidad. Al menos, estarán conmigo, no impusieron la moda de su aspecto físico.

Ken Adachi, mucho más profundo en sus análisis conspiranoicos y algo menos insensato, si eso puede ser dicho, incluye a los Illuminati en una conspiración mayor, siendo parte de la camarilla conspiradora, pero no la camarilla en sí. Obstinados en lograr el fin del mundo, ese apocalipsis que, en palabras de Haruki Murakami, todos deseamos desde lo más profundo de nuestro ser, la camarilla oculta donde se integran los illuminati ha maniobrado infiltrada a lo largo de la historia sin descanso ni desviación posible. Afortunadamente para la humanidad, Adachi ha logrado identificar todas las sociedades secretas integradoras de esa camarilla mundial globalizadora del mal que habrá de traernos sin dilación un apocalipsis inevitable. Entre las muchas citadas, Adachi incluye Los *Illuminati*, los *Rosacrucianos*, *El brazo Illuminati de la Francmasonería* —contradicción ésta de lo más paradójica—, amén de los tradicionales *Club de Roma, Grupo Bilderberg*, las compañías Russell, *Skull and Bones, Caballeros de Malta*, la Comisión Trilateral de los Rockefeller o los señores del crimen organizado, constitutivos de la llamada *Nobleza Negra*. Toda sociedad secreta o discreta, existente o real, ha sido incluida por Adachi en este contubernio demencial. Para mi gusto, la más interesante, sin duda, la *Majestic 12*, organización integradora de científicos, militares y líderes políticos fundada en 1947 por el presidente Truman para ocultar la actividad alienígena en la tierra. Quizás ya entonces supieran de la presencia de reptiles alienígenas en las filas de los ocultos illuminati.

En líneas generales, la insatisfacción con el devenir histórico que toca vivir ha empujado a estos visionarios enfermizos a considerar que hay algo más detrás para explicar la razón del fracaso cotidiano del sentido común. Dado que la estupidez humana, la mezquindad y la falta de compromiso constante del individuo como acicate para la preservación del desequilibrio permanente que redunda en el egoísmo más falaz y descorazonador predomina allá donde uno mire; o, dicho en otros términos, en lugar de mirarse al espejo, todos estos sociópatas prefieren inventarse conexiones delirantes para esparcirlas a lo largo y ancho de la red y que cada uno saque sus conclusiones desde la ignorancia supina que propicia un sistema educativo adoctrinado, desarticulado por la busca de un beneficio económico elitista e ineficaz a todas luces. Así, esta bola de bolas alucinantes rueda desde un punto de partida que, tomando infinitas calles, acaba por ofrecer un infinito insensato que pueda ocultar cualquier atisbo de realidad, de sensatez basada en la reflexión racional. Algo que ya sabía hace medio milenio Guillermo de Ockham.

Tirando, pues de Adachi, uno llega hasta Myron Fagan y sus teorías sobre el nuevo orden mundial gobernado por los Illuminati a principios del siglo XX, para acabar con las hipótesis sobre la Tercera Guerra Mundial sustentadas en la actividad oculta de los Illuminati, todos ellos bien registrados en los textos de alucinación colectiva escritos por Icke. Y, si seguimos el rastro de todas estas demencias conectadas en una superior teoría de la conspiración donde acostar la idea de los Illuminati como protagonistas de un complot continuado en el tiempo al que habríamos de sumar cualquier adjetivo arcano que se nos ocurra, al final de ese hilo se encontrará el libro publicado en 1798 por el científico escocés John Robinson.

De profundas convicciones racionalistas, Robinson había dedicado su vida al desarrollo de la ciencia y su aplicación para la mejora de la sociedad. Colega de James Watt en el proceso de invención de las primeras máquinas de vapor, sus esfuerzos divulgadores se centraron en la universidad de Edimburgo y en las colaboraciones con la enciclopedia británica, donde incluyó varios artículos en la edición de 1797. Como tantos otros racionalistas, defensores de la razón en la constitución de la norma que habría de regular las relaciones sociales, Robinson fue un firme defensor del liberalismo ilustrado, convencido de que la erradicación de la fe en la conformación del Estado eliminaría la tendencia natural hacia la defensa del privilegio en aquellos que prefieren creer a saber. No me cabe la menor duda de que fue ese razonamiento el que le hizo apoyar los movimientos revolucionarios liberales burgueses desde su aparición. Viendo el éxito obtenido por los habitantes de las colonias británicas en América del Norte en su revolución y posterior creación de una república liberal, supongo que Robinson, tan ingenuo como idealista, pensaría que semejante modelo obtendría un éxito arrollador en la vieja Europa corroída por el privilegio y dominada por la ortodoxia.

CIUDAD	NÚMERO DE LOGIAS ILLUMINATI	CIUDAD	NÚMERO DE LOGIAS ILLUMINATI
Aix-la-Chapelle	2	Herrenberg	1
Alsacia	1	Hesse	1
Alta Sajonia	1	Inglaterra	8
Ancona	1	Ingolstadt	1
Anspach	1	Karlsruhe	1
Austria	14	Kassel	1
Berching	1	Livonia	1
Bonn	4	Magdeburgo	1
Brunswick	1	Mannheim	1
Buchenwald	1	Metz	2
Calbe	1	Montpellier	1
Colonia	1	Munich	1
Curlandia	1	Nápoles	1
Deux Ponts	1	Neuwied	2
Dresden	4	Osnabrück	1
Düsseldorf	1	Roma	1
Eichstädt	1	Stuttgart	3
Escocia	2	Tréveris	2
Espira	1	Turín	1
Estrasburgo	5	Varsovia	1
Florencia	1	Viena	4
Frankenthal	1	Weimar	1
Frankfurt	1	Westfalia	1
Hannover	1	Worms	1
Heidelberg	1	TOTAL	89

Expansión de logias Illuminati, según John Robinson.

No es extrañar, por tanto, que John Robinson viera en la Revolución francesa el chispazo que habría de tumbar milenios de injusto privilegio, de inconcebible absolutismo soportado por la Iglesia cristiana católica en demérito de una sociedad frenada en su progreso natural, alejada de la ciencia y el conocimiento racional por una caterva de místicos embaucadores amorrados a la teta de una humanidad que producía en semi esclavitud, inconsciente de la fuerza que albergaba en su interior.

En buena lógica, los derroteros que la Revolución francesa tomó, alejada de ese idealismo y en lucha encarnizada contra los defensores del privilegio dentro y fuera del país, amén de la incontenible violencia social y política derivada de aquel movimiento transformador, llevó a Robinson a renegar de lo que una vez fue su esperanza. Frecuente en los idealistas, la decepción del objetivo inalcanzable tiende a transformar la mente de quien una vez creyó, puesto que los idealistas no dejan de ser creyentes agarrados a una idea que no admite ni dilación ni demora. ¿Cuántos comunistas han terminado en el extremo opuesto, denigrando lo que una vez fuera su credo? George Orwell llegó a la Guerra Civil española firmemente convencido de que era el momento de expandir la fe venida de Rusia, que diría el maestro Juan Avilés, por todo el viejo continente y terminó aborreciendo el comunismo, visible en sus novelas *1984*, *Rebelión en la granja* u *Homenaje a Cataluña*. Preguntado años más tarde por su participación en aquella contienda sólo pudo afirmar su voluntad de luchar contra el fascismo.

Otros muchos, entre los que podrían incluirse la mayoría de los que están leyendo estas líneas, habrán sufrido estas decepciones con la religión, la monarquía, los sindicatos, el liderazgo político, la amistad, la justicia, el proceso educativo e, incluso, con el presente texto, puesto que, ante la idealización de un horizonte próximo, únicamente cabe la decepción más absoluta, lo que no deja de ser una idea más de la que decepcionarse.

Robinson, volviendo al tema argumental, terminó alejado de las ideas revolucionarias y, pasado de frenada como todos los idealistas despechados, abrazó con firmeza la defensa de la monarquía. Y no lo vean como algo incomprensible. El problema implícito en todo proceso revolucionario es la temporalización de los cambios. Aquellos que dejan su vida, sus esperanzas y compromisos con los primeros exabruptos de transformación, precisan un cambio rápido, casi instantáneo, lo que no deja de ser imposible. En sociedades viejas como la francesa de finales del siglo XVIII resulta casi imposible erradicar el privilegio, su existencia, defensa y anhelo, en un espacio corto de tiempo. Las sociedades, estamentales o de clases, están constituidas por capas comunicantes que luchan por el privilegio unido a su posición social. Aquellos primeros estertores revolucionarios principalmente comunicaron dos niveles contiguos en el disfrute del privilegio, alejando del ejercicio del poder a aquellos que en verdad pretendían su destrucción. La respuesta de esos desheredados, en el instante de rozar el poder político, siempre será la violencia contra los privilegiados tradicionales y los que, habiendo querido destruir el privilegio, terminaron por acomodarse a ello. Estos últimos, odiados por los *sans-cullotes*, terminarían por recibir el desprecio más visceral y el anatema social máximo. Tanto en ese pasado que ya es historia, como en el presente más actual.

Puede que esa violencia desaforada e indiscriminada hacia cualquier privilegiado tradicional o de nuevo cuño atemorizara hasta la cerviz a Robinson y, semejante a otros tantos ejemplos pasados y presentes, acabara en la acera de enfrente reconcomido por la incomprensión de un viaje tan extraño. Asumida la realidad, la evidencia del brote violento incontrolable común a todo proceso revolucionario presente, pasado y futuro, Robinson articuló un razonamiento que permitiera explicar el fracaso aparente de la revolución y el encumbramiento una vez más del misticismo, aquella vez personificado en la burguesía liberal privilegiada. Puestos a estar sometidos a alguien, mejor a un monarca que ya disfruta de una liturgia ancestral y cuenta con la parafernalia de siglos de ortodoxia. Todo lo posible antes que soportar un ritual inventado y disonante para alabar y entronizar a un general paleto de Córcega.

La única razón posible que explicara tamaño dislate habría que buscarla en la concatenación de sucesos favorables al éxito de una élite advenediza y manipuladora mediante a la existencia de una conspiración generalizada y ubicua a todo el territorio occidental. Robinson, como una plétora de paranoicos desconocedores de la contingencia de la historia y de la mezquindad innata del ser humano, han preferido buscar la explicación al fracaso de cada ideal y anhelo personal en un contubernio execrable y controlador de las ansias de libertad que, según aquel, domina al ser humano. Así lo plasmó en su obra *Proofs of a Conspiracy against all the religions and Goverments of Europe*, publicada en 1798 y fundamental para la asunción de las grandes teorías de la conspiración desde la impresión de su primera página. Según Robinson, todo estaba orquestado desde la manipulación de la sociedad por organizaciones secretas que actuaban en la sombra, principalmente masones e illuminati, capaces de infiltrarse en cualquier formación política y someter sus decisiones a los designios oscuros e interesados.

Siendo así culpables de cualquier infortunio, beneficiarios de todo cambio por negativo o esperanzador que fuera, la ortodoxia aprovechó tamaño desatino para arremeter contra el asociacionismo alejado del control principal, viendo contubernios y cuevas de conspiradores por todos lados. Fundamentados en el escrito de Robinson y los posteriores ya citados de Barruel, el mundo se llenó de múltiples ediciones y constantes derivadas defensoras de la conspiración como argumento esencial que explique la estulticia humana, incapaz de mirarse ante el espejo y comprender que es en esa imbecilidad congénita, que nos hace perseguir el privilegio sometiendo a los congéneres, donde se halla la verdadera y única conspiración constatable: aquella que lidera la estupidez infinita del ser humano.

CINE, TELEVISIÓN, ARTE

La consecuencia de tanta tontería en torno a la conspiración constante, al secretismo oscuro y arcano que gobierna conjuntamente la humanidad, a la santificación dentro del mal de los Illuminati, ha provocado que nunca hayan desaparecido de la mente humana y, en concreto, de la cultura popular. Reiterados hasta la insensatez en las teorías conspirativas y las memeces derivadas de los escritos de paranoicos irredentos como Robinson o Barruel y de la demencia social de un ejército de zombis lobotomizados por su propia imbecilidad, los Illuminati han permanecido en el acervo cultural, en la memoria social del mal oculto y organizado, siendo protagonistas de no pocas expresiones culturales propias de lo pop y efímero, pero no por ello intrascendentes desde un punto de vista generacional.

Dada la efervescencia de la expresión artística actual y de la volatilidad de los conceptos en ese entorno, favorecidos por una superficialidad invencible gracias a los medios de comunicación de este presente dominado por las redes sociales virtuales, los Illuminati viajan del cómic al cine y, desde allí, a la televisión o la expresión musical. Basta con incluir la etiqueta *#illuminati* en redes sociales como *Twitter*, *Facebook* o *Instagram* para recuperar cientos de miles de interacciones en el mismo día. Todas ellas descentradas y alejadas de un concepto mínimamente relacionado con los originales iluminados nacidos en la universidad de Ingolstadt, obviamente; sin embargo, sí conectadas todas ellas con ideas como misterio, conspiración, secreto, dominio del mundo y, en general, maldad y manipulación. El motor de búsqueda *Google* recupera, en apenas un segundo, casi dos millones y medio de sitios web con alusiones directas al concepto Illuminati y unas tres mil relacionadas con la palabra clave *Illunminati*, pues, además de conspiradores, algunos también parecen analfabetos.

En la red *Instagram* dedicada a la comunicación mediante imágenes y videos cortos, muy popular entre los menores de treinta años, he encontrado de un plumazo unos sesenta perfiles que incluyen el término illuminati en su definición básica. En *Facebook*, por su parte, encontré miles de perfiles personales con la palabra illuminati y centenares de grupos con aquel concepto de identificación, la mayoría de ellos sectas o agrupaciones tóxicas similares. En *YouTube* la lista de vídeos al respecto resulta interminable, lo mismo que en *Twitch* y otras redes similares. En la tienda virtual por excelencia, Amazon, hay decenas de miles de productos a la venta bajo la descripción parcial o total de illuminati. libros, ropa, joyas y artículos de difícil descripción responden a lo que el vendedor entiende por illuminati y, por lo visto de la oferta, cuenta con una clientela fiel a la estulticia que el fetichismo regala a quien persevera en esa imbecilidad congénita ya citada.

Ahora bien, uno puede pensar que semejante despliegue de iconografía iluminada travestida podría tener relación con aquellos reformadores racionalistas a quienes he dedicado la mayor parte de estas líneas. Para mi desgracia y descrédito de su memoria, nueve de cada diez personas que utiliza el término illuminati lo hace sin conexión con iluminado, *Illuminatenorden* u Orden de los Iluminados. Casi su totalidad apenas sabrían ubicar Baviera en un mapa o asegurar el idioma allí hablado y alguna de sus principales ciudades. Por supuesto, nada sabrán de Adam Weishaupt y, si alguna vez oyeron hablar de *la noche de Walpurgis*, será porque aparecía en alguna película setentera de vampiros sedientos por igual de sangre y sexo adolescente como aquellas dirigidas por el mítico Jacinto Molina Álvarez, Paul Naschy para sus fervientes seguidores.

En general, el concepto illuminati se asocia a determinados personajes aparecidos en algunas grandes producciones internacionales, películas extremadamente populares que tuvieron la lamentable idea de introducir entre sus personajes a un coro de colegiados malignos o benignos, según el lamentable guion de turno, con el epíteto de illuminati, provocando una expansión de la idea al resto de espacios para la expresión efímera y descerebrada, ésa que acoge cualquier necedad que tenga gancho, independientemente del daño que puedan hacer al conocimiento del pasado, ése que nos puede hacer comprender el presente y prepararnos para afrontar el futuro. Esos mismos necios capaces de imaginar a Cristóbal Colón capitaneando un barco pirata; a Abraham Lincoln cazando vampiros; al duque de Buckingham invadiendo Francia sobre barcos transportados con dirigibles; a la Inquisición española buscando inversores en el sector privado del siglo XVI; a un legado romano nacido en Trujillo o a marineros españoles inmortales y condenados como muertos vivientes; esos mismos mentecatos carentes de ideas y creatividad, puestos a construir una organización malvada o un grupo de sabios, nada como tirar de los pobres iluminados de Baviera.

Entre las apariciones más bizarras y extrañas en el cine de los illuminati está, sin discusión, la cuarta entrega de *La Matanza de Texas*, dirigida por Kim Henkel y estrenada en 1994. En esta película de violencia y terror juvenil, el psicópata despiadado Sawyer asesina por mandato de los Illuminati. Ya se sabe que, donde esté una buena motosierra desmembradora que se quite cualquier argumento filosófico. En *23*, dirigida por Hans-Christian Schmid, un joven delincuente informático obsesionado con los Illuminati y diversas teorías de la conspiración acaba suicidándose, no se sabe si por haber descubierto la realidad histórica o por la ridícula asimetría de una vida desperdiciada ante la pantalla plana de un ordenador cualquiera.

Frecuente resulta la aparición de algún iluminado cómplice en cualquiera que sea el argumento. En el caso de Giacomo Casanova, masón y combativo amante en busca de la vacuna la viruela, es imaginado por Santiago Lapeira en competencia con los iluminados en *Illuminati, la conspiración de los ángeles*, película de 2006, para la que no soy capaz de encontrar el comentario preciso. En la misma línea dieciochesca de peluca blancuzca y trama pseudo histórica se encuentra la aparición del iluminado conde de Cagliostro, personaje secundario de la película *El Misterio del collar*, dirigida por Charles Shyer en 2001.

Más impactantes son las apariciones de los Illuminati en grandes producciones como la exitosa *Lara Croft: Tomb Rider*, dirigida por Simon West en 2001 y protagonizada por la mega estrella internacional Angelina Jolie. En ese filme los Illuminati conforman una sociedad secreta de aspecto pseudo masónico gobernada por ilustres y poderosos hombres sin nombre y rostros avinagrados por un laberinto de arrugas, entre ellos, el padre de la protagonista. Empeñados en controlar una reliquia capaz de controlar el tiempo y, a través de ello, la humanidad al completo, no dudan en conspirar sin límites, llevando a la protagonista a una lucha desigual, imposible y, no por ello, exitosa.

En esa misma línea habría que incluir la archifamosa novela *Ángeles y demonios* del reconocido escritor norteamericano Dan Brown. Frecuente destructor del pasado histórico, manipulador de las personas y fabricante de personajes lamentables que ensucian el conocimiento de un pasado imposible de recuperar para los que han seguido sus páginas, Brown incluye a los Illuminati en una conspiración patética que une el CERN y el Vaticano en un lamentable intento de contraponer ciencia y religión, fe y razón, tergiversando por completo hechos históricos con la intención de construir una trama ligera y atractiva con el misterio como vehículo adictivo de la novela. Hábil elector de personas que desvirtuar en aras de un monumental éxito editorial, ya había presentado en el bombazo titulado El Código da Vinci y que da pena leer desde un punto de vista historiográfico, una confrontación entre sociedades secretas próximas a la masonería en filiación y fobia. Luchando por el control de la verdad que acabara con la ortodoxia católica, este autor de grandes éxitos comerciales contraponía al Opus Dei y un *Concilio de la Sombra* el *Priorato de Sion* en una absurda manipulación del asociacionismo histórico. En la novela previa, Brown había incluido a los Illuminati como malvados en la sombra en un intento de acabar con la materia oscura descubierta en el CERN y que podría acabar con la ortodoxia impuesta por la creencia católica. Lo más desternillante, más allá de que los Illuminati habrían patrocinado sin dudarlo la investigación del CERN y no la defensa del catolicismo cultural, es que contraten a un criminal ejecutor de la secta de los asesinos ismaelitas, los famosos nizaríes, desparecida a finales del siglo XIII. Ya se sabe que, donde esté una buena macedonia, que se quite todo lo demás. La película resultante, centrada en las aventuras de un pedante e insufrible sabelotodo académico de memoria eidética, deja la idea de la malignidad asociativa, de la oscura trama conspiradora de los Illuminati como razón de todo el mal que aflige la sociedad.

En último lugar estarían aquellas películas que, si bien no presentan a los illuminati explícitamente, a esos illuminati de cartón piedra sacados de los textos escritos por Robinson y Barruel, sí ofrecen una imagen de conspiración encubierta y oculta bajo una organización elitista y despreciable que, carente de escrúpulos y degenerada en sus rituales de iniciación, trama el dominio del mundo en beneficio de su privilegio más egoísta. Así entiendo, por ejemplo, la oscura y perversa sociedad en la que se ve involucrado el protagonista de la última película dirigida por el gran Stanley Kubrick, titulada *Eyes Wide Shut*. De título arcano al igual que su trama, las máscaras blancas de sus iniciados, los símbolos paramasónicos y los rituales oscuros de iniciación e incomprensibles en el conjunto de la trama, conectan supuestamente con la idea conspirativa de los Illuminati vertida durante dos siglos de imaginación colectiva.

Claramente conectado con esta visión de sociedad secreta alumbrada por Kubrick veo la reconstrucción perpetrada por Sam Mendes del sindicato del mal *Spectre* ideado por Ian Fleming en sus novelas de James Bond. En la película homónima de 2015 se puede ver la parafernalia pseudomasónica y cercana a esa imagen de los Illuminati vendida por la literatura de principios del siglo XXI y por muchas de las películas citadas con anterioridad. En este caso, hasta el líder sátrapa de la organización resulta ser centroeuropeo, de nombre compuesto Ernst Stavro Blofeld, extremadamente culto y sistemático, amante de la sofisticación y, como definían algunos a Weishaupt, traidor a sus orígenes, alejándolo del polaco de orígenes griegos que Fleming incluyera en su novela *Operación Trueno*, publicada en 1961.

En términos musicales resulta aún más divertido, cuando no demencial, la asociación conspiranoica de los Illuminati acerca del control de la música. Confundiendo estudios de tendencias y manipulación de la cultura pop, algunos han visto una mano en la oscuridad controlando el devenir del éxito de esta banda o aquel cantante en beneficio de una supuesta conspiración internacional liderada, obviamente, por los Illuminati. Desde el éxito global de Lady Gaga, integrante de un ejército de cantantes iluminados entre los que estarían las mega estrellas Katie Perry, Beyoncé o Britney Spears, en cada uno de los vídeos de sus canciones parece ser que es posible ver iconografía de aquellos pobres ilustrados del xviii. Nada más que visionar el clip de Lady Gaga, G.U.Y, denominado película *artpop*, para comprender hasta dónde llegan estos illuminati en sus ansias por dominar el mundo y que nadie lo sepa.

Por si acaso, si quedara alguna duda al respecto, nada como escuchar las canciones de *Ozuna, Ricky Hombre Libre, Anuel AA, Rochy RD, Diego Smith, Lili Pump, Malice Mizer, Josabit Illuminati Music, Josele Junior, MemeHub, Barnie Freeman, Kasix, No Illuminati, Xcese* o, por supuesto, la super estrella *Madonna* para comprender el porqué de la presencia, no ya de los personajes, sino del concepto de illuminati de forma constante en todo lo que tenga alguna relación con el secreto.

Supongo que Adam Weishaupt, al menos, se alegraría de ver cómo la multinacional Marvel ha creado una serie de cómics con el nombre de su sociedad, donde un grupo de superhéroes constituyen una especie de tribunal supremo creado para la defensa del bien y la lucha contra cualquier villano o maldad que intente amenazar el orden pacífico que ha de regir la humanidad. Estoy seguro de que, de haber podido elegir, Weishaupt habría constituido un areópago integrado por el *Capitán América, el Dr. Strange, Iron Man,* el X-Men llamado *Namor,* el profesor Charles Xavier y *Mr. Fantástico* antes que esa cuadrilla de académicos universitarios, diplomáticos y políticos más preocupados del qué dirán si aquello se sabía que de la defensa del orden en un universo permanentemente iluminado por la sabiduría y la fraternidad en la razón y el conocimiento.

Para terminar...

Después de leer todo lo anterior, uno llega a la conclusión de que hay pocas cosas más injustas que caer en el olvido sepultado por un relato inventado. Sumido en una desmemoria falaz, la invención de un presente a partir de un pasado irredento acaba por convertir la mentira del hoy en la justificación incomprensible de una reconstrucción abominable.

Bien metidos en un pasado que ya nadie quiere recordar, los iluminados de Baviera, aquellos perfectibilistas enamorados de una incomprensible justicia social, de la libertad que el conocimiento sin cortapisas otorga al que es honesto en la aproximación a ese horizonte, penan en los viejos libros de historia moderna y en las guías esotéricas más variopintas. En esa tierra de nadie que conforma el final del siglo XVIII, entre el mal llamado despotismo ilustrado y la explosión de los movimientos revolucionarios liberales que habrían de llevar hasta la cima del privilegio a la burguesía urbana, los creyentes e idealistas liderados por Adam Weishaupt forman parte de una legión de desconocidos emparentados con la fama en una siniestra relación fácilmente desdeñable. El viejo profesor bávaro que terminaría exiliado en Gotha despejando a diestra y siniestra cuantos ataques pudo repeler representa mejor que nadie al idealista comprometido con el futuro que no tiene más remedio que luchar por esclarecer un pasado que a nadie importa ni medio bledo.

Para la posteridad quedarán sus esfuerzos de igualdad, fraternidad y prosperidad precursores de una plétora de buenas y facticias voluntades, convencido como estaba de la importancia del conocimiento en un galimatías de sociedad dominada por la creencia. En ese sentido, aquel ejército de jóvenes centroeuropeos enamorados de un ideal social, de un compromiso con la reforma, con el cambio que debería haber repartido oportunidades a todo quisque, bien representa lo que podrían haber sido las organizaciones políticas liberales, embrión de partidos políticos empecinados en el bien común, en el progreso social, en un futuro halagüeño para cualquier paisano.

Enemigos, por otro lado, de las ortodoxias, de esos monopolios del entendimiento que encorsetan nuestro presente y condicionan el escaso futuro que parecemos tener, la propuesta iluminada, al igual que la masónica, condenada por la Iglesia católica y por toda hegemonía política despótica, constituyen una de las pocas oportunidades ofrecidas por la razón al ser humano de liberarse de los yugos y cepos que lo han mantenido, que lo mantienen, con el rostro pegado al suelo, aplastados por una bota defensora de un privilegio al que nunca tendrá acceso y que nunca desaparecerá por completo.

Testigos de una sensatez social impulsada por racionalistas militantes como René Descartes, Voltaire, Immanuel Kant o David Hume; por juristas de la talla de John Adams o Thomas Jefferson, el barón de Ickstatt, Jacques Pierre Brissot, Francisco Rodríguez de Ledesma, Francisco de Cabarrús o Gaspar Melchor de Jovellanos; liberales e ilustrados como Danton, Adam Smith, Montesquieu, Quesnay, Sieyès y hasta los propios capitanes comuneros, Erasmo de Rotterdam y los primeros socialistas del siglo XIX; los Illuminati fueron la primera opción de las sociedades contemporáneas para derrotar el inmovilismo y la cerrazón política, ideológica y cultural que lleva aplastando el buen juicio social durante los últimos milenios. Presos como somos del misticismo político y religioso, apenas tenemos espacio real en nuestra mente para asumir lo injusto de la sociedad en la que sobrevivimos.

Por otra parte, perdidos en una Babilonia ultra conectada, plena de información inútil y cada vez más despegada del colectivo sobre el que sustenta su existencia, la idea iluminada de buscar la luz en secreto para, una vez expandidos por los diferentes niveles estructurales, poder empujar a la masa ingente hacia un horizonte de comprensión, de colaboración y cooperación en la felicidad que la consecución de los fines primordiales nos entregaría, se ve en este presente como más necesaria que nunca. Registrados en los móviles, las redes sociales, los accesos diversos a la red y en todo sistema público de servicios del que rasquemos un mínimo reintegro, el objetivo de mantenerse a cubierto de esa noche del control más pormenorizado no resulta una idea peregrina.

Ahora, conseguirlo es harina de otro costal. Más que nunca, repito, precisamos de independencia y libertad, de iluminación en un espacio que, de iluminado y descifrado, se ha tornado más oscuro que nunca.

A diferencia de los iluminados, quienes perseguían la discreción para llevar a cabo un plan de liberación conjunto, de ruptura de unas cadenas firmemente sujetas por la monarquía más absoluta y ladina, engrasada por la ortodoxia de las ortodoxias, el catolicismo negador de cualquier progreso que pusiera en peligro su posición privilegiada; nosotros penamos un presente embaucador, donde la ortodoxia asume que no lo es y presume de inventadas organizaciones secretas y arcanas capaces de derribar una estructura represora del individuo que no hace otra cosa que reforzar la posición que con tanta doblez han consolidado. En otros términos, más bien defendemos lo que nos oprime y ensalzamos como libertadores a quienes nos esclavizan. Parafraseando a Winston Churchill, los antiliberales del futuro enarbolarían todos ellos las banderas del liberalismo.

Y en esas estamos.

En ese horizonte, sin duda, los Illuminati se me antojan más necesarios que nunca. Comprometidos con el bien común, con la derrota de la siniestra coyuntura urdidora del privilegio, la Orden de los Illuminati bien podría ofrecer un escape a tan poco presente y efímero futuro. Ocultos en la sombra del bit, a cubierto del escaneo digital, de la persecución virtual, uno se imagina a estos libertos de la lógica que diría Isaac Asimov combatiendo troyanos y cadenas víricas virtuales al estilo de un Neo mesiánico sacado de alguna de las películas de los hermanos Wachowski. Perseguidos por algún programa corrector extraído de un antivirus caduco y recalcitrante, los veo enmascarados con ceros y unos, mientras el resto de los palpitantes ignaros seguimos atentos a la pantalla que nos dirá qué pensar y experimentar durante los próximos eones.

Lejos de los vinilos pegados al cuerpo musculoso y delirante de los héroes de turno perpetuadores de la mentira constante en que vivimos, aquellos Illuminati, abocados una vez más al fracaso más estrepitoso, habrían dado la batalla dialéctica al orden estricto de una democracia artera que tolera y no suma; que incluye entre sus defensores a quienes más se esfuerzan en socavarla. Conocedores de la inquina inherente a un aprendizaje orientado hacia la manipulación, seguro estoy de verlos emplearse con rigor frente a un sistema educativo que perpetúa la ignorancia más supina y rastrera, aquella que esconde en una ficción de sabiduría la estulticia más lamentable de quien, pleno de arrogancia, expone su analfabetismo ante un coro de palmeros más mediocres aún, si eso es posible.

Perseguidos y anatemizados por la ortodoxia privilegiada, no dudo que, desde sus templos más recónditos, buscarían la infiltración para penetrar las estructuras decisorias de una economía aberrante capaz de sacrificar sin dilación al individuo que comenta ese condenado sistema, a sabiendas de que, uno tras otro, los imbéciles se esforzarán en ocupar esos espacios libres entre el suelo más rastrero y la suela del pie que los aplasta.

Símbolo Illuminati del ojo sobre la pirámide. Año 1945.

Sin duda, queridos lectores, aquellos illuminati verdaderos, los de filosofía ilustrada y perfecto dominio de la ciencia, habrían empeñado hasta el último segundo de su porvenir en erradicar la creencia banal y pejiguera que nos convierte en meras marionetas de una *Arcadia* inventada para, en el mayor de los descreimientos ilustrados y perdidos en la contradicción más unamuniana, hacernos ver de una vez por todas la puesta de sol que la fe en lo inexistente nos ha impedido ver desde el primero de los días. Sin duda, queridos lectores, siendo honestos y sencillos, comprometidos y singulares, casi ninguno habría rechazado la oportunidad de participar en aquel Walpurgis de 1776.

Bibliografía y fuentes

BIBLIOGRAFÍA GENERAL

ABANES, R. (1998), *End-Time Visions: The Road to Armageddon.* Nueva York, 4 Walls 8 Windows.

ALVARADO PLANAS, J. (2017). *Monarcas, masones y otros príncipes de la Acacia.* Madrid, Dykinson.

ARREGI, J. (2018), *Herejías y disidencias.* Madrid, Tirant Lo Blanch.

BARON, A. (1906). *Les Sociétés Secrètes, leur crime depuis les initiés d'Isis jusqu'aux Francs-Maçons modernes.* París: H. Daragon.

BARRUEL, A. (1797). *Memorias para servir a la historia del jacobismo.* Vich. Traducción de Fray Raimundo Strauch y Vidal.

BARUDIO, G. (1983), *La época del absolutismo y la ilustración (1648-1779).* Madrid, Siglo xxi.

BENITO MOYA, S. (Coord.) (2015), *Saberes y poder: colegios y universidades durante el reformismo borbónico.* Córdoba, Universidad.

BOSTON, R. (1996), *The Most Dangerous Man in America? Pat Robertson and the Rise of the Christian Coalition.* New York, Prometheus.

BROWN, D. (2000), *Ángeles y demonios.* Madrid, Umbriel Editores.

BROWN, D. (2003), *El Código da Vinci.* Madrid, Random-House.

CAMACHO, S. (2006), *La conspiración de los illuminati.* Madrid, La Esfera de los Libros.

CAMP, G. S. (1997), *Selling Fear: Conspiracy Theories and End-Times Paranoia.* New York, Baker Book House.

COIL, H. W. (1996). *Coil's Masonic Encyclopedia.* Nueva York, McCoy Publishing Co.

COUGHLIN, Paul T. (1999), *Secrets, Plots & Hidden Agendas: What You Don't Know About Conspiracy Theories.* New York, Intervarsity Press.

ELLIS, B. (2000), *Raising the Devil: Satanism, New Religions, and the Media.* Kentucky, University.

FERRER BENIMELI, J. A. (2001), *La masonería.* Madrid, Alianza Editorial.

FERRER BENIMELI, José A. (1998). "El discurso masónico y la Inquisición en el paso del siglo XVIII al XIX". *Revista de la Inquisición 7*, 169-282.

FORNÉS, A. (2016), *Creo*. Barcelona, Diëresis.

FORNÉS, A. (2018), *Viaje a la sabiduría*. Barcelona, Diëresis.

GIL PUJOL, F. X. (1991), *Las claves del absolutismo y el parlamentarismo*. Barcelona, Planeta.

GOLDWAG, A. (2009). *Cults, Conspiracies, and Secret Societies: The Straight Scoop on Freemasons, The Illuminati, Skull and Bones, Black Helicopters, The New World Order, and many, many more*. New York, Vintage.

GRIMBERG, C., TAMAYO, M., SVANSTRÖM, R., ELISEO, E. y LLOPIS, J.J. (1982), *El siglo de la ilustración: el despotismo ilustrado y los enciclopedistas*. Madrid, Daimon.

HECKETHORN, C. W. (1897). *The Secret Societies of all ages and Countries*. Londres, George Redway.

HERRERÍN LÓPEZ, A. (2019), *Camino a la anarquía*. Madrid, Editorial Siglo XXI.

HURTADO, A. (1994), *Por qué soy masón*. Madrid, EDAF.

HUTIN, S., JUNQUERA, E., GALÁN, I. (2008), *Sociedades secretas*. Madrid, Siruela.

IGNACIO DE LOYOLA, SANTO (1555). *Autobiografía recogida por Luis Gonçalves da Cámara*. [Online 2022, 14, 7)]. https://es.wikisource.org/w/index.php?title=Autobiograf%C3%ADa_de_San_Ignacio_de_Loyola_(Versi%C3%B3n_para_imprimir)&printable=yes

INTROVIGNE, M. (2005), *Los Illuminati y el Priorato de Sion*. Madrid, Ediciones Rialp.

JIMÉNEZ PABLO, E. (2014), *La forja de una identidad: La compañía de Jesús (1540-1640)*. Madrid, Ediciones Polifemo.

JUÁREZ VALERO, E. (2019), *Eso no estaba en mi libro de historia del espionaje*. Córdoba, Almuzara.

KNIGGE, A. von (1788). *De cómo tratar a las personas*. Barcelona, Arpa Editores. Traducción de Rafael Hernández Arias.

KOCH, P. (2004), *Illuminati*. Barcelona, Planeta.

LEVI, E. (1973). *The History of Magic*. New York, Samuel Weiser.

LLEDÓ, J. (1998), *La Ilustración*. Madrid, Acento Editorial.

MACKEY, A. G. (1966). *Encyclopedia of Freemasonry*. Richmond, Macoy Publishing.

MÁIZ SUÁREZ, R. (2007), *Nación y revolución: la teoría política de Emmanuel Sieyès*. Madrid, Tecnos.

MARTÍNEZ OTERO, L.M. (2005), *Los illuminati: la trama y el complot*. Barcelona, Obelisco.

MCCONNACHIE, J., TUDGE, R. (2008). *The Rough Guide to Conspiracy Theories*. New York, Rough Guides.

MCINTOSH, C. (1992). *The Rose Cross and the Age of Reason*. Leiden, E.J. Brill.

MESTRE, A. (2002), *Humanistas, políticos e ilustrados*. Alicante, Universidad.

MITRE FERNÁNDEZ, E. (2000), *Las herejías medievales en Oriente y Occidente*. Madrid, Arco Libros.

MONTESQUIEU, Barón de (1821), *Del Espíritu de las leyes*. Madrid, Casa de Rosa.

NICOLAI, C. F. (1782). *Versuch über die Besschuldigungen welch dem Tempelherrnorden gemacht worden und über dessen Geheimniss; nebst einem Anhange uber das Entstehen der Freimaurergesellschaft*. [Ensayo sobre las acusaciones hechas contra la orden de Caballeros Templarios y sus misterioso con un apéndice sobre el origen de la fraternidad de los francmasones]. Berlin.

NONELL, J. (1894). *La compañía de Jesús en su extinción y restablecimiento*, Manresa, Imprenta de San José.

PEÑA GUERRERO, M. A., FERIA LORENZO, D. J. (Dirs.) (2020), *Corrupción política y liberalismo en el largo siglo XIX*. Granada, Comares Historia.

PÉREZ GARZÓN, J. S. (2017), *Las revoluciones liberales del siglo XIX*. Barcelona, EMSE EDAPP.

PÉREZ SAMPER, M. A. (1993), *Las monarquías del absolutismo ilustrado*. Madrid, Síntesis.

PIPES, D. (1997), *Conspiracy: How the Paranoid Style Flourishes and Where It Comes From*. New York, The Free Press.

PONE, L. (2011), "Conspiracy in New England politics: The Bavarian Illuminati, the Congregational Church, and the election of 1800". *History 397.002. Occult Internationalism: the global spread of secret knowledge*.

ROBERTS J. (1972), *Mythology of the Secret Societies*. New York, MacMillan Publishing Company.

ROBESPIERRE, M. (1987), *El discurso jacobino en la Revolución Francesa*. Recopilación de Bernat Muniesa Brito. Barcelona, Ariel.

ROBESPIERRE, M. (1992), *La revolución jacobina*. Barcelona, Edicions 62.

ROBINSON, John (1798). *Proofs of a conspiracy against all the religions and goverments of Europe*. New York, George Forman.

RONSON, J. (2002), *Them: Adventures with Extremists*. New York, Simon & Schuster.

ROUSSEAU, J. J. (2004), *EL contrato Social*. Madrid, Itsmo.

SHERMER, M. (2009). *Why People Believe in Conspiracies: A skeptic's take on the public's fascination with disinformation*. New York, Scientific American.

STERLING, C. (1996), *EL mundo en poder de las mafias*. Madrid, Flor del Viento.

VANKIN, J., WHALEN, J. (1998), *The Seventy Greatest Conspiracies of All Time: History's Biggest Mysteries, Coverups, and Cabals*. New York, Citadel.

VERNON, L. (1918). *New England and the Bavarian Illuminati*. Nueva York, Columbia University Press.

VOLTAIRE (2019), *Cándido o el optimismo*. Madrid, Austral.

WÄGES, J., MARKNER, R. (Eds.) (2015). *The Secret School of Wisdom: The Authentic Rituals and Doctrines of the Illuminati*. Shepperton, Ian Allan Publishing.

WEISHAUPT, A. (1788) *Introducción a mi disculpa seguida de Los verdaderos Iluminados o los verdaderos rituales de los iluminados*. Leipzig, Nabu press.

WOOD, J. (1802). *A full exposition of the Clintionian faction and the society of the Columbian Illuminati*. Newark, Pennington & Gould.

VIDEOTECA

HENKEL, K. *La Matanza de Texas: la nueva generación*. 1994.

HOWARD, R. *Ángeles y demonios*. 2009.

HOWARD, R. *El código da Vinci*. 2006.

KUBRICK, S. *Eyes wide shut*. 1999.

LAPEIRA, S. *Illuminati, la conspiración de los ángeles*. 2006.

MENDES, S. *Spectre*. 2015.

SCHMID, H.C. *23*. 1998.

SHYER, C. *El misterio del collar*. 2001.

WEST, S. *Lara Croft: Tomb Rider*. 2001.

PARA SABER MUCHO MÁS

FORESTIER, R. le (1914). *Les Illuminés de Bavière et la franc-maçonnerie allemande*. París.

KNIGGE, A. von (1781). *Freimaurer- und Illuminatenschriften*. Munich, Raabe Paul.

WEISHAUPT, A (1794). *Illuminatenorden. Die neuesten Arbeiten des Spartacus und Philo in dem Illuminaten-Orden jetzt zum erstenmal gedruckt und zur Beherzigung bey gegenwärtigen Zeitläuften herausgeben.* Zürich, Psychosophische Gesellschaft.

WEISHAUPT, A (1984). *Die Illuminaten: Quellen und Texte zur Aufklärungsideologie des Illuminatenordens* (1776-1785). Berlin, Akademie-Verlag.

WEISHAUPT, A (2008). *Diogenes' Lamp or an Examination of our Present-Day Morality and Enlightenment.* Bloomington, The Masonic Book Club.

WEISHAUPT, A. (1775). *De Lapsu Academiarum Commentatio Politica.* Pappenheim, Johann Jacob Seybold.

WEISHAUPT, A. (1786). *Apologie der Illuminaten.* Frankfurt.

WEISHAUPT, A. (1787). *An Improved System of the Illuminati,* Gotha.

WEISHAUPT, A. (1788) *Discurso filosófico sobre los miedos a la muerte.* París, Hachette.